最新·最前線·旅遊全攻略

東京

TOKYO

U0029421

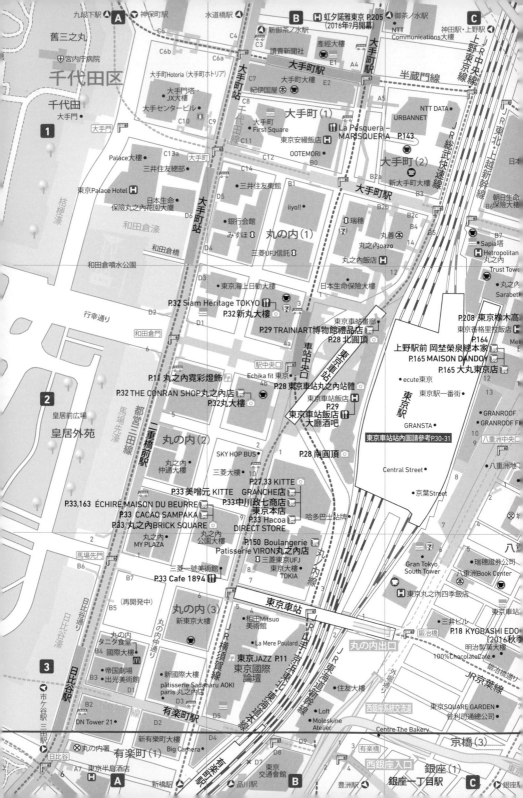

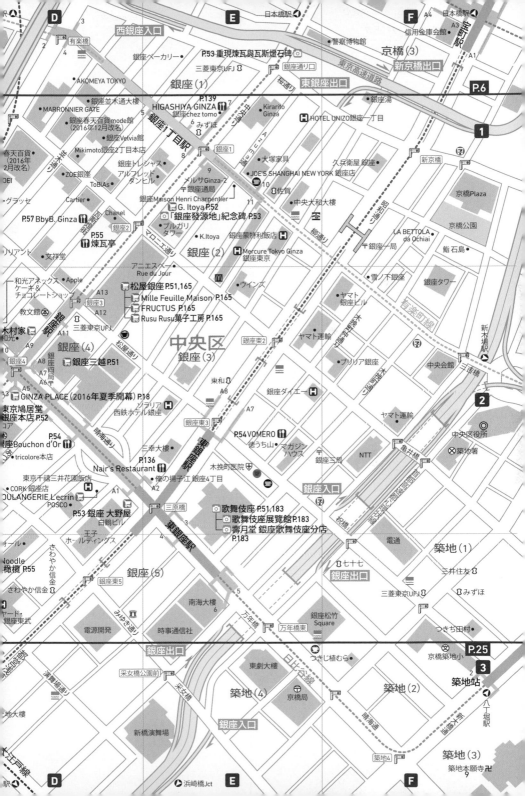

淺草 1:9,000

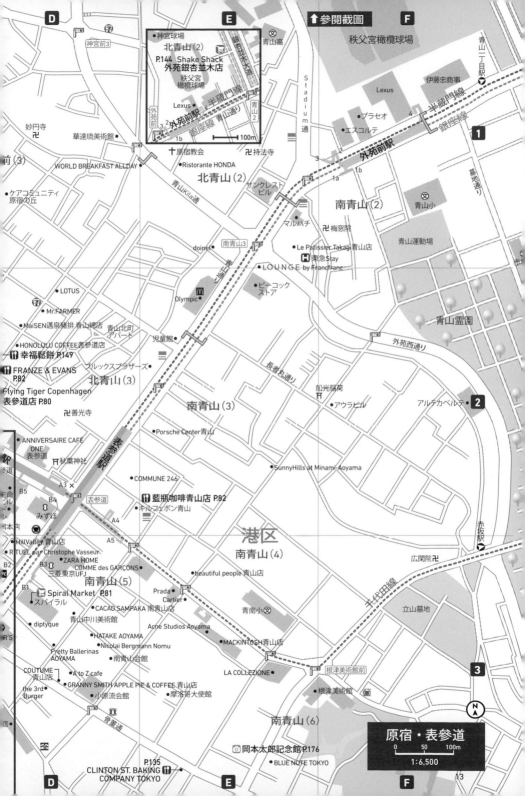

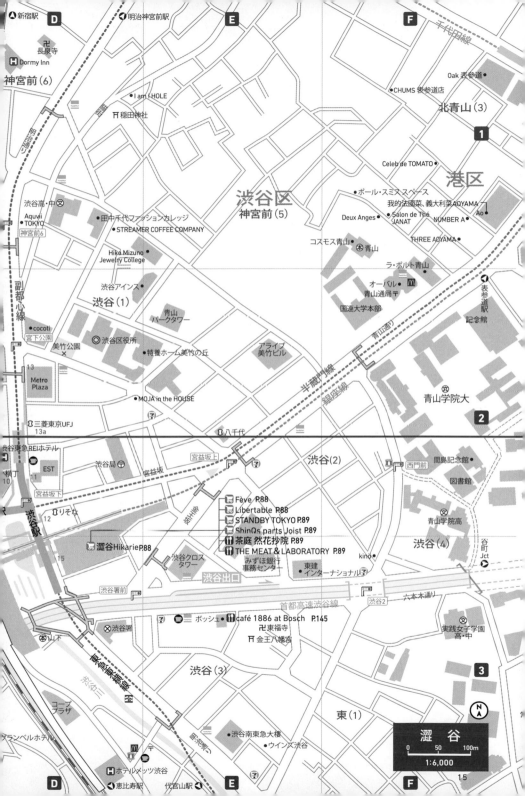

D
◀新宿駅
卍長泉寺
Ⓗ Dormy Inn
神宮前(6)

◀明治神宮前駅

E

F
千代田線

Oak 表参道店 ●
● CHUMS 表参道店
北青山(3)

1

● I am I HOLE
⛩稲田神社

Celeb de TOMATO ●

港区

渋谷区
神宮前(5)

● ポール・スミス スペース
我的法國菜、義大利菜AOYAMA
Deux Anges ●   ● Salon de Thé   Ao
          JANAT   NUMBER A ●
THREE AOYAMA ●

渋谷高・中
Aquvii
TOKYO
神宮前6

● 田中千代ファッションカレッジ
● STREAMER COFFEE COMPANY
Hiko Mizuno
Jewelry College

コスモス青山 ●
✺ 青山
ラ・ポルト青山 ●

表参道駅
記念館

副
都
心
線

渋谷アインス ●

渋谷(1)

青山
パークタワー

オーバル ●
青山通局〒
国連大学本部

● cocoti
宮下公園

◉渋谷区役所
美竹公園
×
特養ホーム美竹の丘

アライブ
美竹ビル

半
蔵
門
線

銀
座
線

青山学院大

2

13
Metro
Plaza

● MOJA in the HOUSE

谷
町
Jct

三菱東京UFJ
13a

八千代

渋谷(2)

西門前

間島記念館

図書館

渋谷東急REIホテル

EST

宮益坂上

宮益坂下

柳丁
10

渋谷局〒

富益坂

青山学院高

りそな
12

渋谷Hikarie P.88

渋谷クロス
タワー

Fève P.88
Libertable P.88
STANDBY TOKYO P.89
ShinQs parts Joist P.89
茶庭 然花抄院 P.89
THE MEAT & LABORATORY P.89
みずほ銀行
事務センター

kino ●

渋谷(4)

東建
インターナショナル〒

渋谷駅
15

渋谷出口

実践女子学園
高・中

3

渋谷署前

首都高速渋谷線

渋谷2

六本木通り

渋谷(3)

◉渋谷署

ボッシュ ● café 1886 at Bosch P.145
卍東福寺
⛩金王八幡宮

東(1)

コープ
プラザ

ウインズ渋谷

渋谷南東急大樓

N
A

澀 谷

0   50   100m
1:6,000

D
◀恵比寿駅

E
◀代官山駅

ホテルメッツ渋谷

F

15

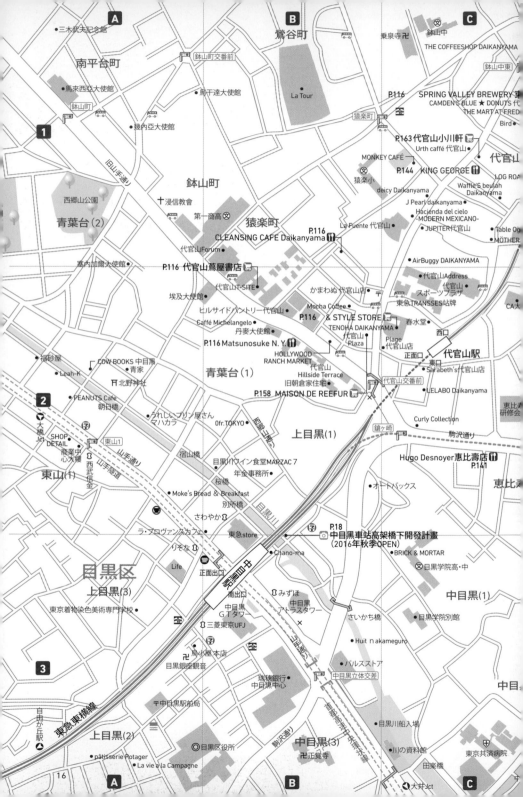

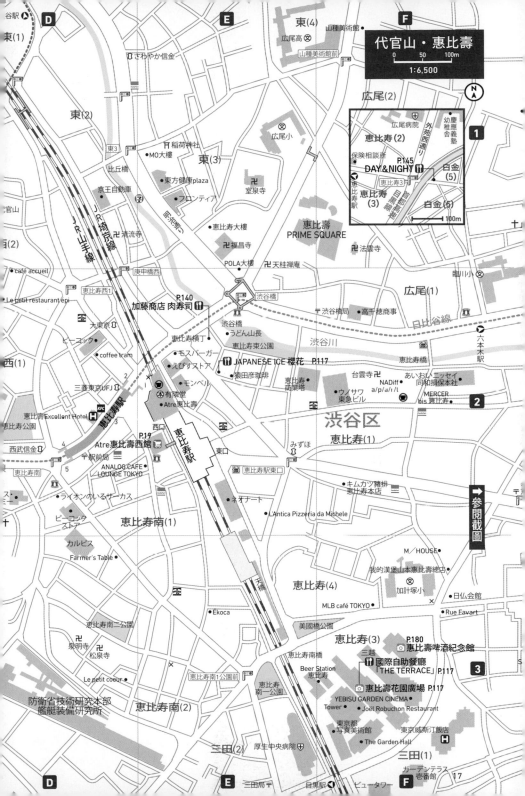

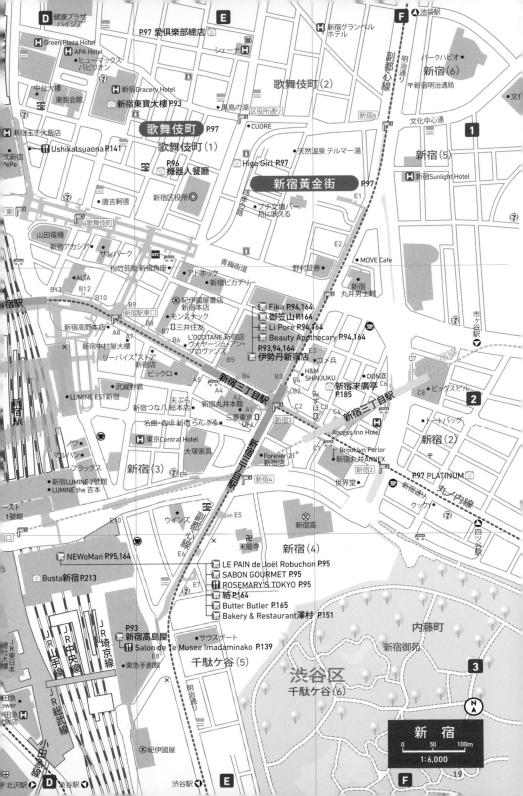

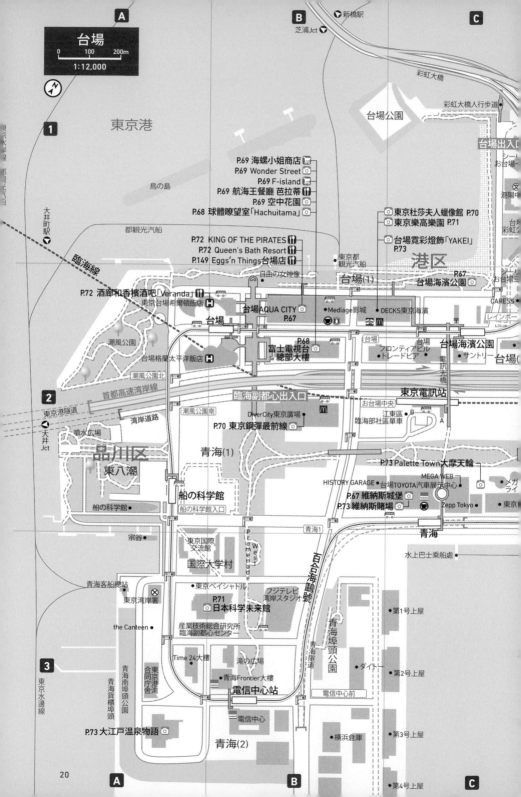

台場
0   100   200m
1:12,000

1

東京港

鳥の島

大井町駅

都観光汽船

臨海線

P.69 海螺小姐商店
P.69 Wonder Street
P.69 F-island
P.69 航海王餐廳 芭拉蒂
P.69 空中花園
P.68 球體瞭望室「Hachuitama」

P.72 KING OF THE PIRATES
P.72 Queen's Bath Resort
P.149 Eggs'n Things台場店

P.72 酒廊和香檳酒吧「Veranda」
東京台場希爾頓飯店

台場

台場格蘭太平洋飯店

潮風公園

潮風公園北

台場公園

彩虹大橋

彩虹大橋人行步道

台場出入口

東京杜莎夫人蠟像館 P.70
東京樂高樂園 P.71
台場霓彩燈飾「YAKEI」
P.73

港区

台場(1)

東京都
観光汽船

自由の女神像

台場AQUA CITY
P.67

台場海濱公園

Mediage影城

DECKS東京海濱

P.67

CARESS

レインボー

富士電視台
總部大樓

P.68

台場
フロンティアビル
トレードピア

台場海濱公園

サントリー台場

電訊
大廈

東京電訊站

2

東京港隧道

天井
Jct

晶川区

東八潮

船の科学館

噴水広場

湾岸道路

潮風公園南

臨海副都心出入口

お台場中央

DiverCity東京廣場

P.70 東京鋼彈最前線

青海(1)

船の科学館

船の科学館入口

宗谷

東京国際
交流館

国際大学村

青海客船總站

東京湾岸署

江東区
臨海部社區單車

P.73 Palette Town大摩天輪

MEGA WEB

HISTORY GARAGE 台場TOYOTA汽車展示中心

P.67 維納斯城堡
P.73 維納斯賭場

青海1

青海

メガ
ライ

Zepp Tokyo

東京

水上巴士乗船處

3

東京水邊線

the Canteen

Time 24大樓

P.73 大江戸温泉物語

青海南埠頭公園

青海貨櫃埠頭

合同庁舎
東京港湾

産業技術総合研究所
臨海副都心センター

東京ベイシャトル

フジテレビ
湾岸スタジオ

P.71
日本科学未来館

滝の広場

青海Frontier大樓

電信中心站

電信中心

青海(2)

電信中心前

横浜倉庫

Promenade West

百合海鴎號

青海隧道

青海埠頭公園

ダイ

第1号上屋

第2号上屋

第3号上屋

第4号上屋

20

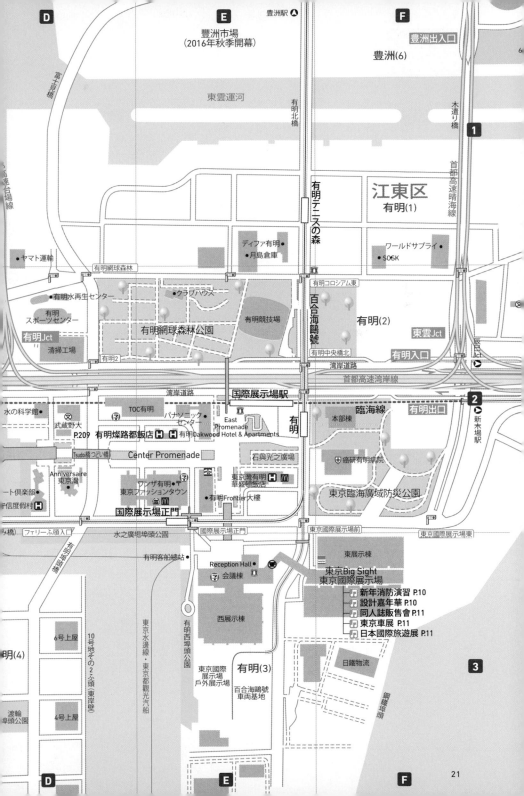

豊洲駅

D E F

豊洲市場
(2016年秋季開幕)
豊洲出入口

豊洲(6)

東雲運河

有明北橋

木遣り橋

首都高速晴海線

1

江東区
有明(1)

有明テニスの森

ディファ有明
月島倉庫

ワールドサプライ
SOSK

ヤマト運輸

有明網球森林

有明コロシアム東

有明水再生センター
クラブハウス

百合海鷗號

有明(2)

東雲Jct

有明
スポーツセンター

有明競技場

有明網球森林公園

有明Jct

清掃工場

有明中央橋北

有明入口

辰巳Jct

有明2

湾岸道路

首都高速湾岸線

湾岸道路

国際展示場駅

有明出口

2

水の科学館

TOC有明

パナソニック
センター

East
Promenade

有明

臨海線

新木場駅

武蔵野大

P.209 有明燦路都飯店 Oakwood Hotel & Apartments

本部棟

Center Promenade

石與光之廣場

東京灣有明
華盛頓飯店

癌研有明病院

Anniversaire
東京灣

ワンザ有明
東京ファッションタウン

ト倶楽部
信度假村

有明Frontier大樓

東京臨海廣域防災公園

国際展示場正門

國際展示場正門

東京國際展示場前

東京國際展示場東

フェリーふ頭入口

水之廣場埠頭公園

有明客船總站

Reception Hall

会議棟

東展示棟

6号上屋

明(4)

10号地その2ふ頭(東岸壁)

東京水邊線・東京都觀光汽船

有明西埠頭公園

西展示棟

東京Big Sight
東京國際展示場

🎵 新年消防演習 P.10
🎵 設計嘉年華 P.10
🎵 同人誌販售會 P.11
🎵 東京車展 P.11
🎵 日本國際旅遊展 P.11

3

日鐵物流

渡輪
埠頭公園

4号上屋

東京國際
展示場
戶外展示場

有明(3)

百合海鷗號
車両基地

鋼鐵埠頭

D E F

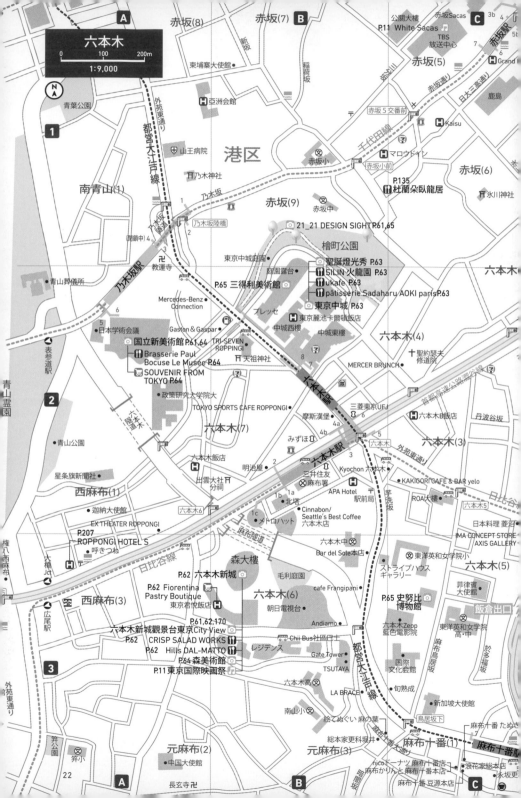

六本木

0　　100　　200m
1:9,000

N

A

青葉公園
南青山(1)
都營大江戶線
外苑東通
山王病院
乃木神社
乃木坂
教運寺
乃木坂駅
青山斎場所
日本学術会議
Mercedes-Benz Connection
Gaston & Gaspar
国立新美術館 P.61,64
Brasserie Paul Bocuse Le Musee P.64
SOUVENIR FROM TOKYO P.64
政策研究大学院大
六本木(7)
TOKYO SPORTS CAFE ROPPONGI
六本木飯店
明治屋
西麻布(1)
迦納大使館
EX THEATER ROPPONGI
P.207 ROPPONGI HOTEL S
呼びつね
星条旗新聞社
大橋 Jct
権八西麻布店
日比谷線
西麻布(3)
広尾駅
P.62 六本木新城
P.62 Fiorentina Pastry Boutique
東京君悅飯店
六本木(6)
P.61,62,170 六本木新城觀景台東京City View
P.62 CRISP SALAD WORKS
P.62 Hills DAL-MATTO
P.64 森美術館
P.11 東京国際映画祭
外苑東通
元麻布(2)
中国大使館
長玄寺

B

赤坂(8)
赤坂(7)
赤坂(5)
東埔寨大使館
亞洲会館
港区
赤坂(9)
赤坂小
赤坂中
21_21 DESIGN SIGHT P.61,65
檜町公園
東京中城庭園
庭園露台
P.65 三得利美術館
ブレッセ
TRI-SEVEN ROPPONGI
天祖神社
中城西樓
聖誕燈光秀 P.63
SILIN 火龍園 P.63
ukafe P.63
pâtisserie Sadaharu AOKI paris P.63
東京中城 P.63
東京麗池卡爾頓飯店
中城東樓
六本木(4)
聖約瑟夫修道院
MERCER BRUNCH
六本木通
三菱東京UFJ
摩斯漢堡
みずほ
六本木駅
三井住友
麻布署
北塔
Cinnabon/ Seattle's Best Coffee 六本木店
メトロハット
麻布隧道
六本木中
Bar del Sole本店
森大樓
毛利庭園
cafe Frangipani
朝日電視台
Andiamo
Chii Bus社區巴士
Gate Tower
TSUTAYA
レジデンス
六本木高
南山小
元麻布(3)
総本家更科堀井
LA BRACE
絵てぬぐい 麻の葉

C

公關大樓
赤坂Sacas
赤坂駅
P.11 White Sacas
TBS 放送中心
Grand
日枝三畿通
鹿島
Kaisu
マロウドイン
赤坂(6)
P.135 杜蘭朵臥龍居
氷川神社
六本木
MERCER BRUNCH
丹波谷坂
六本木(3)
六本木B飯店
KAKIGORI CAFE & BAR yelo
六本木5
ROA大樓
日本料理菱沼
IMA CONCEPT STORE
AXIS GALLERY
六本木(5)
東洋英和女学院小
ストライプハウスギャラリー
菲律賓大使館
P.65 史努比博物館
飯倉出口
六本木Zepp
藍海電影院
東洋英和女学院高・中
六本木鳥居坂
国際文化会館
旬熟成
新加坡大使館
鳥居坂下
麻布十番
麻布十番(1)
麻布十番 ためき
nico ドーナツ 麻布十番本店
麻布かりんと 麻布十番本店
麻布十番 豆源本店
浪花家総本店
永坂更

22

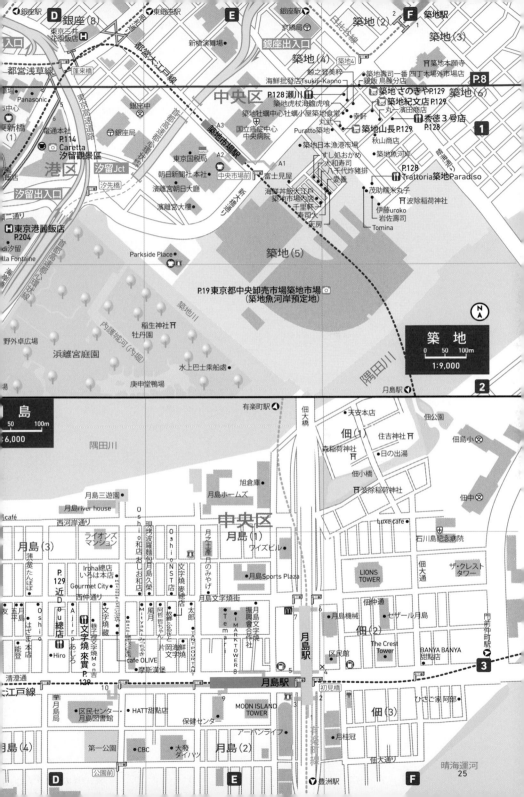

東京巨蛋城、Spa LaQua、宇宙博物館TeNQ、東京巨蛋城樂園、文京Civic Center、東京庭之飯店

龍名館飯店御茶之水總店、松記雞飯

FACTORY、Meson Cervantes

國會議事堂（參議院）、日枝神社、東京紀尾井町王子畫廊豪華精選飯店

IRORI HOSTEL and KITCHEN、Grids Hostel Lounge東日本橋　27

高田馬場

P.142
TAVERNA

TAVERNA

茗荷谷

QINO's Manhattan New York

錦糸町

墨田江戸切子館、錦糸町樂天城市飯店

四谷

P.136
Jasmine Thai

Jasmine Thai

代代木八幡

P.150
Levain富谷店

Levain富谷店

神田

砂場 P.127

砂場

代代木

P.137
吳哥窟

吳哥窟

千駄谷

P.135
GOOD MORNING
CAFE 千駄ヶ谷

GOOD MORNING CAFE 千駄谷

御成門

Le Pain Quotidien
芝公園店 P.134

Le Pain Quotidien芝公園店

新宿御苑

P.163 KEN'S CAFÉ
TOKYO

KEN'S CAFÉ TOKYO

目黑

P.148
果實園
Liber

果實園Liber

田町

P.141
Farmer's
Chicken

Farmer's Chicken

28

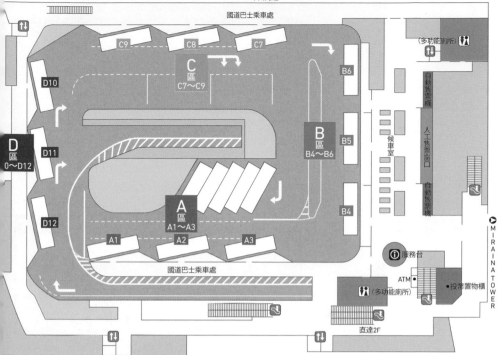

4樓 國道巴士乘車樓層

A區

路線名稱	客運公司
新宿地區～羽田機場	東京空港交通
新宿地區～成田機場	東京空港交通
新宿～本庄・伊勢崎	JR巴士關東
新宿～高崎・前橋	日本中央巴士
新宿～東京國際展示場	東京空港交通
新宿～袖浦・木更津	小湊鐵道、小田急City Bus
新宿～五井・市原	小湊鐵道、小田急City Bus
新宿～東京迪士尼度假區	JR巴士關東、京城巴士
新宿～三島	沼津登山東海巴士、小田急箱根高速
新宿～鐮取・土氣	京王巴士東、千葉中央巴士
新宿～會津若松・喜多方	JR巴士關東、會津乘合自動車
新宿～郡山・福島	JR巴士關東、福島交通、JR巴士東北
新宿～常陸大田・常陸大宮	茨城交通、JR巴士關東
新宿～佐野新都市	JR巴士關東
新宿～那須溫泉・鹽原溫泉	JR巴士關東、東野交通
新宿～館山	JR巴士關東、日東交通

B區

路線名稱	客運公司
新宿～御殿場・箱根	小田急箱根高速
新宿～伊豆長岡・修善寺	小田急箱根高速
新宿～御殿場Premium Outlets	JR巴士Tech
新宿～沼津・三島	富士急City Bus、京王巴士東
新宿～清水・靜岡	京王巴士東、JR東海巴士
新宿～新靜岡	JR巴士關東、靜岡Justline
新宿～濱松	JR東海巴士、京王巴士東、遠州鐵道
新宿～富士五湖	京王巴士東、富士急山梨巴士、FUJIEXPRESS
新宿～富士山五合目	京王巴士東、富士急山梨巴士、FUJIEXPRESS
新宿～鹽山	富士急山梨巴士
新宿～南阿爾卑斯市八田	京王巴士東、山梨交通、富士急山梨巴士
新宿～身延	京王巴士東、山梨交通
新宿～東京Tokyo Summerland	西東京巴士
新宿～Lake Sagami Pleasure Forest	FUJIEXPRESS

C區

路線名稱	客運公司
新宿～長岡・新潟	新潟交通、越後交通
新宿～伊香保・草津溫泉	JR巴士關東
新宿～尾瀨	關越交通
新宿～上毛高原・水上	關越交通
新宿～富山	西武巴士
新宿～金澤	西日本JR巴士、西武巴士
新宿～福井	京福巴士、福井鐵道
新宿～長野	ALPICO交通、京王電鐵巴士
新宿～佐久・小諸	JR巴士關東
新宿～佐久・上田	千曲巴士、京王電鐵巴士
新宿～松本	京王電鐵巴士、ALPICO交通、ALPICO交通東京
新宿～安曇野・白馬	京王巴士東、ALPICO交通、ALPICO交通東京
新宿～上高地	ALPICO交通車東
新宿～諏訪岡谷	京王巴士東、ALPICO交通、山梨交通、JR巴士關東、FUJIEXPRESS
新宿～伊那飯田	京王電鐵巴士、伊那巴士、信南交通、FUJIEXPRESS、山梨交通、ALPICO交通
新宿～木曾福島	京王巴士東、Ontake交通
新宿～飛驒高山	京王電鐵巴士、濃飛乘合自動車

D區

路線名稱	客運公司
新宿～仙台	JR巴士東北
新宿～仙台・石卷	宮城交通
新宿～可兒・名古屋	JR巴士關東、JR東海巴士、東濃鐵道
新宿～名古屋	京王巴士東、名鐵巴士
新宿～京都・大阪	JR巴士關東
新宿～仙台	WILLER EXPRESS東北、NEW PRINCE國道巴士
新宿～仙台	櫻交通
新宿～山形	JAMJAM EXPRESS
新宿～山形	WILLER EXPRESS關東
新宿～新潟	WILLER EXPRESS北信越
新宿～長野	WILLER EXPRESS北信越
新宿～長野・須坂	TRAVICE JAPAN
新宿～輕井澤	櫻交通
新宿～飯田／松本	TRAVICE JAPAN
新宿～名古屋	WILLER EXPRESS東海、Bay Line Express
新宿～名古屋	櫻交通
新宿～名古屋	Infomatic
新宿～大阪	WILLER EXPRESS東海、WILLER EXPRESS關西、WILLER EXPRESS西日本
新宿～大阪	JAMJAM EXPRESS

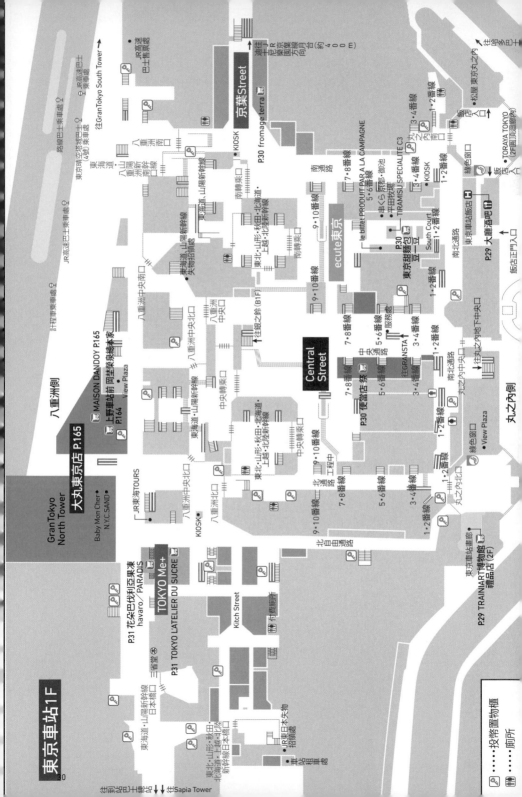

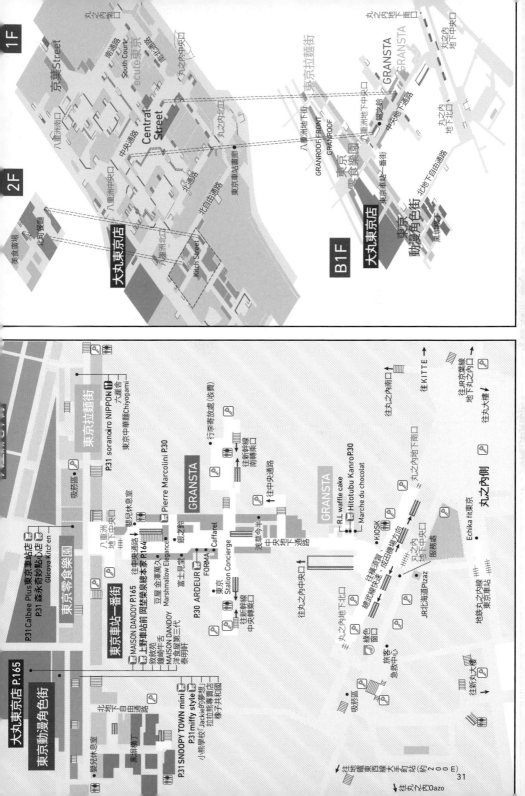

觀光景點快速轉車表

●路線顏色● 　■ JR線　　■ 地鐵、私鐵及其他

目前位置 ←

目前位置 ↓ ＼ 目的地 →	東京晴空塔 ▶P34	東京車站 ▶P26	澀谷 ▶P84	淺草 ▶P42	台場 ▶P66	新宿 ▶P92
東京晴空塔	—	28分鐘／340日圓 押上（晴空塔前）站→地鐵淺草線→淺草橋站→JR總武線→秋葉原站→JR山手線內圈→東京車站	30分鐘／240日圓 押上（晴空塔前）站→地鐵半藏門線→澀谷站	3分鐘／150日圓 押上（晴空塔前）站→東武晴空塔線→淺草站	47分鐘／540日圓 押上（晴空塔前）站→地鐵淺草線→新橋站→百合海鷗號→台場站	25分鐘／350日圓 押上（晴空塔前）站→地鐵淺草線→淺草橋站→JR總武線→秋葉原站→JR中央線快速→新宿站
東京車站	28分鐘／340日圓 東京車站→JR山手線內圈→秋葉原站→JR總武線→淺草橋站→地鐵淺草線→押上（晴空塔前）站	—	20分鐘／200日圓 東京車站→JR山手線外圈→澀谷站	20分鐘／310日圓 東京車站→JR山手線內圈→神田站→地鐵銀座線→淺草站	30分鐘／540日圓 東京車站→JR山手線外圈→新橋站→百合海鷗號→台場站	20分鐘／200日圓 東京車站→JR中央線快速→新宿站
澀谷	30分鐘／240日圓 澀谷站→地鐵半藏門線→押上（晴空塔前）站	26分鐘／200日圓 澀谷站→JR山手線內圈→東京車站	—	37分鐘／240日圓 澀谷站→地鐵銀座線→淺草站	36分鐘／490日圓 澀谷站→地鐵銀座線→新橋站→百合海鷗號→台場站	5分鐘／160日圓 澀谷站→JR山手線外圈→新宿站
淺草	3分鐘／150日圓 淺草站→東武晴空塔線→東京晴空塔站	20分鐘／310日圓 淺草站→地鐵銀座線→神田站→JR山手線內圈→東京車站	37分鐘／240日圓 淺草站→地鐵銀座線→澀谷站	—	37分鐘／490日圓 淺草站→地鐵淺草線→新橋站→百合海鷗號→台場站	32分鐘／350日圓 淺草站→地鐵銀座線→神田站→JR中央線快速→新宿站
台場	42分鐘／540日圓 台場站→百合海鷗號→新橋站→地鐵淺草線→押上（晴空塔前）站	30分鐘／460日圓 台場站→百合海鷗號→新橋站→JR山手線內圈→東京車站	37分鐘／490日圓 台場站→百合海鷗號→新橋站→JR山手線外圈→澀谷站	39分鐘／540日圓 台場站→百合海鷗號→新橋站→地鐵淺草線→淺草站	—	34分鐘／500日圓 台場站→臨海線·JR埼京線快速→新宿站
新宿	30分鐘／350日圓 新宿站→JR中央線快速→秋葉原站→JR總武線→淺草橋站→地鐵淺草線→押上（晴空塔前）站	14分鐘／200日圓 新宿站→JR中央線快速→東京車站	5分鐘／160日圓 新宿站→JR山手線內圈→澀谷站	34分鐘／350日圓 新宿站→JR中央線快速→神田站→地鐵銀座線→淺草站	41分鐘／540日圓 新宿站→地鐵大江戶線→汐留站→百合海鷗號→台場站	—

※本表所列路線是編輯部以轉乘較少、路線較好懂為基準挑選（平日、標準移動速度、無等待時間）為基礎計算出的數值（包含移動、轉乘時間）。資訊為2016年5月時的狀況。運費和所需時間有變動。

如何使用本書

在東京必做的101件事!
從經典地區到私房景點,在東京盡情遊玩的美妙多樣方案。

5W1H來解惑
詳細說明How to⋯或What is⋯等基本問題。看完不再迷惑。

分區或分類型做整理介紹
可以從想去的街道景點或「必做的事」翻頁查詢。

📷 SIGHTSEEING
🍴 EAT
🛒 SHOPPING
🎨 ART
🎵 PLAY

旅遊情報
用一行文字介紹對旅途有幫助的訊息或是讓旅遊更開心的小常識!

【圖例說明】

- 🏠 地址
- ☎ 電話號碼
- ⊗ 營業時間(寫出開始到結束的時間。若最後入場時間或最後點餐時間另有規定,則寫上該時間)
- ㊡ 公休日(寫上假日以外的公休日。因為沒有寫明年底年初的休假,有無休假情況也請先確認清楚)
- 💴 入場、設施使用費,或是飯店一晚的最低房價等(除非特別註明,否則全是未稅價格)
- ⊗ 從最近的車站出發的所需時間
- ▶MAP 表示在別冊地圖上的位置 >>>表示在本書中介紹的頁碼

本書登場人物!
Hare的追捕之旅

天涯海角都要追到逃躲的鼠輩Tabi!

Hare

Tabi

特別收錄

別冊地圖 \ 可以取下使用! /

地圖圖例
- 📷 景點
- 🎵 表演
- 🍴 餐廳・咖啡館
- 🛒 購物
- 🅗 飯店

關於本書
書中記載的資料是2016年5月的情況。內容時有變動,請事先做好確認。遇到假日和年底年初等假期時,營業時間和公休日會和書中介紹的不同。書中記載的最後入場時間或最後點餐時間,可能會和實際營業時間不同。關於費用部分,除非特別註明,否則都是未稅價格。只有含稅時才會寫上(含稅)。地鐵、巴士、計程車、步行的所需時間,依交通狀況時有變動。敝出版社恕不賠償因本書記載內容所造成的損害等,尚請見諒。

CONTENTS
在東京必做的**101**件事

做過的請打勾！☑

歡迎參加東京的非凡之旅！

在令人興奮的東京城市，滿足美食、購物、觀光需求。
充滿活力的東京天空，處處晴朗快意！

🚶 **TOWN**

景點

從國會議事堂、東京都廳等只有首都才有的景點，
到美術館與博物館。

🍴 **EAT**

美食

東京美食世界一流。可以品嘗到日式、西式及世界
各地的異國美食料理。

景色真棒〜！

用智慧型手機翻影片

用智慧型手機翻影片

好想嘗一口！

用智慧型手機翻影片

🐾 令人感動的大都會全景

觀景台

要感受東京的大器，就要登上觀景台。晴天時可看
到街道地標，還能遠眺富士山。到了晚上眼前是一
片由無數燈光交織而成的浪漫世界。

六本木新城觀景台 東京City View >>> P.62

🐾 種類豐富的餐飲

世界美食

從老字號日式點心店到外來品牌，豐富的甜點種類
令人驚豔。可以盡情品嘗當紅肉類料理、漢堡及口
味道地的亞洲菜色等。

彩茶房CASCADE HARAJUKU店 >>> P.147

▶ 如何觀看影片

先下載免費APP
從智慧型手機或平板電腦的「Google play」或「App Store」搜尋「朝日connect」。下載免費APP。
※雖然APP免費,但需自行負擔通訊費用。

朝日 connect

→

選擇日期用手機鏡頭對準!
開啟APP,在日期選擇上設定為2016年6月4日,對準每個記號。
※請水平對準記號。對準後須等待數秒。這項服務可能會無預警結束。

🛒 SHOPPING

購物

除了百貨公司及流行服飾大樓,還有多家特色商店。最後不要忘了買伴手禮。

📷 TOURISM

玩樂

除了東京迪士尼外,還想觀賞歌舞伎或落語等日本傳統表演。

好多想買的東西!

嗨翻天!

🐘 令人目不轉睛的時尚元素

流行單品

從國外頂尖品牌到話題新商店,流行發射站東京擁有豐富多彩的時尚元素。看到喜歡的店,就以店員的穿著打扮為採購清單吧。

dazzlin >>> P.87

🐘 陷入激情之夜

娛樂節目

東京是從清晨熱鬧到深夜的城市。有戲劇、表演、音樂會等各種娛樂節目可觀賞。須事先確認表演行程。

機器人餐廳 >>> P.96

調查實現夢想的區域

🚶 步行
🚃 電車

東京的小京都
神樂坂 >>> P.122
石板路蜿蜒的昔日煙花巷，充滿京都或巴黎風情。是餐飲店密集的美食街。

精力充沛的鬧區
新宿 >>> P.92
池袋 >>> P.98

新宿有伊勢丹等知名百貨分布其中，更是娛樂場所聚集的不夜城。池袋的必逛熱點是設施精采多樣的太陽城。

`池袋`

`神樂坂`

🚃 地鐵9分鐘

🚃 地鐵17分鐘

🚃 JR5分鐘

`新宿`

🚃 JR15分鐘

🛹 最新流行發射站
澀谷 >>> P.84 **原宿** >>> P.74
表參道 >>> P.74

頗受歡迎的購物及用餐區。原宿年輕人多，有不少平價時尚小店。表參道則是世界精品聚集的高級區。

`原宿`

🚶 步行約13分鐘　🚃 地鐵14分鐘

🚃 JR2分鐘

`表參道`

🚃 地鐵9分鐘

`澀谷`

🚃 地鐵2分鐘

`六本木`

🚃 地鐵6分鐘

`代官山`

`惠比壽`

🚶 步行約10分鐘

在美麗的街道度過優雅時光
六本木 >>> P.60
惠比壽 >>> P.117
代官山 >>> P.116

六本木是擁有多家美術館的藝術街。惠比壽則是眾多餐飲店林立，可品嘗美食。在代官山的精緻咖啡館欣賞時尚潮流。

🚃 JR＋地鐵28分鐘

雜貨甜點街
自由之丘 >>> P.118
洋溢歐洲風情的美麗街道。頂尖西點師傅不斷端出話題甜點。

`自由之丘`

東京都概要	距離大阪　約2小時30分鐘／距離名古屋　約1小時45分鐘
	人口　　約1300萬人（23區部約920萬人）
	面積　　約2190km2（23區部約626 km2）
	人口密度　（每1km2）約6100人（23區部約1萬4600人）
	行政區分　23區、26市、1郡、4支廳（大島、三宅、八丈、小笠原）

純樸懷舊風下町

上野 >>> P.104
谷根千 >>> P.124

上野境內有動物園和多家美術館、博物館，和附近的貓街谷根千（谷中、根津、千馱木），都是觀光散步的好地方。

谷根千

🚃 地鐵3分鐘

淺草　　　　東京晴空塔城

代表東京的2處地標

淺草 >>> P.42
東京晴空塔城 >>> P.34

以都內最古老的寺廟，淺草寺門前町而發展起來的淺草，和位於隔壁市町的東京晴空塔，可以一起參觀。

🚃 JR4分鐘

上野

🚃 JR8分鐘

隅田川

🚃 JR＋地鐵9分鐘

日本橋

🚶 步行約10分鐘

東京・丸之內

🚶 步行約17分鐘

銀座

新舊參雜的東京面貌

東京・丸之內 >>> P.26
日本橋 >>> P.126
銀座 >>> P.50 築地 >>> P.128

自江戶及明治時代起就是熱鬧繁華的東京都心。有不少氣派的西式建築、歷史悠久的大型百貨公司及高質感老店。築地市場頗負盛名，素有「東京廚房」稱號。

🚃 地鐵3分鐘

築地

🚃 JR＋百合海鷗號16分鐘

眾人喜愛的東京觀光熱點

東京迪士尼度假區® >>> P.187

東京迪士尼樂園和東京迪士尼海洋組成的夢想王國。時間充裕的話可以住在度假區飯店玩個盡興。

🚃 JR18分鐘

舞濱

台場

充滿歡樂的濱海區

台場 >>> P.66

位於海埔新生地的寬敞遊樂中心。觀光、遊樂、購物和美食應有盡有，大人小孩都盡興。

©創通・SUNRISE

各區特色標示圖

看圖就知道要先去哪！

🍴 EAT
🎬 ART
🛒 SHOPPING
📷 SIGHTSEEING
🎵 PLAY

24小時玩樂計畫

既然到了東京，就要玩夠24小時。
以下依類別介紹各景點的最佳觀光時間。
擬定從早到晚的玩樂計畫吧。

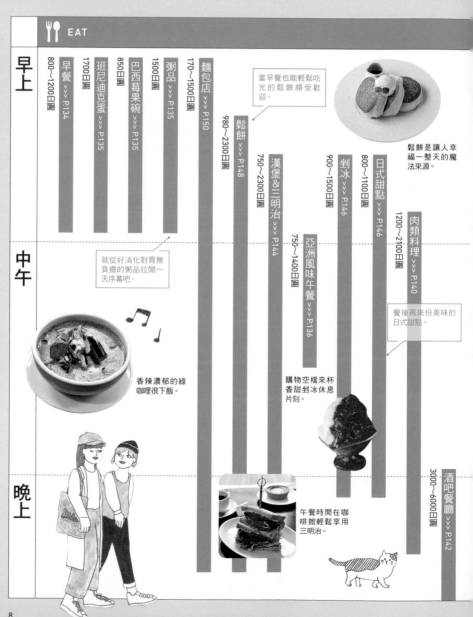

🍴 EAT

早上

早餐 >>> P.134　800～1200日圓

班尼迪克蛋 >>> P.135　1700日圓

巴西莓果碗 >>> P.135　850日圓

粥品 >>> P.135　1500日圓

麵包店 >>> P.150　170～1500日圓

鬆餅 >>> P.148　980～2300日圓

漢堡&三明治 >>> P.144　750～2300日圓

當早餐也能輕鬆吃光的鬆餅頗受歡迎

鬆餅是讓人幸福一整天的魔法來源。

中午

就從好消化對胃無負擔的粥品拉開一天序幕吧。

亞洲風味午餐 >>> P.136　750～1400日圓

剉冰 >>> P.146　900～1500日圓

日式甜點 >>> P.146　800～1100日圓

肉類料理 >>> P.140　1200～2100日圓

餐後再來份美味的日式甜點。

香辣濃郁的綠咖哩很下飯。

購物空檔來杯香甜剉冰休息片刻。

晚上

午餐時間在咖啡館輕鬆享用三明治。

酒吧餐廳 >>> P.142　3000～6000日圓

各區建議活動時間

東京·丸之內	7：00 ～ 23：00		池袋	7：00 ～ 24：00
東京晴空塔城	10：00 ～ 23：00		上野	7：00 ～ 23：00
淺草	6：00 ～ 22：00		代官山·惠比壽	10：00 ～ 23：00
銀座	10：00 ～ 23：00		自由之丘	10：00 ～ 23：00
六本木	11：00 ～ 24：00		神樂坂	10：00 ～ 24：00
台場	11：00 ～ 23：00		谷根千	9：00 ～ 22：00
原宿·表參道	8：00 ～ 23：00		日本橋	10：00 ～ 23：00
澀谷	24小時		築地	6：00 ～ 22：00
新宿	24小時			

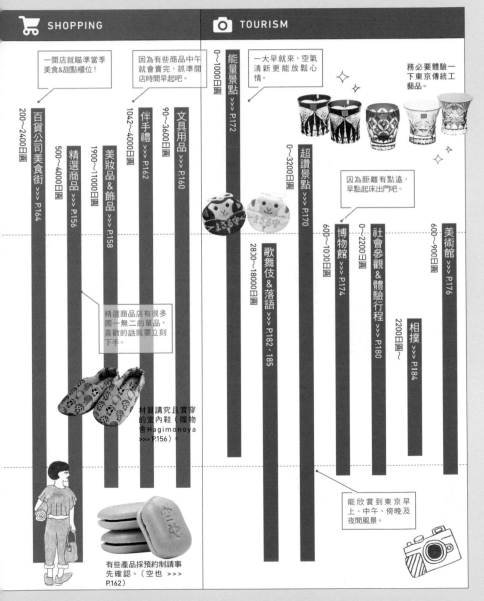

SHOPPING

一開店就瞄準當季美食&甜點櫃位！

因為有些商品中午就會賣完，抓準開店時間早起吧。

百貨公司美食街 >>> P.164
200～2400日圓

精選商品 >>> P.156
500～4000日圓

美妝品&飾品 >>> P.158
1900～11000日圓

伴手禮 >>> P.162
1042～4000日圓

文具用品 >>> P.160
90～3600日圓

精選商品店有很多獨一無二的單品，喜歡的話就要立刻下手。

材質講究且實穿的室內鞋〈履物舍Hagimonoya >>> P.156〉

有些產品採預約制請事先確認。（空也 >>> P.162）

TOURISM

一大早就來，空氣清新更能放鬆心情。

務必要體驗一下東京傳統工藝品。

能量景點 >>> P.172
0～1000日圓

超讚景點 >>> P.170
0～3200日圓

歌舞伎&落語 >>> P.182、185
2830～18000日圓

因為距離有點遠，早點起床出門吧。

博物館 >>> P.174
0～2200日圓

社會參觀&體驗行程 >>> P.180
600～1000日圓

相撲 >>> P.184
2200日圓～

美術館 >>> P.176
600～900日圓

能欣賞到東京早上、中午、傍晚及夜間風景。

東京全年行事曆

春夏秋冬，東京一整年排滿各種活動。
以下介紹讓旅行更有深度的精采活動。

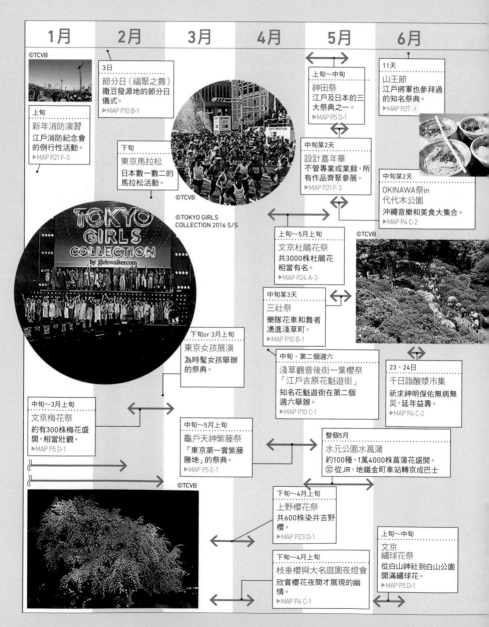

1月	2月	3月	4月	5月	6月

©TCVB

3日
節分日（福聚之舞）
撒豆發源地的節分日
儀式。
▶MAP P.10 B-1

上旬
新年消防演習
江戶消防紀念會
的例行性活動。
▶MAP P.21 F-3

下旬
東京馬拉松
日本數一數二的
馬拉松活動。
©TCVB

©TOKYO GIRLS
COLLECTION 2016 S/S

11天
山王節
江戶將軍也參拜過
的知名祭典。
▶MAP P.27 ④

上旬～中旬
神田祭
江戶及日本的三
大祭典之一。
▶MAP P.5 D-1

中旬某2天
設計嘉年華
不管專業或業餘，所
有作品齊聚參展。
▶MAP P.21 F-3

中旬某2天
OKINAWA祭in
代代木公園
沖繩音樂和美食大集合。
▶MAP P.4 C-2

©TCVB

上旬～5月上旬
文京杜鵑花祭
共3000株杜鵑花
相當有名。
▶MAP P.24 A-3

中旬某3天
三社祭
樂隊花車和舞者
湧進淺草町。
▶MAP P.10 B-1

下旬or 3月上旬
東京女孩展演
為時髦女孩舉辦
的祭典。

中旬、第二個週六
淺草觀音後街一葉櫻祭
「江戶吉原花魁遊街」
知名花魁遊街在第二個
週六舉辦。
▶MAP P.10 C-1

23、24日
千日詣酸漿市集
祈求神明保佑無病無
災，延年益壽。
▶MAP P.4 C-2

中旬～3月上旬
文京梅花祭
約有300株梅花盛
開，相當壯觀。
▶MAP P.5 D-1

中旬～5月上旬
龜戶天神紫藤祭
「東京第一賞紫藤
勝地」的祭典。
▶MAP P.5 E-1

整個5月
水元公園水菖蒲
約100種、1萬4000株菖蒲花盛開。
◎從JR、地鐵金町車站轉京成巴士

©TCVB

下旬～4月上旬
上野櫻花祭
共600株染井吉野
櫻。
▶MAP P.23 D-1

上旬～中旬
文京
繡球花祭
從白山神社到白山公園
開滿繡球花。
▶MAP P.5 D-1

下旬～4月上旬
枝垂櫻與大名庭園夜燈會
欣賞櫻花夜間才展現的幽
情。
▶MAP P.4 C-1

淺草觀音後街一葉櫻祭（4月）©TCVB　　神宮外苑煙火大會（8月）©TCVB　丸之內霓虹燈飾（11月中旬～〔預計〕。以往點燈盛況）

7月	8月	9月	10月	11月	12月

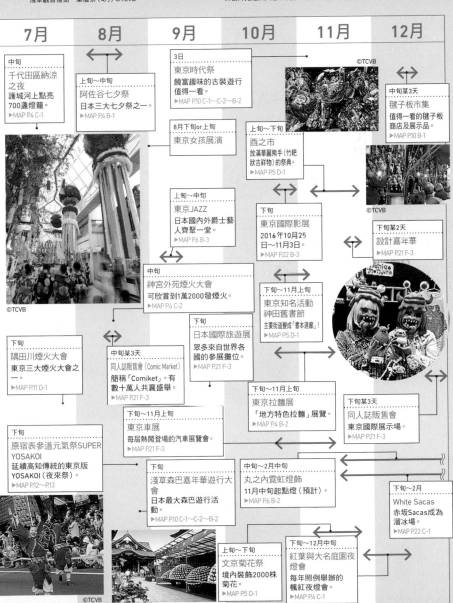

中旬
千代田區納涼之夜
護城河上點亮700盞燈籠。
▶MAP P.4 C-1

上旬～中旬
阿佐谷七夕祭
日本三大七夕祭之一。
▶MAP P.4 B-1

3日
東京時代祭
饒富趣味的古裝遊行值得一看。
▶MAP P.10 C-1~C-2~B-2

中旬某3天
毽子板市集
值得一看的毽子板商店及展示品。
▶MAP P.10 B-1

8月下旬or上旬
東京女孩展演

上旬～下旬
西之市
放滿華麗熊手（竹耙狀吉祥物）的祭典。
▶MAP P.5 D-1

上旬~中旬
東京JAZZ
日本國內外爵士藝人齊聚一堂。
▶MAP P.6 B-3

下旬
東京國際影展
2016年10月25日～11月3日。
▶MAP P.22 B-3

下旬某2天
設計嘉年華
▶MAP P.21 F-3

中旬
神宮外苑煙火大會
可欣賞到1萬2000發煙火。
▶MAP P.4 C-2

下旬
日本國際旅遊展
眾多來自世界各國的參展攤位。
▶MAP P.21 F-3

下旬～11月上旬
東京知名活動
神田舊書節
主要街道變成「書本遍廊」!
▶MAP P.5 D-1

下旬
隅田川煙火大會
東京三大煙火大會之一。
▶MAP P.11 D-1

中旬某3天
同人誌販售會（Comic Market）
簡稱「Comiket」。有數十萬人共襄盛舉。
▶MAP P.21 F-3

下旬～11月上旬
東京拉麵展
「地方特色拉麵」展覽。
▶MAP P.4 B-2

下旬某3天
同人誌販售會
東京國際展示場。
▶MAP P.21 F-3

下旬～11月上旬
東京車展
每屆熱鬧登場的汽車展覽會。
▶MAP P.21 F-3

下旬
原宿表參道元氣祭SUPER YOSAKOI
延續高知傳統的東京版YOSAKOI（夜來祭）。
▶MAP P.12~P.13

下旬
淺草森巴嘉年華遊行大會
日本最大森巴遊行活動。
▶MAP P.10 C-1~C-2~B-2

中旬～2月中旬
丸之內霓虹燈飾
11月中旬起點燈（預計）。
▶MAP P.6 B-2

下旬～2月
White Sacas
赤坂Sacas成為溜冰場。
▶MAP P.22 C-1

上旬～下旬
文京菊花祭
境內裝飾2000株菊花。
▶MAP P.5 D-1

下旬～12月中旬
紅葉與大名庭園夜燈會
每年照例舉辦的楓紅夜燈會。
▶MAP P.4 C-1

利用3天2夜的終極經典路線

享受200%的東京

**先逛銀座！
從第一天起就行程滿檔**

尋訪銀座老店，慕名品嘗外來甜點後，前往台場度過歡樂夜晚。從第一天起就排滿活動行程！

PM

12：20 東京車站

🚶 步行
約10分鐘

12：30 銀座
〈需時約3.5小時〉

— 煉瓦亭
>>> P.55

— G. Itoya
>>> P.52

— PIERRE MARCOLINI
銀座總店
>>> P.56

🚃 搭JR和百合
海鷗號15分鐘

16：00 台場
〈需時約5小時〉

— 富士電視台總部
大樓 >>> P.68

— DiverCity東京廣場
>>> P.70

— KING OF
THE PIRATES
>>> P.72

| **LUNCH** |

**在明治28年開業的
煉瓦亭吃中餐**

煉瓦亭是開發多款西餐的名店。享用原創蛋包飯充飽活力。

小說家池波正太郎也來過。

| **POINT** |

先從東京車站到交通方便的銀座。感受市區氛圍。

| **SHOPPING** |

挑選吸睛文具

G.Itoya伊東屋是12層樓的文具專賣店。是卡片或筆記本等精選文具的寶庫。

位於中央通上的伊東屋店面。

有多款時髦文具用品。

| **CAFE** |

**在巧克力專賣店附設的
咖啡館喝下午茶**

PIERRE MARCOLINI銀座總店是少數附設咖啡館的店面。來塊甜點休息片刻。

好吃～

品嘗濃郁美味。

買來當伴手禮。

| **SIGHTSEEING** |

到台場的電視台玩吧！

富士電視台總部大樓除了球體瞭望室「Hachitama」，還有多項好玩的娛樂設施。

記得買紀念品。

| **SIGHTSEEING** |

去看心目中的英雄

©創通・SUNRISE

DiverCity東京廣場有等比例打造的鋼彈立像。也是購物和美食豐富的複合性商城。

高18m

| **DINNER** |

眺望夜景的浪漫晚餐

台場有很多餐廳可以一邊欣賞海上璀璨燈光，一邊用餐。

度過美好回憶的夜晚。

在東京有很多想去的地方，想做的事，如必看景點、購物、美味餐飲與甜點！接著介紹3天2夜火力全開的玩樂計畫，有效率地逛遍各區。

第2天主要是征服新舊2處景點

前往有東京最古老寺廟之稱的淺草寺，以及日本最高建築的東京晴空塔。走訪相鄰的2區，感受日本今昔之別。

悠閒的早晨時光

第 2 天

MORNING

去比利時來的麵包店享用優閒早餐

在裝潢美麗充滿自然風的Le Pain Quotidien芝公園店享用早餐。

心情舒暢的早晨。

餐廳位於麵包店內。

AM

8：00　地鐵
　　　　芝公園站
〈需時約1.5小時〉

└ Le Pain Quotidien
　芝公園店
　>>> P.134

🚃 地鐵30分鐘

10：00　淺草
〈需時約4小時〉

┌ 淺草寺
│　>>> P.44
├ 仲見世
│　>>> P.46
├ MARUGOTO NIPPON
│　>>> P.156
└ 駒形DOZEU
　　>>> P.48

SIGHTSEEING　參拜淺草寺

說到洋溢下町風情的淺草中心當屬這裡。要不要穿著租來的和服散步呢？

通過雷門前往正殿。

安放觀音菩薩的正殿。

在正殿前方將煙攝向自己淨身。

POINT
在淺草寺正殿是拜完後丟入香油錢，最後再合掌敬禮。和神社不同，不必拍手。

SNACK

在仲見世街買點小東西

通往淺草寺街道兩旁有整排販售日式糕餅名產及和風小物的商店。享受一下漫步的樂趣吧。

SHOPPING　網羅日本各地名產的商城

從食品到工藝品，網羅日本各地逸品的淺草新去處，MARUGOTO NIPPON。

萩之內的萩燒咖啡杯和會津木綿杯墊。

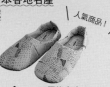
人氣商品！
履物舍（Hagimonoya）的活性碳室內鞋。

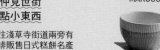

總是人潮洶湧。

人形燒名產。

LUNCH　品嘗淺草知名料理

到了淺草沒吃下町料理是一大損失！

葵丸進的大炸蝦井飯。

駒形DOZEU的泥鰍鍋。

🌸 淺草的知名活動是5月在淺草寺舉辦的三社祭，和7月的隅田川煙火大會。這段期間淺草周邊相當擁擠，請留意。

13

步行
約20分鐘

14：30 東京
晴空塔城
〈需時約5小時〉

— 墨田水族館
　>>> P.37

— Moomin House Cafe
　>>> P.148

— 東京晴空塔展望台
　>>> P.36

— 東京晴空街道
　>>> P.40

地鐵25分鐘

20：00 神樂坂
〈需時約2小時〉

— 神樂坂 y cucina
　>>> P.142

SIGHTSEEING

在墨田水族館感受海洋世界的魅力

重現小笠原諸島海洋的「東京大水槽」，和「水母萬花筒隧道」等新奇展示區頗具魅力。

好療癒～

還有好奇心旺盛的麥哲倫企鵝。

打上色彩鮮豔的燈光，如夢似幻的水母。

歡迎來到嚕嚕米的家。

CAFE

和嚕嚕米一起喝下午茶

在以嚕嚕米山谷為主題的 Moomin House Cafe，和療癒系的可愛角色共進下午茶。

一起吃吧！

點招牌鬆餅附送陶瓷娃娃。

SIGHTSEEING

上展望台看夕陽&夜景

可以360度環視東京街景的天望甲板。沿著緩坡向上走是天望迴廊。

只有東京才有的璀璨夜晚。

SHOPPING

在東京晴空街道購買限定商品

欣賞完夕陽&夜景後，記得買紀念品。

POINT

當天購買的票價比預售票便宜。但是碰到人多的日子或時段要等比較久。

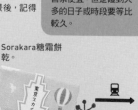

Sorakara糖霜餅乾。

©TOKYO-SKYTREE

晴空塔圖案抹布。

©TOKYO-SKYTREE

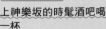

DINNER

上神樂坂的時髦酒吧喝一杯

神樂坂曾是繁榮的煙花巷，如今變成知名美食街。

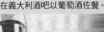

在義大利酒吧以葡萄酒佐餐。

最後一天也很充實！
帶走滿滿回憶與伴手禮

一眨眼來到最後一天。趁離開前，盡情血拚和大啖美食吧。

第 3 天

AM

9：00　表參道站
〈需時約1小時〉
└ Island Vintage Coffee青山店
>>> P.135

步行約15分鐘

10：30　原宿
〈需時約1小時〉
└ 貓街
>>> P.79

步行約15分鐘

11：30　澀谷
〈需時約3.5小時〉
澀谷Hikarie
>>> P.88

地鐵20分鐘

16：00　東京
〈需時約2小時〉
├ Boulangerie Patisserie VIRON 丸之內店
>>> P.150
├ GRANSTA
>>> P.30
└ 便當店 祭
>>> P.30

MORNING

以夏威夷食物揭開早晨序幕

吃頓豐盛的早餐充飽能量。最後一天也有好事降臨。

Good Morning！

度過心情舒暢的早晨時光。

營養均衡的巴西莓果碗。

SIGHTSEEING

尋找貓街附近的絕妙商店

走到稍微遠離大馬路的小巷中，有很多特色商店，一不小心就買過頭了。

讓人忍不住進去參觀的櫥窗展示。

發現喜愛的包包！

LUNCH & SHOPPING

前往話題十足的Hikarie

走到澀谷後前往與車站連接的Hikarie。先到澀谷最大的美食餐廳區大啖肉類料理，再去購物樓層ShinQs。

澀谷Hikarie有多品味高尚的商店。

也有旅行為主題的商店。

在裝潢復古優雅的餐廳大啖漢堡排。

發現精美雨傘！

SHOPPING

在車站內尋覓大家都喜歡的伴手禮

旅程終於要結束了。買好給家人和朋友的伴手禮再回家吧。

畫有東京車站丸之內站體圖案的獨家馬卡龍。

先買好坐新幹線要吃的車站便當吧。

還有半天要做什麼？

還剩半天時間的話，可做其他安排。
在東京盡情玩到最後一刻吧！

1 去上野動物園和博物館 >>> P.106

草木如茵的上野境內有飼養貓熊的動物園、博物館及美術館。是悠閒散步的好地方。

2 去六本木新城和東京中城 >>> P.62

成熟時尚的六本木區，有高質感商店、美術館及觀景台，最適合半日遊。

3 去代官山、惠比壽的時髦區 >>> P.116

新店家如雨後春筍般冒出，令人目不暇給的區域。走累了上養身咖啡館休息一下。

戰利品寶物大公開

FOODS　百貨公司與知名點心品牌攜手力作

\ ITEM 01 /

**百貨公司
限定品牌甜點**

從老店到大型商家，所有百貨公司引以為傲的限定款甜點。與知名點心品牌合作的一流獨家商品，最適合買來送人。

購自這裡GO！

上野車站前 岡埜榮泉總本家
>>> P.164
Mille Feuille Maison >>> P.165

價格：200日圓～

FOODS　堅持用料的優質經典甜點

\ ITEM 02 /

烘焙點心

伴手禮首推保存攜帶方便的烘焙甜點。雖然食材簡單，滋味卻很豐富，邊吃邊評比也很有趣。

購自這裡GO！

自由之丘烘焙坊 >>> P.119
Butter Butler >>> P.165

價格：500日圓～

FOODS　精緻麵包傳統麵包應有盡有

\ ITEM 03 /

麵包

東京有許多麵包店，種類豐富。耐放的硬麵包可以買來送人，甜麵包或鹹麵包最適合散步時吃。

購自這裡GO！

LE PAIN de Joël Robuchon >>> P.95
Kayaba Bakery >>> P.125

價格：170日圓～

FOODS　知名巧克力專賣店的華麗商品

\ ITEM 04 /

巧克力

來自東京都內一流專賣店的巧克力，雖然價格稍貴，卻是讓人豁出去購買的逸品。最適合送給重要的人。

購自這裡GO！

BbyB. Ginza >>> P.57
Lindt Chocolat Cafe銀座店 >>> P.57

價格：2500日圓～

FOODS　值得親自到實體店面購買

\ ITEM 05 /

很難搶購的甜點

買到行家才知道的絕品甜點，正是旅行才有的醍醐味。不可預購及數量有限，就算排隊也要搶到東京才買得到的名品。

購自這裡GO！

ÉCHIRÉ MAISON DU BEURRE
>>> P.163
KEN'S CAFE TOKYO >>> P.163

價格：1100日圓～

GOODS　讓旅程更舒適時髦！

\ ITEM 06 /

實用的旅行用品

突然下雨或出大太陽時，可以應付變化多端氣候的優質單品是旅人的好幫手。不愧是出自高質感專賣店的商品。

購自這裡GO！

STANDBY TOKYO >>> P.89
ShinQs Parts Joist >>> P.89

價格：800日圓～

GOODS　裝點日常生活

\ ITEM 07 /

廚房用品

廚房用品每天都用得到，更要嚴格挑選。除了功能性外，美觀好用的商品是提升生活品質的必備品。

購自這裡GO！

Spiral Market >>> P.81
D&DEPARTMENT TOKYO >>> P.157

價格：800日圓～

GOODS　旅行回憶紀念品

\ ITEM 08 /

自製手工商品

想為終究會結束的愉快旅行留下紀念。「手作體驗」可以實現這個願望，和物品一起度過珍貴時光。

購自這裡GO！

Brooklyn Charm >>> P.159
東京德國春天有機生活館 >>> P.159

價格：4300日圓～

從蔚為話題的好滋味到高質感雜貨，來到走在日本流行尖端的東京都，
有眾多豐富的必買商品。
以下從這些必買逸品中挑選出不可錯過的16項商品。
為了裝滿東京之旅的戰利品，一定要事先清出行李箱空位。

GOAT >>> P.160

GOODS　旅行筆記本和信紙

\ ITEM 09 /
優質紙製品

寫下旅途中發生的大小事或從當
地寄信。優質和紙做成的筆記本
或如繪畫般美麗的進口卡片，用
起來備感珍惜。

購自這裡GO！
榛原 >>> P.160
Tout le monde >>> P.161

價格：150日圓～

GOODS　每天作業寫得格外開心

\ ITEM 10 /
文具用品

每天用到的文具，最好是功能佳
的時髦物品。從老字號文具店的
長賣商品到藝術家設計的高品味
單品，選項豐富。

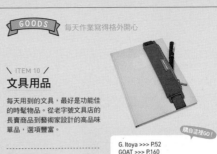

G. Itoya >>> P.52
GOAT >>> P.160

價格：90日圓～

GOODS　仔細挑選的和風小物

\ ITEM 11 /
和風小物

製作精美的和風小物，擁有再多
都開心。從彰顯賈家品味的精選
單品，與職人製作細膩的手工商
品中仔細挑選。

購自這裡GO！
MARUGOTO NIPPON >>> P.156
Katakana >>> P.157

價格：1000□圓～

GOODS　江戶人的愛用品

\ ITEM 12 /
傳統用品

東京現在還有不少江戶、明治時
代開業的老字號雜貨店。職人以
代代相傳的手法與技術製作的各
式用品，外觀手感皆屬上乘。最
適合當伴手禮。

購自這裡GO！
東京鳩居堂 銀座總店 >>> P.52
銀座 大野屋 >>> P.53

價格：400日圓～

GOODS　難能可貴的參拜憑證

\ ITEM 13 /
御朱印物品

東京境內以明治神宮為首，有幾
處知名能量景點。參拜後蓋取得蓋
上御朱印的御朱印帳或護身符，
更是珍貴的戰利品。可以送給身
邊朋友分享神明庇佑。

購自這裡GO！
明治神宮 >>> P.172
東京大神宮 >>> P.173

價格：500日圓～

GOODS　搖身變成風格不同的「可愛」人士

\ ITEM 14 /
可愛商品

「可愛風KAWAII」是目前傲視
全球的日本文化。走一趟發源地
表原（OMOHARA）後，會興奮
地將全身行頭換成可愛商品。先
從飾品等小配件開始採購吧。

購自這裡GO！
Choco Choco by SWIMMER >>> P.76
6%DOKIDOKI >>> P.78

價格：1500日圓～

COSME　買優質美妝品犒賞自己的辛勞

\ ITEM 15 /
保養品

讓女人更漂亮的保養品，是女士
們的必需品。成分天然或做成甜
點造型的產品等，細心挑選每天
愛用的優質美膚產品。

購自這裡GO！
伊勢丹新宿店靚顏藥妝館 >>> P.94
SABON GOURMET >>> P.95

價格：2500日圓～

COSME　愛上每天早晨的化妝時間

\ ITEM 16 /
化妝品

提振一天活力的化妝品要選擇性
價比高的產品。東京都內有多家
滿足女性愛美需求的化妝品店，
便宜的話可以開心地多買幾款。

購自這裡GO！
ABC Cosme store >>> P.76
MAISON DE REEFUR >>> P.158

價格：1000日圓～

如果要找僅此一件的戰利品，建議到每年5月舉辦的「東京跳蚤市場」尋寶。活動地點在調布市，雖然有點遠但有很多好貨可以挑，值得一去。

TOKYO NEWSPAPER

國際都市東京的面貌不斷變化成長。將這座大都會的最夯消息，分門別類地介紹給你。

TOWN 大都市持續進化的注目新焦點

銀座

尤其是銀座的5丁目、6丁目，正在大肆進行再開發計畫。不斷湧進新風格的歷史街道，成為世界注目焦點。

2016年3月OPEN

東急Plaza銀座

誕生在數寄屋橋十字路口的銀座新地標。從地下1樓到地上11樓，開設了服飾、雜貨及餐廳等共125間商店。公共空間也很充足。

🏠 中央區銀座5-2-1
☎ ⊛ ㉗ 依店家而異
🚇 地鐵銀座站C2出口出站直達
▶MAP P.8 C-2

GINZA PLACE

在4丁目十字路口的前SAPPORO銀座大樓舊址開張。7樓餐廳區以玻璃牆呈現開放感。除了各式店面外，預計還會有展覽室和啤酒屋進駐。

🏠 中央區銀座5-8
🚇 地鐵銀座站A3、A5出口步行約1分鐘
▶MAP P.9 D-2

2016年夏季OPEN

2017年OPEN

銀座六丁目10區第一種市區用地再開發工程

包括松阪屋銀座店舊址用地在內的2區整合為一的再開發工程。1樓設有觀光巴士停車空間，地下室設有觀世能樂堂等文化用地。

🏠 中央區銀座6-10-11
🚇 地鐵銀座站A3出口步行約1分鐘
▶MAP P.8 C-2

京橋 融合江戶風情與現代感

2016年秋季OPEN

KYOBASHI EDOGRAND

「Toshi Yoroizuka」（鎧塚俊彥）旗艦店及種類豐富的餐飲店進駐於此。預計有高達31公尺的開放式區域「伽利略空間」及「觀光資訊中心」。

🏠 中央區京橋2-2-27
🚇 地鐵京橋站7號出口出站直達
▶MAP P.6 C-3

上野 自江戶時代起持續進化的松坂屋

（暫定）松坂屋上野店南館整修計畫

重新整修松坂屋。1～6樓是「巴而可」，7～10樓是「TOHO影城」，成為集百貨店、時尚大樓及影城於一處的複合式設施。

🏠 台東區上野3-22
🚇 地鐵上野廣小路站出站直達
▶MAP P.23 D-3

2017年秋季OPEN

中目黑 人氣地區的時髦新設施

2016年秋季OPEN

中目黑車站高架橋下開發計畫

在東急東橫線700公尺長的高架橋下，沿線規畫40區進駐多家特色商店。目黑川沿路並設有露天區域。

🏠 目黑區上目黑1-219
🚇 東急東橫線、地鐵中目黑站出站直達
▶MAP P.16 B-2

豊洲

擴大面積規模終於遷移開幕！

豐洲市場

占地面積擴增至目前築地市場的1.8倍。不但有確保對業者動線更好的道路設備，還興建了容納觀光客的公共空間。並打造以用餐為主題的觀光設施「千客萬來設施」。

🏠 江東區豐洲
🚇 百合海鷗號市場前站步行1分鐘
▶ MAP P.5 D-2

山手線新站暫定於品川～田町間

預計在2020年臨時啟用

配合東京奧運和殘障奧運臨時啟用。這是山手線自1971年（昭和46年）西日暮里站啟用以來，睽違40年的新車站。並同時開發向來是JR品川列車基地的13公頃廣大用地，會有涵蓋商業設施、辦公室及住宅的大型新街區誕生。

築地

趁著市場遷移改頭換面

築地魚河岸

在目前的築地場外市場上，由小田原橋棟和海幸橋棟2棟建築組成的「築地魚河岸」開幕了。不僅是觀光客或當地人，預計會有超過90間連美食家都注目的商店進駐於此。

🏠 中央區築地6-26・27
☎ 03-3832-1111 ㊡ 未定 🚇 地鐵築地市場站1號、2號出口步行約1分鐘
▶ MAP P.25 E～F-2

池袋

池袋地標大翻新

SKY CIRCUS 陽光60觀景台

池袋地標「陽光60」觀景台重新翻修。主題是7大「體驗」區。接下來，預計依序開放噴泉廣場和購物中心。

🏠 豐島區東池袋3-1 60F
☎ 03-3989-3457
㊡ 10：00～21：00 不定
💴 1800日圓（含稅）
🚇 地鐵東池袋站步行約3分鐘
▶ MAP P.26 C-1

惠比壽

惠比壽車站西口直達的新設施

atre惠比壽西館

新店面有在日本開第2家分店的漢堡餐廳「SHAKE SHACK」、首度在車站大樓開店的「猿田彥咖啡」等。屋頂也設有露天花園。

🏠 澀谷區惠比壽南1-6-1
☎ 03-5475-8500
㊡ 10：00～21：30（餐廳11：00～23：00）
㊡ 全年無休
🚇 JR惠比壽站東口出站直達
▶ MAP P.17 E-2

STAY

陸續有頂級飯店新開幕

Have a nice trip.

2016年7月OPEN

東京紀尾井町王子畫廊豪華精選飯店
>>> P.205
位於東京花園露台紀尾井町的30～36樓，可以眺望市區優美景致。利用資訊科技，提供每位房客專屬客製化服務。

虹夕諾雅東京
>>> P.205
位於市區的溫泉旅館。享受在玄關脫鞋、房間鋪榻榻米的日式旅館風情。

2016年7月OPEN

帶有日式風情的高級飯店蔚為潮流

隨著觀光客持續增加，東京住宿設施不足的問題浮上檯面。趁著奧運興建新飯店。尤其是最近，頂級奢華飯店接二連三地開幕。有很多房型強調在最新設備上增添「日本味」，打造既舒適又沉穩的空間。

WALK

不用護照就能出國

 美國
福生 ①

沿著美軍基地的國道16號線周圍，有整排的美式商店及餐廳。

 緬甸
高田馬場 ②

車站北側有多家緬甸人經營的小店，有「小仰光」之稱。

 中國
池袋 ③

車站北口一帶是東京都內最大的唐人街。中國餐館、食品店和雜貨舖等聚集於此。

韓國
新大久保 ④

因韓流而興起的韓國街。雖然目前已退燒，街道依舊熱鬧。近年來除了韓國，也增加好幾間亞洲各地及中東地區餐廳，相當多樣化。

 土耳其
代代木上原 ⑤

土耳其政府在車站附近興建的大型伊斯蘭寺廟，東京大清真寺對外開放並接受參觀。

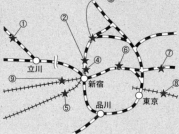

LET'S GO!

在東京都內各地的○○街，
享受異國風情

國際都市東京境內光是登記居住的外國人就有43萬人。相同國籍者組成的小型外國人團體散布各地，那裡有美味餐廳，還有超市買不到的食品等。最近，還有很多觀光客來訪，感受街上的異國風情。因為各國民族群居於東京，越來越多人樂於續攤喝酒。

 法國
神樂坂 ⑥

據聞街景和巴黎五區相似，還有法式風格餐廳及文化設施聚集於此。

 泰國
錦系町 ⑦

車站北側俗稱小泰國。用走的就能發現好幾間泰國菜餐廳。

印度
西葛西 ⑧

印度人多居住於此，有好幾家專為他們開設的道地印度菜餐廳和食品店。

TOKYO NEWS

番外篇 ⑨

住宅區的小島世界
代田橋・沖繩街

↑沖繩街入口的朱漆大門。

→販售各式泡盛的酒舖片桐酒商。

除了沖繩料理外，還有沖繩蕎麥麵及沖繩土特產店等，假日十分熱鬧。

穿過代田橋車站北邊甲州街道的和泉明店街。為了幫越來越蕭條的小型商店街找回活力，平成17年以沖繩為主題進行街區改造。命名為「沖繩街」。各家店販售沖繩相關商品，並開設沖繩餐館和泡盛酒舖。全年也舉辦很多活動。

道地沖繩料理
鳳仙花

位於沖繩街上昭和老巷內的大市場中。可品嘗到食材講究的沖繩宮廷料理及各島名菜。

⌂ 杉並區和泉1-3-15 大市場內
☎ 03-3321-2139
◉ 京王線代田橋站步行約5分鐘
◷ 平日11：30～14：00、17：00～24：00、週六日12：00～24：00
休 週二
URL：http://twitter.com/tinsag

參觀及體驗備受矚目的東京傳統工藝品製作過程

重新審視各式傳統工藝品

東京的古老美好文化在邁向國際化的同時也受到矚目。尤其是工藝品,不僅外國人,連日本人也很喜愛。像頗熱門的江戶切子手作體驗或參觀江戶更紗工房等,被指定為40項「東京都指定傳統工藝品」。也適合買來當東京特色伴手禮。

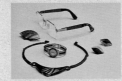

江戶切子玻璃
在玻璃表面切割各式圖樣的雕花玻璃器皿。小茶杯和玻璃杯等小型器具最受歡迎。

江戶玳瑁
用玳瑁做成項鍊、胸針或鏡框等。因為玳瑁甲殼原料減少,作品日顯珍貴。

東京編繩
以昔日經中國或朝鮮傳來的技術編成繩帶,據說在江戶時代武士靠此維持生計。是珍貴的傳統工藝品。

江戶更紗
從室町流傳到桃山時代的技術,再加上摺紙型的工法完成江戶更紗。工匠以純熟技法織成的美麗圖案被視為絕品。

江戶玻璃
明治初期品川官營工廠導入西洋玻璃製造技術而興起的產業。刻上圖樣的是切子玻璃。

江戶漆器
木材塗上天然漆製作而成。充滿江戶風情的蕎麥麵蒸籠或朱漆醬料罐相當有名。

東京七寶
七寶指的是閃耀七種寶石光芒的金屬工藝。江戶時代曾是獨門祕傳技術,但到了明治時代便廣為流傳。

其他東京都指定傳統工藝品

村山大島捻線綢	江戶貼畫毽子板
東京染小紋	江戶甲冑
本場黃八丈	東京藤編工藝
江戶木紋人偶	江戶刺繡
東京銀器	江戶木雕
東京手繪友禪	東京雕金工藝
多摩紡織	東京刀具
江戶毛刷	江戶裝裱
東京佛龕	東京三味線
江戶髮簪	江戶毛筆
東京匾額	東京素染
江戶象牙	東京琴
江戶細木作	江戶唐紙
江戶簾	江戶木版畫
東京本染浴衣	東京手刷具
江戶竹製魚竿	江戶手寫燈籠
江戶服裝人偶	

須預約

參觀及體驗工藝品製作

有幾家東京都指定傳統工藝品的工房開放參觀。有些還提供製作體驗,留下美好回憶。所需時間與費用等依品項或工房而異,均須事先預約。請至以下網頁查詢。

東京都產業勞動局・
東京傳統工藝品HP
www.sangyo-rodo.metro.tokyo.jp/
shoko/dentokogei/japanese1/

BIG NEWS 國立西洋美術館登錄為世界遺產

1959年（昭和34年）完工的日本代表性美術館。主要收藏20世紀初的西洋繪畫及雕塑品。設計者是近代建築三大巨匠之一的柯比意（Le Corbusier）。這家美術館在他遍布世界各地的作品中占有重要地位。

收藏件數約5500件。有常設展和企畫展，常設展中的知名作品有印象派代表畫家莫內的〈睡蓮〉。
©國立西洋美術館

在日本國立西洋美術館本館感受柯比意建築

● 了解柯比意建築的關鍵字

「基準尺度」（Modulor）
柯比意的自創用語，語源是法文的「基準」和「黃金比例」。利用人體尺度決定建築基準的規則。以這項規則決定建築物和家具的尺寸。

「無限成長美術館」
柯比意長年研究美術館因應收藏品增加，展覽室向外擴建的需求。這座西洋美術館本館是實現該構想的建築物，在世界占有一席之地。

WHO IS ?

柯比意
Le Corbusier
1887～1965

柯比意
瑞士出生，活躍於法國的建築師。不拘泥傳統，活用最新技術追求合理性。提倡現代主義，對近代建築帶來莫大影響。在設計及都市計畫上也多所發揮。
©朝日新聞社

● 留意此處
不僅是收藏品，也要細細欣賞柯比意在日本唯一的設計作品，國立西洋美術館本館建築。

建築物外觀特色是屏除特殊裝飾的簡單外牆和清水混凝土圓柱。柱子間隙採用「基準尺度」，但也參考了建築內部柱子高度及到天花板的尺寸。例如2樓展覽廳由高低不一的天花板組合而成，低矮天花板的基準尺度是226公分，挑高天花板的尺寸則是2倍的基準尺度再加上陽台地板厚度。

在建築物內部也看得到成為外觀特色的水泥柱，加上支撐建築的結構功能，搭配設計效果，為各種展示空間帶來變化。另外柱子本身是在松木板模內倒入混凝土做成，呈現美麗木紋。

從2樓展覽廳可以充分了解「無限成長美術館」的構想。圍住中間挑高大廳的迴廊狀展覽廳，其結構能像貝殼成長般往外側擴建。

除此之外，在1樓和2樓之間不設樓梯改成斜坡，是常見的柯比意建築特色之一。不走樓梯而經由斜坡，充分感受空間變化的同時也往上移動，與其說是通道，不如說是「步道」。

國立西洋美術館
>>> P.109

國立西洋美術館本館2樓展覽廳。利用高度不同的天花板、水泥柱、自然光及人工燈光打造出富變化的展示空間。
©朝日新聞社

1樓中央的19世紀大廳。寬敞的挑高空間內陳列著羅丹作品。
©朝日新聞社

TOWN

東京「街區」事件簿

雖然利用鐵路就能抵達多數地區，但對觀光客而言還是有摸不著頭緒的地方。掌握以下訣竅，順利成行吧！

事件 1

JR和地鐵路線多，車站又大，搞不清楚方向！

解決　事先了解東京主要交通網

東京交通網絡傲視全球。能放心大膽利用的鐵路最方便。但是，因為要涵蓋範圍遼闊的東京中心，路線當然會很多，也會有轉乘複雜的車站。連東京居民都很難瞭若指掌，只要記住常用路線就行了。首先掌握住連結東京中心地區的環狀JR山手線和2種地鐵系統吧。利用JR山手線搭配地鐵來移動比較清楚明瞭。

認識東京主要鐵路路線

JR山手線

全線共29站，繞行一圈約需60分鐘。起跳價是140日圓（IC票卡133日圓）。有外圈和內圈，外圈的車內廣播是男性配音，內圈則是女性。

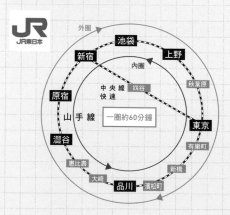

JR JR東日本

外圈　池袋　上野
新宿　內圈　秋葉原
中央線
原宿　快速　四谷
山手線　一圈約60分鐘　東京
澀谷　有樂町
惠比壽　新橋
大崎　品川　濱松町

 外圈（順時針）
東京→品川→澀谷→原宿→新宿→池袋→上野

內圈（逆時針）
東京→上野→池袋→新宿→原宿→澀谷→品川

地鐵

有東京地鐵股份有限公司（東京Metro）和東京都（東京都交通局）2種，共13條路線。各線有專屬的顏色標示記住就很方便。

都營地鐵 4條路線

起跳價是180日圓〜（IC票卡174日圓）。不限次數一天內自由搭乘都營地鐵、都營巴士、都電荒川線，以及日暮里-舍人線的「都營通票（都營1日乘車券）」成人票價700日圓，兒童票價350日圓。

 淺草線　 三田線　 新宿線　 大江戶線

東京Metro 9條路線

起跳價是170日圓〜（IC票卡165日圓）。自使用開始後24小時內不限次數自由搭乘東京Metro地鐵全線的車票，「東京Metro地鐵24小時車票」成人票價600日圓，兒童票價300日圓。

 東京メトロ

G 銀座線　M 丸之內線　H 日比谷線　T 東西線　C 千代田線

Y 有樂町線　Z 半藏門線　N 南北線　F 副都心線

事件 2

**有些車站不管搭JR、
地鐵還是轉乘都超不方便。
到底該怎麼辦！？**

解決 在多數路線交會的東京，
轉乘時務必要小心。

路線圖看起來可以轉乘，容易讓人覺得輕鬆就能完成，但在有些車站卻行不通。轉乘車站超過一站而且要步行才能抵達，或是出了驗票口卻又進站的複雜奇怪車站。還有，站名雖然不同步行5分鐘卻能到的車站，與明明同一站，JR和地鐵站名卻不相同等等。很難收齊所有資訊，以下僅就代表性車站做介紹。不過，若會擔心最好鼓起勇氣問車站人員。

還要ㄅ90m才
到轉乘站…？

就算站名相同也很難走到的車站

澀谷站	地鐵澀谷站的轉乘難度很高。銀座線在地上3樓，副都心線在地下5樓。高低差距很大。光是走路就要耗掉不少時間。尤其是半藏門線和副都心線間還有私鐵經過，相當複雜難懂。另外在JR澀谷站時，山手線和湘南新宿線、埼京線間的轉乘費時，請多留點步行時間。
大手町站	有9條路線經過，路線間的轉乘非常不方便。丸之內線、半藏門線和東西線的轉乘，要先走出驗票口經過地下道，再走進驗票口才行。
東京車站	從位於丸之內地下5樓的總武快速線月台，走到八重洲口的東海道新幹線月台是條漫長旅程。要轉乘東海道新幹線的話，品川車站會比較順暢。

站名不同卻在步行範圍內的車站

東京車站 （JR山手線）	步行約5分鐘	大手町站 （東西線及其他）
有樂町站 （JR山手線）	步行約3分鐘	日比谷站 （日比谷線、千代田線）
新日本橋站 （JR總武線）	步行約5分鐘	三越前站 （半藏門線、銀座線）
馬喰町站 （JR總武線）	步行約5分鐘→馬喰橫山站 （都營新宿線）步行約5分鐘→	東日本橋站 （都營淺草線）
新御茶之水站 （JR總武線）	步行約5分鐘→小川町站 （都營新宿線）步行約3分鐘→	淡路町站 （丸之內線）

同站異名車站

濱松町站 （JR山手線）	步行即達	大門站 （大江戶線、淺草線）
原宿站 （JR山手線）	步行即達	明治神宮前站（原宿） （千代田線、副都心線）
田町站 （JR山手線）	步行約5分鐘	三田站 （都營三田線）
秋葉田站 （JR山手線）	步行約5分鐘	岩本町 （都營新宿線）

禁止在東京做的 **7** 件事

1 不要站在手扶梯右側
在東京空出手扶梯右側是潛規則之一。尤其是尖峰時刻要特別留意。

2 尖峰時刻站在車門附近，請先走出門外
站在車門附近的人，當門打開時，先下車讓路是潛規則之一。

3 通過IC卡自動驗票口時請注意
每個車站都有超過半數的IC卡自動驗票口。使用1日乘車券時須注意。

4 車內不可飲食
將電車當成新幹線搭乘要有遭白眼的心理準備。無論是飲食或講電話都NG。

5 留意女性專用車廂
早上通勤通學的尖峰時段，有些路線會導入女性專用車廂。允許小學生以下的男孩、身障者及其男性陪伴人員使用。標誌是粉紅色貼紙。

6 不要隨意離開出口
跟著人潮隨意地從任一出口離開，往往要花更多時間才能抵達目的地。以新宿車站為例，私鐵、JR、地鐵的出入口加起來超過60個。請事先查好離目的地最近的出口。

7 不要在站內亂走
不要小看車站內部結構。以東京車站為例，寬敞到可以容納三座東京巨蛋，再加上深度直達地下5樓的百貨公司結構。而且乘客眾多，光是走路就很累。一定要邊看邊走指示牌移動，或是詢問站務人員。

東京・丸之內
TOKYO MARUNOUCHI

只路過東京車站實在太可惜了。車站建築本身就是重要的觀光焦點，車站內部更是必看。出了車站隔壁就是充滿話題焦點的丸之內。

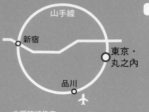

山手線

新宿

東京・丸之內

品川

本區路線指南
🚈 JR山手線・中央線・東海道線等其他路線 東京車站
🚇 東京Metro 東京車站、○○○大手町站、○○日本橋站、有樂町站、二重橋前站

豐富的站內與站前商城

日：◎　夜：○
不僅是平日，連假日也很擁擠的地區。方便享用時髦午晚餐。

從東京車站延伸而出，名為「行幸通」的林蔭大道。是車站附近珍貴的療癒綠空間。

擁有美術館和咖啡館的丸之內BRICK SQUARE。

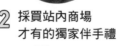
How to 丸之內接駁車
繞行大手町、丸之內、有樂町地區的免費巴士。10點到20點行駛，每12～15分鐘一班，相當方便。

在東京・丸之內必做的 5 件事　CHECK!

吸睛甜點品項齊全。尋找自己的最愛吧。

1 欣賞東京車站的復古風建築
>>> P.28

旅客如織的丸之內車站大廳。地板上有放射狀的幾何學圖案。

2 採買站內商場才有的獨家伴手禮
>>> P.30

3 在KITTE尋找郵件商品
>>> P.33

4 在丸之內BRICK SQUARE品嘗進軍日本的甜點
>>> P.33

中庭內有樹木及噴水池，是可以放鬆喘息的地方。

5 從丸之內悠閒散步到皇居

大手町
大手町站

C 新丸大
>>> P.32

大手町站

千代田線

A E 東京車站
>>> P.28
B 站內商場
>>> P.30

都營三田線

行

二重橋前站

D KITTE
>>> P.33

日比谷路

日比

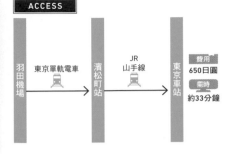

ACCESS

羽田機場 → 京東單軌電車 → 濱松町站 → JR 山手線 → 東京車站

費用 **650日圓**
需時 **約33分鐘**

🕐 經典路線　約5小時

(A) 東京車站 → 步行約1分鐘 → (B) 站內 → 步行約5分鐘 → (C) 新丸之內大樓 → 步行約7分鐘 → (D) KITTE → 步行約4分鐘 → (E) 東京車站

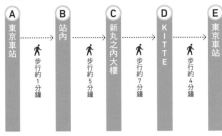

拉行李也能輕鬆觀光

大件行李可以寄放或是利用當天送達的服務，空手享受觀光。

利用投幣式置物櫃或臨時寄物處
東京車站內有很多投幣式置物櫃。也有行李寄放處。

行李當天送達服務
寄送到飯店或機場。對行李箱等大型行李相當方便。

TOKYO SERVICE CENTER
🏠千代田區丸之內1-9-1 東京車站一番街1F日本橋口附近 ☎ 03-5224-6885
⏰7：00～23：00 全年無休

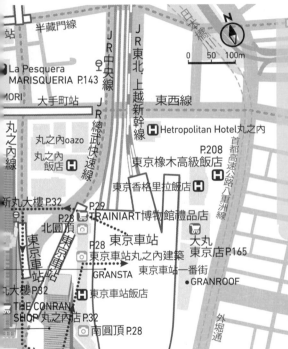

站 半藏門線

La Pesquera
MARISQUERIA P.143
MORI 大手町站

JR中央線

JR東北・上越新幹線 東西線

丸之內線
丸之內oazo
丸之內飯店 🅷

JR總武快速線

🅷 Hetropolitan Hotel丸之內

首都高速公路八重洲線

P.208
東京橡木高級飯店 🅷

東京香格里拉飯店 🅷

新丸大樓 P.32
P.29
北圓頂 P.28
🅿️ TRAINIART博物館禮品店

東京車站
P.28 🅿️ 東京車站丸之內建築
GRANSTA
東京車站一番街
● GRANROOF

大丸
東京店 P.165

丸大樓 P.32
🅷 東京車站飯店

THE CONRAN
SHOP 丸之內店 P.32
🅿️ 南圓頂 P.28

🅿️ KITTE P.33

外堀通

Boulangerie Patisserie
🅷 VIRON丸之內店 P.150

P.33
丸之內BRICK SQUARE

🅷 東京丸之內四季飯店

🅷 三菱一號館美術館

東京車站 J R

鍛冶橋通

JR京葉線

JR橫須賀線

JR山手線

JR東海道新幹線

丸之內接駁車
站牌

東京高速公路

Must Spot

東京車站

站內和附近有購物及美食多種娛樂設施。
>>> P.28

KITTE

保留舊東京中央郵局部分建築的商場。位於丸之內口附近。
>>> P.33

在百年歷史的東京丸之內車站
盡情品味名建築

美麗沉穩的車站主體是稱職的首都東京玄關。歷經百年而重新整建的建築，若只停下腳步觀望就太可惜了。進站享受美食及購物樂趣吧。

展現歷史風情的紅磚建築

What is
東京車站丸之內站體建築

1914年（大正3年）完工後經修復的原始車站主體。是明治日本的代表建築師辰野金吾的作品，連同裝飾雕刻等一併復原。

紅磚車站是國家指定的重要文化資產。外觀由紅磚和白色大理石建構而成，令人聯想到歐洲車站。

先到南北圓頂觀賞復古建築

車站內有多處必看景點，最引人注目的是兩處高度超過30m，有著美麗浮雕裝飾的八角圓頂。

老鷹浮雕
寬2.1m。張開翅膀神情生動的老鷹雕像安置在八角形各頂點俯瞰下方。

鳳凰浮雕
鳳凰站立在兩束箭中間的車輪上。細緻的雕刻令人印象深刻。

興建時的原始石膏件
復原因戰爭而毀損半世紀以上的裝飾，讓大廳恢復興建初期的華麗面貌。

生肖浮雕
參考站前（圖說）復原的干支雕塑。安置十二支當中的八支。

免費浮雕參觀
東京車站丸之內站體・南北圓頂

位於南北驗票口外側。雖然結構及圖樣相同，但南圓頂利用了部分整修時發現的原始建材。

🏠 千代田區丸之內1-9-1
🕐🚫💴 自由參觀（從1樓）
🚉 JR東京車站丸之內中央口步行約1分鐘

▶MAP P.6 B-2

東京車站丸之內站體建築

1914年啟用之際的東京車站。現在，1、2樓保存原始的丸之內站體，3樓和屋頂部分修復至興建時期的樣貌。

北圓頂
屋頂造型風格不同的銅版。

車站外牆
以紅磚如實重現興建時期的顏色。

中央玄關
只有皇室和國家政府貴賓可以使用。

南圓頂
圓形屋頂高度約35m。

東京車站飯店入口
1915年（大正4年）開業，2015年迎接100周年的知名頂級飯店。

位於重要文化資產內的飯店

東京車站飯店大廳酒吧

大廳酒吧以挑高天花板和吊燈營造出歐洲老字號飯店的氣氛。非房客也能使用。

🏠 東京車站飯店1F
☎ 03-5220-1260（直通）
🕗 8：00～21：30（週六、假日前一天9：00～，週日、假日9：00～19：30）
🈺 全年無休
🚃 JR東京車站丸之內南口驗票口出站直達，東京車站飯店1F

▶MAP P.6 B-2

傍晚有現場豎琴演奏。同時也是酒吧。

在古典的大廳酒吧度過優雅時刻

位於車站內，服務項目從早餐到酒吧小酌都有。不僅能悠哉喝茶，也是等車空檔時刻稍微放鬆的絕佳地點。

法國土司套餐2650日圓（含稅，服務費另計）

以繽紛鮮豔的水果妝點美麗色彩。

Other Menu
午茶甜點套餐2100日圓（含稅，服務費另計）

使用一保堂茶舖抹茶的「抹茶拿鐵」1400日圓（含稅，服務費另計）

各477日圓

榮太郎糖
包裝上印有車站圓頂，十分可愛。

購買限定商品

TRAINIART 博物館禮品店

外觀時髦的實用商品種類齊全，就算不是鐵道迷也想要。以東京車站為主題的限定商品最吸睛。

🏠 東京車站畫廊內（須付費進東京車站畫廊才可入店內）　☎ 03-3211-0248
🕙 10：00～18：00（週五～20：00）
🈺 週一
🚃 JR東京車站丸之內北口驗票口前

▶MAP P.6 B-2

購買設計精美的車站主題商品

東京車站畫廊2樓會舉辦各種主題展。除了展覽品圖鑑外，還有各項原創商品。

文件夾
藍色是A4、粉紅色是A5大小，附隔層。

左 左A4藍色380日圓
右 右A5粉紅色352日圓

連接3樓展示廳的旋轉梯和丸之內北口圓頂同為八角形。

各324日圓

紙膠帶
印著丸之內站體圖案的美麗膠帶。
※JR東日本授權商品化

☘ 東京車站畫廊舉辦的展覽主體廣泛，以近代美術為中心。也有活用東京車站紅磚牆面的展覽品。

只有這裡才買得到的限定商品及人氣美味大集合！

在站內&站外商場購物、用餐

首都玄關內有數量驚人的商店。站內商場劃分成好幾區，站外則是八重洲大型地下街，走訪車站內外尋找美食吧。

〔站內商場〕

採買獨家伴手禮

站內商場是東京車站驗票口內的購物區。分成GRANSTA、ecute東京及京葉Street等。

GRANSTA
🏠 JR東京車站站內B1F ▶MAP P.31

ecute東京
🏠 JR東京車站站內1F South Court
▶MAP P.30

京葉Street
🏠 JR東京車站站內1F ▶MAP P.30

大人口味的馬卡龍

GRANSTA

ARDEUR

畫上東京車站丸之內站體圖案的大馬卡龍，是這裡才買得到的珍品。

1盒5個。內餡是大人口味的蘭姆葡萄奶油。

東京大馬卡龍

1300日圓

GRANSTA

Pierre Marcolini

比利時皇家御用巧克力大師開的店。香氣宜人的薑餅夾著濃郁巧克力醬。

Marcolini餅乾
1盒4片。也可單片購買。

2300日圓

酥脆蝴蝶軟糖

695日圓

Hitotubu Kanro

外層酥脆，裡面水潤的新口感軟糖。外觀繽紛可愛。

1盒6個。可以選擇汽水等6種口味。

京葉Street

fromage terra

起司甜點專賣店。滑嫩的香烤起司杯，外酥內嫩的口感令人上癮。

人氣甜點

200円
滑嫩起司奶油杯

ecute東京

東京甜麵包 豆一豆

外形模仿丸之內站體紅磚的方形紅豆麵包。裡面是特製的奶油紅豆餡。

265日圓

外皮印上「東京」，很適合當伴手禮。

站內商場還有人氣車站便當！

便當店 祭

每天販售170種以上日本各地車站便當。當地廚房現做的車站便當是招牌菜色。種類繁多，花點時間慢慢挑選吧。

☎ 03-3213-4352
⏰ 5：30～23：00
📅 全年無休
🏠 JR東京車站站內1F
▶MAP P.30

Central Street

網羅東京老店美味的東京車站限定「東京便當」。

1650日圓（含稅）

（站外商場）

稱霸東京車站一番街

直通東京車站八重洲口的購物街。由4種不同主題的區域組成，約有100家店面。

東京車站一番街

🚶 JR東京車站站內B1F、1F、2F ▶MAP P.31

What is

東京車站

東京車站站內及其周邊有許多餐飲店、動漫角色商品專賣店及禮品店等各種設施。空間寬敞容易迷路，因此請先看好地圖上的目的地。

TOKYO Me+

TOKYO Me+販售各式甜點和經典伴手禮，令人目不暇給。

※售價依進貨的花材而異

2600日圓

電視介紹過的3種磅蛋糕組合。

2950日圓

TOKYO L'ATELIER DU SUCRE

甜點師傅白岩操雄開的西點店。推薦完全不添加防腐劑的磅蛋糕及烘焙甜點。

口感Q彈！

花朵巴伐利亞果凍
havaro／PARADIS

這款甜點不僅美味，外形也漂亮，不吃也能拿來當裝飾。

東京拉麵街

以「在東京最想先去吃的店」為理念，集結8家人氣拉麵店。

soranoiro NIPPON

提供多款獨家菜色，如不添加肉類食材的純素「蔬菜蕎麥麵」等。

要不要來一碗？

834日圓

蔬菜蕎麥麵是最受女性歡迎的菜色。

東京動漫角色街

集結26種各世代都喜愛的動漫角色。

站長馬克杯

©2016 Peanuts

miffy style

提倡簡單時髦生活概念的「米菲兔」專賣店。

3200日圓

穿著站務員服裝的米菲兔。

© Mercis bv

900日圓

SNOOPY TOWN mini

受到各世代喜愛的史努比和伙伴商品專賣店。

東京點心樂園

由3家代表日本的零食廠商直接經營的特色商店。

現炸洋芋片，香蒜義大利麵口味。

269日圓

Calbee Plus 東京車站店

一邊透過玻璃窗看製作過程，一邊吃現炸的洋芋片。

1000日圓

森永奇妙點心店

家戶喻曉的大嘴鳥巧克力球最吸睛。

只有東京才買得到的限定商品，特大包裝巧克力球。

👀 注意看看動漫角色街的牆上！共有10道用動物插圖做成的謎題「偷看一下」。

欣賞東京車站美景同時
征服丸之內4棟大樓

不光是車站建築的翻修工程，丸之內口附近這幾來也大規模地改頭換面。
尤其是車站周邊的4棟大樓有很多吸引旅客的商店和餐廳。

在新丸大樓一邊眺望東京車站，一邊優閒享用中餐

坐在飽覽東京車站全景的豪華餐廳內，享用道地泰國菜。

丸大樓中令人陶醉的家飾雜貨

網羅來自世界各地嚴選家飾用品的生活風格商店。

瑪莎曼咖哩
2600日圓

辣度低的泰國南部溫和咖哩

6 F

Siam Heritage TOKYO

從開放式廚房傳來的聲音及香氣刺激著食欲。自助式午餐頗受歡迎。
☎ 03-5224-8050 ⊛ 11：00～14：30、17：00～22：00（週六、日、假日～15：00，週六16：00～，週日、假日16：00～21：00）⊛ 比照新丸之內大樓

2、3 F

THE CONRAN SHOP丸之內店

陳售時髦家具與用品的空間，最適合尋找實用伴手禮。
☎ 03-5288-6600 ⊛ 11：00～21：30 ⊛ 全年無休

參考展示商品打造自我空間。

上新丸大樓7樓的觀景台

站在屋頂陽台俯瞰站前圓環，令人心曠神怡。

4 棟大樓PROFILE

地上36樓，地下1樓，高約180m

比丸大樓略高，約198m

5樓是視野佳的露天平台
丸大樓

率先將辦公室和店面集中於一處的複合式大樓，規模在戰前被譽為東洋第一大樓。

⌂ 千代田區丸之內2-4-1
⊛ JR東京車站丸之內南口步行約1分鐘
▶MAP P.6 B-2

7樓露天平台設有長凳
新丸大樓

和丸大樓隔著行幸通比鄰而立，也是可以眺望東京車站全景的絕佳地點。

⌂ 千代田區丸之內1-5-1
⊛ JR東京車站丸之內中央口步行約1分鐘
▶MAP P.6 B-2

What is

丸之內

日本城廓中，每個街區稱作本丸或二之丸。「丸之內」的名稱由來是江戶城擴建時位於城池內側。到了明治時代，三菱財團第二代總裁岩崎彌之助自政府手中購得這附近的土地並致力開發。目前三菱集團的主要企業總部均集中於此處。

進軍日本的必吃甜點！

在沉靜的空間自在品嘗歐洲時髦甜點。

巧克力
霜淇淋

頂級巧克力
417日圓

1F

ÉCHIRÉ MAISON DU BEURRE

法國傳統發酵奶油「艾許」的全球首家專賣店。使用艾許奶油製成的烘焙點心很受歡迎。

☎ 03-6269-9840 ㊟ 10：00～20：00 ㊡ 不固定

1F

CACAO SAMPAKA

日本第一家精通可可豆的西班牙王室御用巧克力店。

☎ 03-3283-2238 ㊟ 11：00～20：00 ㊡ 不固定

1個 **300日圓**

艾許費南雪（左）、
艾許瑪德蓮（右）

在KITTE採買高質感雜貨

面對大型挑高空間有一整排高質感用品店及餐廳。

1944日圓

郵筒罐（大）

4F

中川政七商店東京總店

提供多項以日用雜貨為主的日本工藝品。

☎ 03-3217-2010

4F

Hacoa DIRECT STORE

販售木質考究的木製用品。

☎ 03-6256-0867

1200日圓

木頭磁鐵
（3個一組）

B1F

美噌元KITTE GRANCHE店

提供以味噌湯為主的健康餐點。

☎ 03-6256-0831

4200日圓

綜合美噌汁
最中餅（3顆裝）

800日圓

郵票造型相框

在丸之內BRICK SQUARE 附近感受明治洋房風情

置身復古的紅磚建築內彷彿回到明治時代

1F

Café 1894

美術館附設的古典風格咖啡館。提供午餐及晚餐。

☎ 03-3212-7156
㊟ 11：00～22：00
㊡ 不固定

蘋果派
907日圓

自製傳統蘋果派是下午茶的熱門選擇。

有多家日式風格店面進駐

從頂樓花園眺望眼前的丸之內車站建築

KITTE

在東京中央郵局舊址用地興建的商業設施。有多家來自日本各地的精選商店及餐廳。也有種類豐富的各店限定商品。

⌂ 千代田區丸之內2-7-2
Ⓡ JR東京車站丸之內南口步行約1分鐘
▶MAP P.6 B-2

前往廣場欣賞四季花卉

只有此處是異時代的奇妙空間

丸之內BRICK SQUARE

在2009年修復1894年（明治27年）年興建的三菱一號館。美術館附近有多家流行敏銳度高的商店。

⌂ 千代田區丸之內2-6-1
Ⓡ JR東京車站丸之內南口步行約5分鐘
▶MAP P.6 B-2

東京晴空塔城

TOKYO SKYTREE TOWN

東京晴空塔城是由東京晴空塔、東京晴空街道、水族館及星象館組成的大型複合設施。是能盡情玩上一整天的絕佳景點。

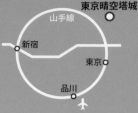

體驗日本最高點！

本區路線指南
- 東京Metro及其他◯押上（晴空塔前）站
- 東武晴空塔線 東京晴空塔站

日：◎　夜：○

欣賞一覽無遺的東京美景，盡享美食購物樂趣。

晴空塔天望回廊俯瞰街景的結構設計，刺激萬分！

CHECK!

在東京空塔城
必做的**5**件事

隅田公園
隅田川河岸步道・
言問橋 P.35
隅田公園
三圍神社
小梅小
隅田公園
・東京水邊線
牛嶋神社

C 墨田水族館
>>> P.37
P.35
隅田公園
D 東京晴空街道®
>>> P.40
小梅牛島街
東武晴空塔線
（伊勢崎線）
・墨田區公所
源森橋
・業平橋抽水站
清雄寺卍
本所吾妻橋站
熊貓巴士站牌
都營淺草線
妙緣寺卍

1 從世界最高塔的觀景台俯瞰大都市東京

>>> P.36

放眼望去盡是櫛比鱗次的東京高樓，相當壯觀。

2 一邊近距離眺望晴空塔，一邊用餐暢飲啤酒　>>> P.38

可同時大飽眼福口福的餐廳頗受歡迎。

3 這裡也有晴空塔！大啖晴空塔城美食

>>> P.38

挑戰高塔美食

還有眺望晴空塔的美景餐廳。

ACCESS

東京車站	JR總武線快速 錦系町站	半藏門線	押上站

羽田機場	京急機場線快特 (京急本線快特／淺草線直達)	押上站

費用 330日圓
需時 約17分鐘

費用 660日圓
需時 約40分鐘

🕐 經典路線　約5小時

A 押上站	步行約3分鐘	B 東京晴空塔觀景台	步行約6分鐘	C 墨田水族館	步行約3分鐘	D 東京晴空街道	步行約1分鐘	E 押上站

東京晴空塔城

📷 柯尼卡美能達天文館「天空」in 東京晴空塔城 P.37　　📷 墨田水族館 P.37

東京晴空街道

東館

🍴 KUA`AINA　P.39
🛍 Samantha Thavasa Anniversary P.40
🛍 Q-pot. P.40
🛍 Afternoon Tea LIVING　P.41
🛍 髮簪店wargo P.40
🛍 Mamegui P.41
🛍 銀座夏野 P.41
🛍 Neue P.41
🛍 日本市 P.41
🍴 MAKANAI化妝品　P.41
🍴 新宿勝博殿日式豬排 P.39
🍴 世界啤酒博物館 P.38
🍴 江戶東京壽司常 P.39
🍴 天空Lounge Top of Tree P.38

🍴 LA SORA SEED FOOD RELATION RESTAURANT P.38
🍴 蟻月 P.39
🍴 元祖食品樣品屋

塔樓館

🛍 銀座之蕾 P.40
🛍 摩洛索大 P.40
🛍 BOUL'MICH P.40

西館

🛍 CANDY SHOW TIME　P.40
🛍 NATURAL KITCHEN　P.41
🍴 Moomin House Cafe　P.148
🛍 Pompadour P.40

從這裡也看得到晴空塔！

View Point

隅田公園

新綠和櫻花等四季風情與晴空塔相映成趣。

言問橋

朝著晴空塔筆直延伸的橋上看出去的景致令人震撼！

十間橋

可以看到映在河川水面上的「晴空塔倒影」。

東武鐵道總公司

A E 押上站

伊藤正三美術館

東京晴空塔城
P.41東京晴空街道

🏨 Richmond Hotel
Life超市

京城橋　🏥 健生堂醫院

東京晴空塔
P.36

Oshinari橋

淺草大道

押業君之家

B 東京晴空塔觀景台
>>> P.36

🏨 TOKYO HÜTTE
P.35 十間橋

0　50　100m　N

4 在東京晴空街道購買晴空塔限定商品 >>> P.40 ☑

全是適合當東京伴手禮的商品。

5 欣賞美麗夢幻的點燈夜景 ☑

注意燈光的色彩變化。

號稱世界最高的獨立式電波塔

東京晴空塔
必去的
娛樂點

先到晴空塔來趟空中散步。
心情還沉浸在漫步雲端般的奇妙感動中；接著到夢幻娛樂景點！
潛入水中或宇宙感受異世界的存在吧。

附近沒有高樓建築，凸顯出世界最高塔的聳立英姿！

閃爍各種色彩的點燈秀是必看夜景！

結合先進技術！連鋼骨結構都很優美！

日 一邊體驗高度一邊在雲端漫步。

夜 走在夜景璀璨的燈光世界。

從高450m的天望回廊
俯瞰遙遠地面

天氣好的話還能看到富士山

東京晴空塔

世界最高的獨立式電波塔高634m，取其發音和東京代表性舊地名「武藏」（Musashi）相同。從兩個觀景台可以將360度的超廣角景觀盡收眼底。

🏠 墨田區押上1-1-2　☎ 0570-55-0634（東京晴空塔客服中心／9：00～20：00）　⊙ 8：00～22：00（天望甲板的最後入場時間是21：00，天望回廊是21：20）　休 全年無休　⊙ 東武晴空塔線東京晴空塔站／各線押上（晴空塔前）站出站直達

▶ MAP P.11 E-2

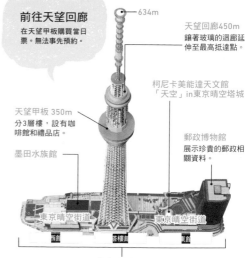

前往天望回廊
在天望甲板購買當日票。無法事先預約。

634m

天望回廊450m
鑲著玻璃的迴廊延伸至最高抵達點。

柯尼卡美能達天文館「天空」in東京晴空塔城

天望甲板 350m
分3層樓，設有咖啡館和禮品店。

郵政博物館
展示珍貴的郵政相關資料。

墨田水族館

東京晴空街道

東京晴空街道

東京晴空塔城

How to

東京晴空塔購票方法

門票分3種。依行程選擇最適合自己的。

當日票
每天早上8：00～在4樓售票櫃台購買。人多時會發號碼牌。

指定日期票
可在旅行社等處購買，再到4樓專屬櫃台換票。

指定日期時間票
上官網ticket.tokyo-skytree.jp和日本7-11購買。
有8：00～9：30的晨間優惠票與天望甲板＋天望回廊套票。特定日除外。

票種	天望甲板（350m）		天望回廊（450m）
	指定日期時間票	當日票	僅限當日購買
成人（18歲以上）	2600日圓	2060日圓	＋1030日圓
中學生（12～17歲）	2100日圓	1540日圓	＋820日圓
小學生（6～11歲）	1400日圓	930日圓	＋510日圓
幼童（4～5歲）	1000日圓	620日圓	＋310日圓

※皆為含稅價格

在超迷幻的 水母萬花筒隧道 感受浪漫氣氛

浪漫的燈光場景

墨田水族館

以精心設計的展示手法，愉快介紹海洋生物的水族館。可以近距離觀賞的企鵝和海狗最受歡迎。

☎ 03-5619-1821　⊗ 9：00～20：00
㊡ 全年無休　⊛ 成人2050日圓（含稅）

輕飄飄的水母好夢幻。

打上藍光的水母照映在約5000片鏡中。

可以看到熱帶魚和花園鰻的珊瑚礁區

好奇心旺盛的麥哲倫企鵝。

What is

東京晴空塔 官方吉祥物

炒熱晴空塔氣氛的開心夥伴。也會在天望甲板的限定活動中現身。

©TOKYO-SKYTREE

晴空塔妹妹　Teppenpen　Sukoburuburu

以隅田川和下町為背景，新地標東京晴空塔聳立在東京街上。

Shop & Gourmet

麥哲倫企鵝布偶（小）
水族館的人氣明星
500日圓（含稅）

輕飄飄水母汽水 500日圓（含稅）
以水母為主題，放上棉花糖的飲料。
1500日圓（含稅）

配合播放影片施放香氛

柯尼卡美能達天文館「天空」 in東京晴空塔城

星象儀的製造好手柯尼卡美能達公司，真實重現精采星空。依季節播放不同節目。

☎ 03-5610-3043
⊗ 11：00～21：00（週六、日、假日10：00～依季節而異）※可在網頁等處查詢每次播放的作品
㊡ 更換作品期間　⊛ 依作品而異

Shop

太空漫步
掛起來就像在無重力空間漂浮的太空人。在暗處會發光。
980日圓

「天空」獨創筆記本
畫上星座與天文館商標的A7尺寸小筆記本。
306日圓

貼近超真實的星空 利用星象儀做療癒體驗

美景和美食，你要選哪個？
令人感動的晴空塔城美食

位於晴空塔腳下的東京晴空街道，有多家提供美景&美食，同時滿足口腹與心靈的餐廳。震撼絕景與豪邁餐點當前，絕對令人興奮不已！

晴空塔美景

從大面窗或露天座位眺望東京晴空塔的餐廳。建議在有美麗夜景的晚餐時刻前來。

正面天花板鑲著玻璃，連晴空塔尖都看得到。

TOP午餐
2500日圓
有擺滿8道菜的前菜塔和主菜、甜點等。

東京晴空街道最高層餐廳

A 天空Lounge Top of Tree

從每個座位都能正面看到晴空塔的凜然英姿。晴空塔造型的前菜塔，品嘗當季創作西點。

☎ 03-5809-7377　⏰ 11：00～22：00

和伸向天際的晴空塔乾杯！

菜色種類豐富

B 世界啤酒博物館

提供約200種來自世界各國的現壓生啤酒。天氣晴朗時推薦露天座位，晴空塔近在眼前。

☎ 03-5610-2648
⏰ 11：00～22：00

綜合啤酒
2680日圓
每天提供5種啤酒，一次喝到不同口味。

在鑲嵌玻璃天花板的開放式餐廳品嘗道地義大利菜。

COURSE "SORA"
晚餐 6944日圓
可以攝取到30道菜的營養。

大量當季蔬菜

C LA SORA SEED
FOOD RELATION RESTAURANT

山形縣知名餐廳經營的自然風格義大利餐廳。使用大量蔬菜的健康料理，活用食材風味，口味溫和。

☎ 03-5809-7284　⏰ 11：00～14：00、18：00～21：00

壽司塔

壽司塔

以豪邁擺盤重現晴空塔！大口咬下晴空塔份量驚人的美食吧。

食材多到滿出盤外的海鮮丼

D 江戶東京壽司常

從店內大水槽抓出正在游泳的新鮮活魚現切。也有立食壽司區。

☎ 03-5809-7083　⊕ 11：00～22：30

> 超級海鮮丼
> 5365日圓
> 擺滿10種左右的食材。2～3人份。

豬排塔

居然長達634mm！

E 新宿勝博殿日式豬排

晴空街道店的特色菜是大手筆擺上人氣炸物做成的限定長形餐點。一起分著吃吧。

☎ 03-6658-5300
⊕ 11：00～22：00

> 晴空塔盤「紅」
> （2人份）2500日圓
> 放上炸蝦等6種炸物。

驚人的豪邁擺盤

F 蟻月

提供內臟鍋和雞肉火鍋等眾多特色料理。午餐才有的天婦羅丼塔份量驚人。

☎ 03-5809-7040
⊕ 11：00～16：00、17：00～22：30

天婦羅丼塔

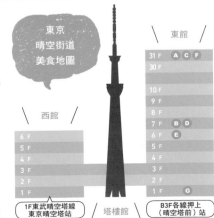

> 天婦羅丼御膳塔
> 2676日圓
> 由蝦、穴子鰻、雞胸肉等炸物組成。

洋蔥塔

> 晴空塔漢堡
> 1513日圓
> 巨大洋蔥圈塔！

夏威夷美味漢堡

G KUA・AINA

1975年（昭和51年）創業的歐胡島名店。石板烤的多汁漢堡很美味。

☎ 03-5610-7188
⊕ 10：00～22：00

漢堡塔

東京晴空街道美食地圖

西館

| 6 F |
| 5 F |
| 4 F |
| 3 F |
| 2 F |
| 1 F |

1F東武晴空塔線
東京晴空塔站

塔樓館

東館

| 31 F | A C F |
| 30 F |
| 10 F |
| 9 F |
| 8 F |
| 7 F | B D |
| 6 F | E |
| 5 F |
| 4 F |
| 3 F |
| 2 F |
| 1 F | G |

B3F各線押上
（晴空塔前）站

晴空街道中有多款以晴空塔為題的甜點。找找看擺盤華麗的晴空街道限定單品吧。

多款只有這裡才買得到的紀念品
在東京晴空街道採買獨家商品

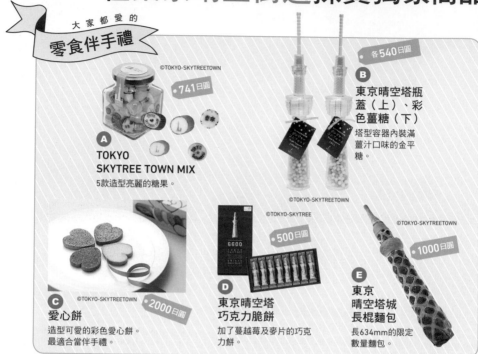

大家都愛的
零食伴手禮

©TOKYO-SKYTREETOWN

741日圓

A
TOKYO
SKYTREE TOWN MIX
5款造型亮麗的糖果。

各540日圓

B
東京晴空塔瓶
蓋（上）、彩
色薑糖（下）
塔型容器內裝滿
薑汁口味的金平
糖。

©TOKYO-SKYTREETOWN

©TOKYO-SKYTREE

500日圓

©TOKYO-SKYTREETOWN

1000日圓

C
©TOKYO-SKYTREETOWN
愛心餅

2000日圓

造型可愛的彩色愛心餅。
最適合當伴手禮。

D
東京晴空塔
巧克力脆餅
加了蔓越莓及麥片的巧克
力餅。

E
東京
晴空塔城
長棍麵包
長634mm的限定
數量麵包。

Ⓐ CANDY SHOW TIME
可以在店內參觀有條不紊的糖果製作
過程。
☎ 03-5809-7557 🕘 9：00～21：00

Ⓑ 銀座之薑
介紹生薑魅力與美味的商店。薑汁糖
漿和甜點很受歡迎。
☎ 03-5610-2694 🕘 10：00～21：00

Ⓒ Samantha Thavasa Anniversary
流行品牌Samantha Thavasa經營的
可愛甜食舖。
☎ 03-5610-2711 🕘 9：00～22：00

Ⓓ Morozoff摩洛索夫
販售布丁或起司蛋糕等精選食材製成
的高級西點。
☎ 03-5610-2689 🕘 10：00～21：00

Ⓔ Pompadour
法國麵包專賣店。出爐時刻可能要排
隊等候。
☎ 03-5809-7097 🕘 10：00～21：00

Ⓕ 髮簪店wargo
在日本傳統中加入現代感的時尚髮
簪。
☎ 03-5809-7221 🕘 10：00～21：00

Ⓖ Q-pot.
店內擺滿琳瑯滿目的甜點飾品，就像
點心王國。
☎ 03-5610-3156 🕘 10：00～21：00

陪伴左右的旅行回憶
時尚單品

F 星光髮簪

各6900日圓

5800日圓

天空藍的馬卡
龍最適合當伴
手禮。

鑲著閃爍星光與
串珠。

©TOKYO-SKYTREETOWN

G 東京晴空塔城限定款
馬卡龍包包掛飾

晴空街道有多款以東京晴空塔城為主題的可愛商品。部分是限定款，因此看到喜歡的商品不要遲疑就下手吧！

超多獨家可愛商品
雜貨

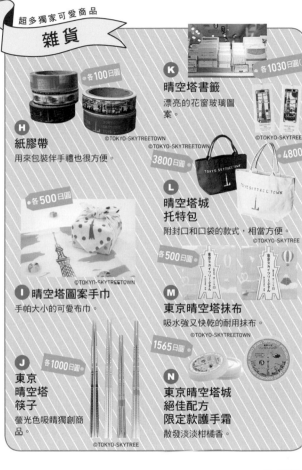

各100日圓

H 紙膠帶
用來包裝伴手禮也很方便。

各500日圓

©TOKYO-SKYTREETOWN

I 晴空塔圖案手巾
手帕大小的可愛布巾。

各1000日圓

J 東京晴空塔筷子
螢光色吸睛獨創商品。

©TOKYO-SKYTREE

K 晴空塔書籤
漂亮的花窗玻璃圖案。

各1030日圓（含稅）

©TOKYO-SKYTREETOWN
©TOKYO-SKYTREE

3800日圓
4800日圓

TOKYO SKYTREE TOWN

©TOKYO-SKYTREE

L 晴空塔城托特包
附封口和口袋的款式，相當方便。

各500日圓

M 東京晴空塔抹布
吸水強又快乾的耐用抹布。

©TOKYO-SKYTREETOWN

1565日圓

N 東京晴空塔城絕佳配方限定款護手霜
散發淡淡柑橘香。

©TOKYO-SKYTREE

H NATURAL KITCHEN
有多款設計風格自然的廚房用品等100日圓雜貨。
☎ 03-5610-2746 ⑧ 10：00～21：00

I Mamegui
手巾圖案色澤優雅，充滿東京風情。
☎ 03-5809-7200 ⑧ 10：00～21：00

J 銀座夏野
販售的筷子和筷架來自日本各地，約有1000種。
☎ 03-5610-3184 ⑧ 10：00～21：00

K Neue
精選日本國內外優質文具的複合式概念店。
☎ 03-5809-7124 ⑧ 10：00～21：00

L Afternoon Tea LIVING
擁有種類豐富，增添生活色彩的配件或生活用品等。
☎ 03-6658-5671 ⑧ 10：00～21：00

M 日本市
以「日本名產」為主題集合日本各地的工藝品及特色商品。
☎ 03-5610-5420 ⑧ 10：00～21：00

N MAKANAI化妝品
販售的化妝品添加大豆或米糠等對肌膚溫和的日式素材。
☎ 03-6456-1552 ⑧ 10：00～21：00

話題新店陸續開張！
東京晴空街道

從購物到美食種類豐富，擁有300多家店的大型商業設施。由西館、塔樓館及東館3區組成。

商店種類繁多。
©TOKYO-SKYTREETOWN

☎ 0570-5-0102（東京晴空街道客服中心／10：00～21：00）
⑧ 10：00～21：00（6、7、30、31F餐廳樓層11：00～23：00）※依店家而異
⑰ 不固定

東京晴空街道購物地圖

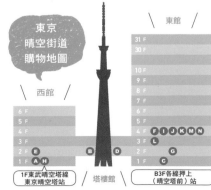

東館

西館

31 F
30 F
10 F
9 F
8 F
7 F
6 F
5 F
4 F
3 F
2 F
1 F

E
H
A

B

D

F I J K M N
L
G

1F東武晴空塔線
東京晴空塔站

塔樓館

B3F各線押上
（晴空塔前）站

淺草
ASAKUSA

淺草是洋溢江戶風情的街道。參拜完東京都內最古老的寺廟淺草寺後，在仲見世街附近的下町愉快地散步，再走到合羽橋道具街順利購得伴手禮。

山手線
新宿
淺草
東京
品川

本區路線指南
Ⓜ 東京Metro ◯淺草站
Ⓜ 都營地鐵 ◯淺草站
Ⓣ 東武晴空塔線 淺草站
Ⓣ 筑波快線 淺草站

白天結束參拜行程

日：◎ 夜：△

仲見世街的商店很早關門。夜間點燈的淺草寺也值得造訪。

仲見世街整天就像廟會般熱鬧，人潮隨時川流不息。

合羽橋道具大街

N
0 50 100m

國際路

P.207 助六之宿 Ⓗ

淺草花屋敷 Ⓗ
P.45

P.147 Fruit Parlor GOTO 🍴

淺草景觀飯店 Ⓗ

◯ 元祖食品樣品屋 P.181

◯ 合羽橋道具街 P.45
• 佐藤樣品屋

筑波快線

淺草站

淺草六

場外馬券售票
ROOKZA 雷565

MARUGOTO NIPPON

Ⓓ MARUGOTO NIPPON
>>> P.156

🚌 熊貓巴士站牌

◯ 淺草演藝廳
P.45

P.48 Yoshikami 🍴

淺草ROX

在淺草必做的 5 件事 CHECK!

1 開運祈福，參拜淺草寺
>>> P.44

抽籤碰運氣。聽說自古以來出現凶籤的機率比較高。

雷門後面是寶藏門。全長4.5m的大草鞋相當吸睛。

P.209 BUNKA HOSTEL TOKYO
P.115 蛇骨湯 ◯ Ⓗ

P.48
尾張屋 🍴

UNIZO INN淺草 Ⓗ

葵丸

Ⓒ 淺草寺 🍷
>>> P.44

田原町站

2 在仲見世街邊走邊吃邊買…
>>> P.46

還吃了冰淇淋最中餅…

淺草通

銀座線

P.48 駒形DOZEU

3 在老店或人氣餐廳盡情品嘗江戶味
>>> P.48

品嘗自古以來受到喜愛的老店口味。

4 到合羽橋道具街大量採購烹飪用具！
>>> P.45

種類豐富齊全的烹飪用具、餐具及食品。

ACCESS

東京車站 — JR山手線 → 神田站 — 東京Metro 銀座線 → 淺草站

羽田機場 — 京急線・都營淺草線直達 → 淺草站

| | 費用 310日圓 | 需時 約17分鐘 |
| | 費用 660日圓 | 需時 約36分鐘 |

經典路線 約5小時

A 淺草站 → 步行約3分鐘 → B 仲見世街 → 步行約6分鐘 → C 淺草寺 → 步行約4分鐘 → D MARUGOTO NIPPON → 步行約10分鐘 → E 淺草站

How to

How to 乘坐人力車

從人力車看出去的淺草有著不同風貌。一邊開心地和對淺草瞭若指掌的車夫聊天,一邊得知最新資訊。

可愛的熊貓巴士

頗受歡迎的可愛免費觀光巴士。繞行雷門前、水上巴士前等淺草主要景點,也能搭乘到東京晴空塔,相當方便。

10:00~17:00、一天8班次

言問通

H 京考山摺紙旅館 P.209

淺草神社
變化 P.44
P.44
淺草寺

二天門

寶藏門

五重塔

花川戶公園

隅田公園

三田線

江戶趣味小玩具 仲見世助六 P.47
淺草九重 P.46
　木村家人形燒本店 P.46
　染繪手巾 FUJI屋 P.47
　淺草燈籠最中 P.47
淺草 梅園 P.49
淺草 多慶屋 P.46
仲見世 杵屋

仲見世街

門

淺草糯米丸子Azuma P.47
淺草仲見世 評判堂 P.46
神谷酒吧 P.49

草文化光中心

代屋

B 仲見世街
>>> P.46

墨田區公所

朝日啤酒
ASAHI SUPERDRY HALL

山龍金
雷

A E 淺草站

雷門
>>> P.44

都營淺草線

Must Spot

淺草寺與仲見世街

國際觀光景點。解說江戶歷史文化不可遺漏之處。
>>> P.44

淺草文化觀光中心

淺草附近的綜合觀光資訊中心。附設露天觀景台和咖啡館。

台東區雷門2-18-9 ☎ 03-3842-5566 ⊛ 9:00~20:00(8樓咖啡館10:00~19:30、露天觀景台9:00~22:00) ㉕ 全年無休 ⊗ 地鐵淺草站2號出口步行約1分鐘

▶MAP P.10 B-2

駒形DOZEU

從店面可感受到江戶時代商家建築特色。沉浸在江戶情懷中。
>>> P.48

5 到Hoppy通深入「淺草夜生活」

淺草寺西邊的「Hoppy通」有一整排居酒屋。
▶MAP P.10 B-1～B-2

下町居酒屋的招牌動作,就是用HOPPY啤酒乾杯!2000～3000日圓就能暢飲。

參拜、開運、遊玩，通行無阻

暢遊淺草寺及周邊景點

以「淺草觀音菩薩」深入民心的淺草寺和仲見世街為首，淺草有許多能體驗到江戶庶民文化的景點。
一邊緬懷昔日繁華，一邊開始漫遊淺草。

說到下町觀光就是淺草寺！

匾額
掛著寫有淺草寺山號「金龍山」的匾額。

大燈籠
高約4m、重達700kg的巨大燈籠。為2013年更換的新品。

雷神
淺草寺的守護神。紅色身體穿著皮兜襠布並敲響太鼓。

風神
右邊是風神。綠色神像手中拿著招風專用的大袋子。

What is
雷門
淺草寺的總門，也是淺草地標。942年平公雅興建，鐮倉時代以後遷移至目前地點。現在的門是1960年（昭和35年）由松下幸之助捐贈重建。正式名稱是「風雷神門」。

龍像雕刻
大燈籠下有淺草寺守護神之一的龍像雕刻。

雷門前擠滿觀光客，一年有3000萬人次到訪，是淺草觀光的第一站。前面就是仲見世街。

東京都內最古老的寺廟
淺草寺
628年，漁夫兄弟在隅田川撈起觀音像並供奉祭拜，成為淺草寺的開端。本尊為秘藏佛像聖觀音菩薩。
⌂ 台東區淺草2-3-1　☎ 03-3842-0181
🕐 6：00～17：00（10～3月6：30～）　⊛ 全年無休
🚇 地鐵淺草站1號出口步行約5分鐘
▶MAP P.10 B-1

穿著和服參拜吧
穿上和服參拜，不僅提高興致，更能感受到江戶情懷。

販售出租和服的商店
淺草七變化
品項豐富的和服店。可以穿著出租和服在淺草街上自在散步一整天。店家會幫忙穿，不用擔心。6～9月提供浴衣。
⌂ 台東區淺草2-29-21　☎ 03-3847-5251
🕐 10：00～17：00　⊛ 不固定
🚇 筑波快線淺草站1號出口步行約5分鐘
▶MAP P.10 B-1

還可以打扮成藝妓或公主，令人心動！

在年輕女性及外國人間很受歡迎。

參拜經典路線

從雷門開始繞行淺草寺一圈。參拜時間預估約1小時。

❹ 五重塔

942年興建的塔樓，1973年（昭和48年）重建。夜晚點燈別有一番美麗姿態。

❺ 常香爐

正殿前的香爐。參拜前將煙擋向自己淨身。

❶ 雷門

在巨大燈籠前拍照留念。記得看風神、雷神以及龍像雕刻。

使用2500kg稻草編成的「仁王鞋」。

❻ 正殿

又稱觀音堂。1945年（昭和20年）因空襲燒毀而重建。

❷ 仲見世街

這條參拜道路通往香火鼎盛的淺草寺。一邊感受江戶風情，一邊開心散步購物。

❸ 寶藏門

位於仲見世街盡頭的山門，又稱仁王門。欣賞裡面的巨大草鞋吧。

淺草寺的「凶」籤較多？

傳聞淺草寺的籤有3成是凶籤。據說這是自古流傳下來的神籤比例規定。另外，大吉約占17%。抽根籤試試手氣吧！

淺草寺境內MAP

淺草寺周邊的有趣景點

從淺草寺寶藏門步行約5分鐘

日本最早的遊樂園

淺草花屋敷

前身是1853年設立的植物園。有日本現存最古老的「雲霄飛車」等多項熱門遊樂設施。

🏠 台東區淺草2-28-1 ☎ 03-3842-8780 🕙 10：00～17：30（依季節、天氣而異）🈺 器材保養休園日 🚃 筑波快線淺草站A1出口步行約3分鐘
▶ MAP P.10 B-1

上：「DISC-O」是園內受歡迎的遊樂設施。
左：鬼屋也頗受好評。

從淺草寺寶藏門步行約13分鐘

上／新實西式餐具的超大人像。 左、下／烹飪器具一應俱全，從日本國產品到進口商品應有盡有。

日本首屈一指專業人士也到訪的用具批發街

合羽橋道具街

位於合羽橋道具大街的商店街，從南端的淺草通延伸到北端的言問通。廚房用品店等商家櫛比鱗次，還有販售食物樣品的店鋪。

☎ 03-3844-1225（東京合羽橋商店街振興工會）🈺 依店家而異
▶ MAP P.10 A-1～A-2

前往下町的娛樂表演劇場！

淺草演藝廳

觀賞落語、對口相聲、雜耍等表演的大眾劇場。可以現場購票。

從淺草寺寶藏門步行約6分鐘

🏠 台東區淺草1-43-12 ☎ 03-3841-6545 🕙 11：30～20：00 🈺 全年無休 🚃 筑波快線淺草站A1出口步行約1分鐘
▶ MAP P.10 B-2

保留自古原貌的特色老街

在仲見世街購買「江戶」小點

仲見世街是日本最古老的商店街之一。街道兩旁小店林立，多是代代相傳的老店。走近可以單買糯米丸子或饅頭的店鋪，不知不覺變成江戶人。

What is

仲見世

從雷門延伸至淺草寺寶藏門間，長約250m的商店街。起源至元祿時代，幕府允許在境內或參拜道路上開店。目前東側有54家店、西側有35家店，擠滿購買點心或伴手禮的人潮。

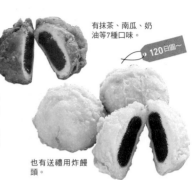

有抹茶、南瓜、奶油等7種口味。

120日圓～

炸饅頭

堅持用國產的材料和食用油

淺草九重

店內販售外皮酥脆，中間彈牙的炸饅頭。店內設有料理區，可以品嘗到現點現炸的美味。

🏠 台東區淺草2-3-1　☎ 03-3841-9386
🕘 9：00～19：00左右　㊡ 全年無休
🚇 地鐵淺草站1號出口步行約6分鐘

▶ MAP P.10 B-2

也有送禮用炸饅頭。

筷子

尋訪珍貴的江戶木筷

淺草多慶屋

販售300多種日本各地的筷子。向島職人製作的江戶木筷1290日圓～，其餘250日圓～。也有豐富的筷架等小物件。

🏠 台東區淺草1-31-1　☎ 03-3847-9914　🕘 9：00～19：00　㊡ 全年無休　🚇 地鐵淺草站1號出口步行約3分鐘

▶ MAP P.10 B-2

2500日圓

3000日圓

八角筷順手好用，適合送禮。

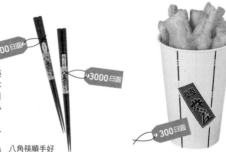

米果

停不了口的米果好滋味

仲見世 杵屋

頗受好評的仙貝老店，店內名產是使用上等食材做成的炸米果。炭烤仙貝和雷米花糖都是最佳伴手禮。

🏠 台東區淺草-30-1　☎ 03-3844-4550　🕘 9：00～18：30　㊡ 全年無休　🚇 地鐵淺草站1號出口步行約3分鐘

▶ MAP P.10 B-2

300日圓

香酥炸米果。

雷米花糖

內有護身符！

口感酥脆，甜度及硬度調配得恰到好處。

880日圓

懷舊點心

淺草仲見世 評判堂

販售約120種點心，有花林糖和金平糖等。盒裝雷米花糖的造型是雷門大燈籠。

🏠 台東區雷門1-18-1　☎ 0120-37-8557　🕘 9：30～18：30　㊡ 全年無休　🚇 地鐵淺草站1號出口步行約1分鐘

▶ MAP P.10 B-2

人形燒創始店

木村家人形燒本店　人形燒

1868年（明治元年）創業以來，遵循傳統做法和味道的人形燒專賣店。品嘗剛出爐熱呼呼的好味道。創業當時設計的造型十分可愛。

🏠 台東區淺草2-3-1　☎ 03-3844-9754　🕘 9：30～18：30（週五～日、假日～19：00）　㊡ 全年無休　🚇 地鐵淺草站1號出口步行約5分鐘

▶ MAP P.10 B-2

鴿子

五重塔

雷神

燈籠

8塊裝
500日圓（含稅）

❶ 仲見世杵屋剛炸好的米果絕品。
❷ 人潮洶湧的仲見世街。正面是寶藏門。
❸ 復古商品光看就很開心。

寶藏門
仲見世 助六
木村屋人形燒本店
淺草九重
淺草燈籠最中
往FUJI屋
淺草柳通
淺草仲見世 評判堂
仲見世街
傳法院通
新仲見世街
淺草多慶屋
仲見世 杵屋
淺草糯米丸子Azuma
雷門

江戶小玩具

富含江戶精髓的玩具

江戶趣味小玩具 仲見世 助六

1866年創業。日本唯一的江戶玩具店，店內擺滿淺草職人製作的傳統工藝品。每一樣都造型精巧。

🏠 台東區淺草2-3-1 ☎ 03-3844-0577 🕙 10：00～18：00 🈺 全年無休 🚇 地鐵淺草站1號出口步行約6分鐘

▶MAP P.10 B-2

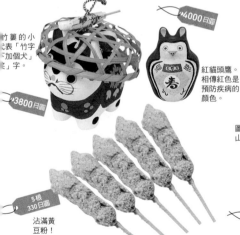

竹籃的小
表「竹之
「加個犬」
案」字。

4000日圓

紅貓頭鷹。
相傳紅色是
預防疾病的
顏色。

3800日圓

5根
330日圓

沾滿黃
豆粉！

冰淇淋最中餅

日本唯一最中餅專賣店

淺草燈籠最中

店內的最中餅皮是可愛的燈籠造型。名產冰淇淋最中餅的特色是使用糯米製成的香脆餅皮。也有紅豆餡口味。

330日圓

除了基本口味外還有季節限定口味。

🏠 台東區淺草2-3-1 ☎ 03-3842-5060 🕙 10：00～17：30 🈺 不固定 🚇 地鐵淺草站1號出口步行約5分鐘

▶MAP P.10 B-2

糯米丸子

淺草糯米丸子代表店

淺草糯米丸子Azuma

重現江戶時代的糯米丸子店，吃得到剛做好的溫熱丸子。夏天還有提供冰抹茶，冬天則是甜酒。

🏠 台東區淺草1-18-1 ☎ 03-3843-0190 🕙 9：30～19：00（賣完提早關店）🈺 全年無休 🚇 地鐵淺草站1號出口步行約1分鐘

▶MAP P.10 B-2

手巾

技藝精湛的職人染色製成的手巾

染繪手巾 FUJI屋

1946年（昭和21年）開業，堅持採用內外相同染色的「注染」技法。有多款充滿季節感，圖案漂亮可愛的手巾。

圖案前衛的
山茶花。

1510日圓

1950日圓

經典款櫻花
圖案。

🏠 台東區淺草2-2-15 ☎ 03-3841-2283 🕙 10：00～18：00 🈺 週四 🚇 地鐵淺草站1號出口步行約5分鐘

▶MAP P.10 C-2

仲見世街有多家販售食物的商店，基本上不建議邊走邊吃。請遵守規定行動。

TOWN
03 品嘗江戶精華
大啖淺草名產

淺草是美食街。在自古創業的老字號餐館中，充斥著點燃江戶人靈魂的名店。尋訪慕名已久的餐館吧。

1750日圓

泥鰍鍋

> 一邊淋上少許醬汁一邊用炭火熬煮，享用時撒上大量蔥花。

以嚴選泥鰍加上獨家處理方法做出的「泥鰍鍋」。

1801年創業的泥鰍專賣店
駒形DOZEU

以江戶時代流傳下來的手法烹煮的「泥鰍鍋」，是店內必嘗的推薦料理。

🏠 台東區駒形1-7-12 ☎ 03-3842-4001
🕐 11：00～21：00 ㉆ 全年無休 Ⓜ
地鐵淺草站A1出口步行約2分鐘
▶ MAP P.10 B-3

左／1樓榻榻米座位區保有創業以來的江戶情懷。右／採用江戶時代商家結構「出桁造（二樓屋簷外推露出底下托木）」蓋成的建築物。也有座椅區。

雷門通上的蕎麥麵店
尾張屋

用鰹魚熬煮的高湯，加上以日本最高級蕎麥粉做成的彈牙蕎麥麵，很受歡迎。

🏠 台東區淺草1-7-1 ☎ 03-3845-4500
🕐 11：30～20：30 ㉆ 週五 Ⓜ 地鐵
淺草站1號出口步行約5分鐘
▶ MAP P.10 B-2

幕府末期開業以來，以不變的口味受到當地人及參拜香客喜愛。還留下小說家永井荷風是常客的佳話。

1500日圓

天婦羅蕎麥麵

> 招牌菜是用獨家取得的芝麻油炸成的天婦羅炸蝦。

天婦羅蕎麥麵放了2隻超出碗外的大炸蝦。

2450日圓

燉牛肉

> 大塊牛肉加上費時熬煮的法式多蜜醬汁，真是奢侈享受。

這道燉牛肉使用日本牛五花肉加上法式多蜜醬汁細火慢燉而成。

說到西餐就是這裡
Yoshikami

以嚴選食材全程手工烹調而成的佳餚，搭配飯或麵包都對味。

🏠 台東區淺草1-41-4 ☎ 03-3841-1802
🕐 11：45～21：00 ㉆ 週四 Ⓜ 晴空塔線淺草站東口淺草寺出口步行約5分鐘
▶ MAP P.10 B-2

「抱歉太好吃了！」的招牌相當搶眼。西餐菜色豐富，有炸蝦、炸豬排及牛排等。

Why 為何有多家老店？

淺草因淺草寺而聞名。江戶時代仲見世街上雜耍場和茶館林立，成為參拜區景點，為寺廟憑添魅力，人潮川流不息。

因鄰近隅田川，也有豐富多樣的海鮮食材。當時的小吃店大多成為代代傳承的老餐館。

天婦羅丼飯

2750日圓

> 天婦羅沾滿柴魚高湯調成的鹹甜醬汁，是自古流傳下來的吃法。

天婦羅丼價格從1750日圓起跳。上圖是放了兩支明蝦、穴子鰻及季節鮮魚的特級天婦羅丼。

1946年（昭和21年）創業的天婦羅店
葵丸進

招牌菜是炸天婦羅和天婦羅丼飯。1樓到7樓有榻榻米區及座椅區可供選擇。

🏠 台東區淺草1-4-4　☎ 03-3841-0110
🕚 11：00～20：00　🈺 第2、4週週一
🚇 地鐵淺草站1號出口步行約3分鐘
▶ MAP P.10 B-2

店名取自創辦人老家茨城縣，水戶德川賜下的三葉葵家徽。目前是第5代。

淺草漫步休息站
淺草 梅園

以「小米紅豆年糕湯」創始店而聞名的甜食舖。也有可當伴手禮的日式點心。

🏠 台東區淺草1-31-12　☎ 03-3841-7580　🕙 10：00～19：45　🈺 週三（每月2次）　🚇 地鐵淺草站6號出口步行約3分鐘　▶ MAP P.10 B-2

1854年（安政元年）在淺草寺別院梅園院角落開設的茶館。小米紅豆年糕湯是頗受好評的東京名產。

小米紅豆年糕湯

720日圓

> 紅豆泥下是糯小米麻糬。附上爽口小菜醃紫蘇子。

不用小米而是糯小米做成的小米紅豆年糕湯，是創業以來不變的好味道。

電氣白蘭地

❶ ❷

270日圓

> 在白蘭地中加了琴酒、葡萄酒、庫拉索酒及藥草調製而成。

❶ 1樓是酒吧，2樓是餐廳，3樓是日式割烹。 ❷ 原創雞尾酒「電氣白蘭地」。 ❸ 一個人也能放心進來的自在小店。

日本第一家酒吧
神谷酒吧

1880年（明治13年）創業。是眾多文人光顧的酒吧，洋溢著下町情懷。

🏠 台東區淺草1-1-1　☎ 03-3841-5400　🕦 11：30～21：30　🈺 週二　🚇 地鐵淺草站3號出口步行約1分鐘
▶ MAP P.10 C-2

❸

神谷酒吧的「電氣白蘭地」，據說在創業當時是酒精濃度高達45度的烈酒。現在則是30度。

銀座

GINZA

銀座是散步者的天堂。歷史老舖與時尚店面共存,近年來國際精品店也一窩蜂地進駐。

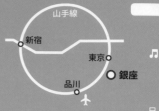

本區路線指南

🚃 JR山手線・京濱東北線 有樂町站・新橋站
🚇 東京Metro ◯◯銀座站 ◯銀座一丁目站
🚇 都營地鐵 ◯東銀座站

日:◎ 夜:○
一流商店和餐廳櫛比鱗次的大人街道。也有電影院和劇場。

時髦的國際精品店林立。

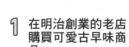
在銀座必做的 5 件事
CHECK!

1 在明治創業的老店購買可愛古早味商品

>>> P.52

銀座魅力之一是多家傳承數代的老店。

2 享用2000日圓以下的時髦午餐

>>> P.54

也有便宜美味的隱藏版午餐。

3 品嘗世界一流巧克力大師製作的甜點

>>> P.56

在銀座走累了,吃塊甜點休息片刻。

P.204 H東京半島酒店

日比谷駅

P.162銀座Kazuya 🍴

HIBIYA CHANTER

●日生劇場
●東京寶塚劇場

P.207 HRemm日比谷

●東京帝國飯店
P.205

東急Plaza銀座
HINKA RINKA

P.162

Ⓐ 地鐵銀座站

P.139 ARMANI／RISTORANTE WINE LOU

P.55 銀座千疋屋水果

P.56 PIERRE MARCOLINI銀座總店

P.205 Hyatt Centric Ginza Tokyo H
(預計2018年初開幕)

P.162空也

P.57 Lindt Chocolat Cafe 銀座店 🍴

P.161月光莊畫具店

博品館

🍴 銀座 天國 P.53

ACCESS

東京車站 ── 丸之內線 ──→ 銀座站

費用 170日圓
需時 約3分鐘

羽田機場 ── 東京單軌電車 ── 濱松町站 ── JR山手線 ── 新橋站 ── 銀座線 ──→ 銀座站

費用 800日圓
需時 約38分鐘

⏱ 經典路線 約5小時

Ⓐ 地鐵銀座站 → 🚶 步行約5分鐘 → Ⓑ 銀座三越 → 🚶 步行約1分鐘 → Ⓒ 松屋銀座 → 🚶 步行約7分鐘 → Ⓓ 歌舞伎座 → 🚶 步行約1分鐘 → Ⓔ 地鐵東銀座站

地圖標示

- 銀座三越
- 🏛 MARRONNIER GATE
- P.139 HIGASHIYA GINZA
- 📷 重現煉瓦與瓦斯燈石碑 P.53
- 🏢 KIRARITO GINZA
- 🏢 銀座春天百貨（2016年12月改名）
- Melusa Ginza-2 ●
- 📷「銀座發源地」紀念碑 P.53
- P.57 bbyB. Ginza 🏛
- P.55 煉瓦亭 🏛
- 🏛 G. Itoya P.52
- Ⓒ 松屋銀座 >>> P.165
- 🏛 松屋銀座 P.51,165
- 有樂町線
- 鳩居堂 銀座總店 P.52
- CORE P.54 銀座 🏛 chon d'Or
- P.136 Nair's Restaurant 🏛
- 🏛 銀座三越 P.51
- NGERIE L'ecrin 🏛
- P.53 銀座 大野屋
- 🏢 VOMERO P.54
- Ⓔ 地鐵東銀座站
- Noodle小麥與橄欖 P.55
- 🏛 歌舞伎座 P.51,183
- Ⓝ 歌舞伎座 >>> P.183
- 銀座松竹廣場
- 0 50 100m Ｎ

Must Spot

銀座三越

位於4丁目｜宇路口的老字號百貨公司。美食街有限定款甜點。
☎ 03-3562-1111 ㊡ 不固定 ⏰ 10：30〜20：00 ※依店家而異

松屋銀座

以「簡潔」、「品味」、「時尚」為概念的都會風百貨公司。
>>> P.165

歌舞伎座

2013年重新開幕。附設藝廊與禮品店。
>>> P.183

4 上名店外帶餐點到公園享用

☑ >>> P.55

5 令人嚮往的銀座漫步！

☑

從古至今都是優雅受歡迎的「大人街道」。

不愧是銀座！
走訪老店購買傳統好物

正因為銀座有很多眼光高的人，販售優質商品的老店數量在東京都內首屈一指。
透過傳統好物，重新感受自古傳承的高度技術與日本才有的細膩感性。

種類豐富的顏色和圖案看得人目不轉睛。

有多種高品味文具

寬敞的店內擺滿各式商品。

寬文3年創業
線香・和紙製品

明治37年創業
文具用品

位於高級地段

傳遞四季風情的典雅商品
東京鳩居堂 銀座總店

1663年開業。專賣線香、書畫用品及和紙製品等的老店。店內多款商品設計精美，採用華麗的和風傳統圖樣及優雅色澤。原創線香的品項也很齊全，香味雅致的白檀等頗受歡迎。

🏠 中央區銀座5-7-4　☎ 03-3571-4429　🕙 10：00～19：00
（週日、假日11：00～）　🈺 不固定　🚇 地鐵銀座站A2出口步行約1分鐘
▶ MAP P.9 D-2

只要是文具，就包在我身上！
G.Itoya伊東屋

文具專賣店「銀座・伊東屋」在2015年6月重新開幕。店內有12層樓，依辦公或旅遊等主題分類，販售各式精選商品。可以訂做內頁或封面的Note Couture是G.Itoya才有的服務。

🏠 中央區銀座2-7-15　☎ 03-3561-8311　🕙 10：00～20：00
（週日、假日～19：00、12F咖啡館～21：00）　🈺 全年無休　🚇 地鐵銀座站A13出口步行約2分鐘
▶ MAP P.9 E-1

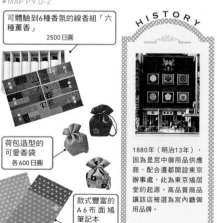

可體驗到6種香氣的線香組「六種薰香」
2500日圓

荷包造型的可愛香袋
各600日圓

款式豐富的A6布面鳩記本
390日圓

HISTORY

1880年（明治13年），因為是宮中御用品供應商，配合遷都開設東京辦事處，此為東京鳩居堂的起源。高品質商品讓該店被選為宮內廳御用品牌。

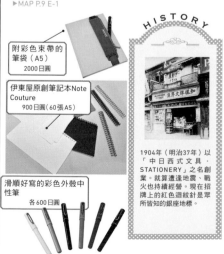

附彩色束帶的筆袋（A5）
2000日圓

伊東屋原創筆記本Note Couture
900日圓（60張A5）

滑順好寫的彩色外殼中性筆
各600日圓

HISTORY

1904年（明治37年）以「中日西式文具・STATIONERY」之名創業。就算遭逢地震、戰火也持續經營。現在招牌上的紅色迴紋針是眾所皆知的銀座地標。

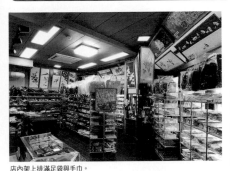

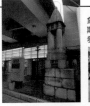

What is

What is銀座歷史

室町時代，因為現今的皇居位置是江戶城所在地，銀座附近也跟著繁榮起來，但銀座成為熱鬧的時尚區始於明治文明開化時期。之後遭遇地震及戰爭等大型災難，重建時以都市防火為目標，打造成西歐風貌的煉瓦建築。從那時起到現在，守護傳統的同時也繼續走在流行尖端。

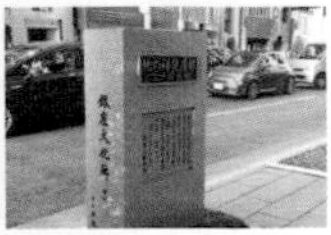

象徵銀座的重現煉瓦與瓦斯燈（左）石碑、「銀座發源地」紀念碑（右）。

店內架上排滿足袋與手巾。

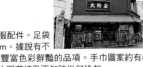

明治元年創業
手巾・足袋

位於歌舞伎座的斜前方

銀座 大野屋

販售足袋、手巾及和服配件。足袋的尺寸從14cm到30cm。據說有不少男士前來購買圖案豐富色彩鮮豔的品項。手巾圖案約有8成是店內原創，看得人眼花繚亂不知該從何挑起。

住 中央區銀座5-12-3　☎ 03-3541-0975　營 10：00～17：00
休 週三、日　交 地鐵東銀座站A1出口步行約1分鐘

▶MAP P.9 D-2

HISTORY

1868年（明治元年）創業以來專賣足袋。因互贈禮品需求增加，昭和初期開始販售手巾。店面曾幾度因江戶大火和戰爭而燒毀，但依舊堅持到現在。

顏色、花樣、尺寸齊全的手巾。材質快乾用途廣泛。
750日圓～

也有畫師專門繪製的原創圖案。
1150～1200日圓

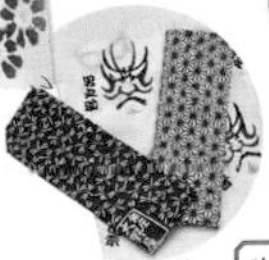

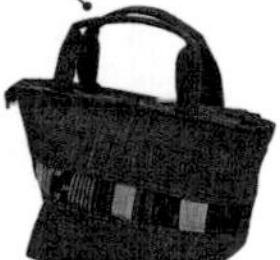

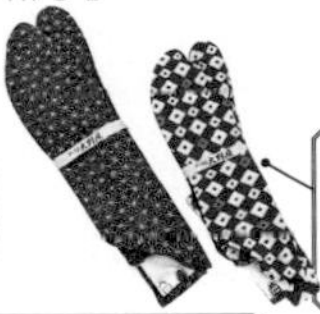

顏色圖案豐富的足袋是專賣店才有的品項。
各3600日圓

以備後藍染做成的包包擁有眾多粉絲。
3700日圓

享用老店美味

想細心品嘗的
高雅傳統風味

明治18年創業

擁有4層樓的寬敞店內。

不敗祕傳醬汁和純熟技巧

銀座 天國

銀座美食家不斷光顧的天婦羅名店。用當季食材現點現炸的天婦羅，每一種都炸得恰到好處。師傅熟練地將配料壓緊沾上麵衣炸成鬆軟的炸什錦，值得一嘗。

住 中央區銀座8-9-11銀座天國大樓　☎ 03-3571-1092
營 11：30～21：00　休 全年無休　交 JR新橋站東口步行約4分鐘

▶MAP P.8 B-3

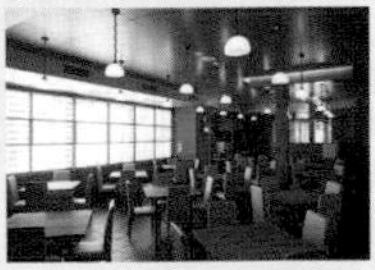

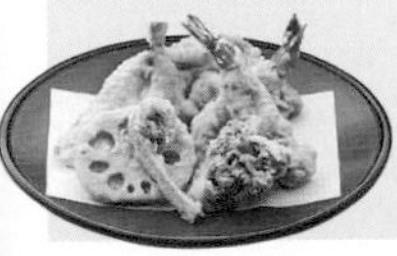

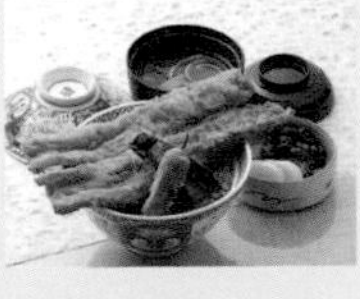

放了海鮮和蔬菜的綜合天婦羅（梅）1800日圓

份量十足的穴子鰻丼 2000日圓

明治2年創業

甜味優雅的招牌紅豆麵包

銀座木村家

2樓咖啡館可以內用。

從明治初期開始維持紅豆麵包慣有做法的老店。麵團不添加酵母菌而以酒種充分發酵，做出懷舊的樸實味。有紅豆、豌豆等5種以上口味。

住 中央區銀座4-5-7　☎ 03-3561-0091　營 10：00～21：30（咖啡館～20：30）　休 全年無休　交 地鐵銀座站A9出口步行約1分鐘

▶MAP P.9 D-2

除了紅豆麵包外還有土司。

木村家炸蝦三明治，1200日圓。

包括松阪屋銀座店舊址在內的部分6丁目地區正在重新開發。2016年11月有世界最大規模的商業設施開幕。

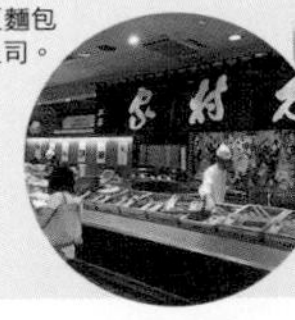

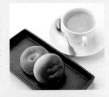

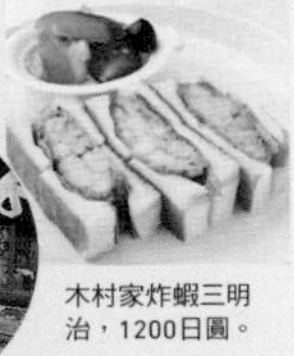

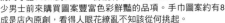

高CP值美味
超感動！2000日圓以下的午餐

在消費偏高的銀座吃飯主攻午餐。吃午餐就能以合理價格享用到銀座的精緻美味和氣氛。
以下介紹在銀座漫步途中，可以就近品嘗的午餐名店。

窯烤熱呼呼披薩

週末午餐
1750日圓
套餐菜色可替換，除了披薩外還能選擇義大利麵

大受歡迎的每日午餐

午間套餐B
1720日圓
除了前菜和主菜外還附甜點及飲料

感動
POINT
可以用合理價格吃到份量十足的正宗義大利菜。

感動
POINT
配合預算和時間有3種午間套餐可供選擇。

1樓和2樓都有座位區，用餐氣氛輕鬆。

Other Menu
瑪格莉特披薩
1200日圓
特別套餐
（附主菜）
2500日圓

露天座位和鵝黃色外牆相當搶眼。

餐館＆披薩店
VOMERO

店內人聲鼎沸，氣氛熱鬧得彷彿置身義大利般。除了招牌菜窯烤披薩外，還能品嘗到前菜及主菜等精心料理。平日午餐1000日圓。

🏠 中央區銀座3-12-8　☎ 03-6278-8984　🕐 午餐11：30～14：30、晚餐18：00～22：00（週五、假日前夕18：00～22：30、週六、假日17：00～21：30、週日17：00～21：00）　📅 全年無休　🚇 地鐵東銀座站A7出口步行約1分鐘
▶MAP P.9 E-2

位於大樓地下室，午餐時間也有不少單身客人。

店名是「里昂大眾餐酒館」的意思。

Other Menu
午間套餐A
952日圓
午間套餐S
2593日圓

1人也能輕鬆入內用餐
銀座Bouchon d'Or

可以吃到美食城市里昂風味菜的餐酒館。每日午餐有白酒燉雞或側腹牛排等。午餐時刻有不少OL或服飾店員前來用餐，十分熱鬧。

🏠 中央區銀座5-9-5田創館大樓B1F　☎ 03-3573-0019
🕐 11：45～14：00、18：00～22：30
📅 週日及其他時間
🚇 地鐵銀座站A5出口步行1分鐘
▶MAP P.9 D-2

香氣十足的法國麵包，300日圓

生火腿三明治
500日圓

水果三明治，1000日圓

來份
外帶午餐，
如何？

外帶午餐到晴空下愜意享用。推薦草皮寬敞的銀座三越頂樓花園。

麵包充分展現嚴選食材風味
BOULANGERIE L'ecrin

來自老字號法國餐廳「銀座L'ecrin」的麵包專賣店。提供約35種麵包。

🏠 中央區銀座5-11-1銀座千禧三井花園飯店1F
☎ 03-5565-0780　🕙 10：30〜21：00　休 全年無休　🚇 地鐵東銀座站A1出口步行約1分鐘
▶ MAP P.9 D-2

提供當季鮮果
銀座千疋屋水果甜點店

能品嘗到高級水果的鮮果甜品店。水果三明治夾進大量新鮮水果。

🏠 中央區銀座5-5-1　☎ 03-3572-0101　🏢 2F 11：00〜19：30（週五、假日〜18：30）、B1F 11：00〜17：00（週六、日、假日〜17：30）　休 全年無休　🚇 地鐵銀座站B5出口步行約1分鐘　▶ MAP P.8 C-2

就算排隊也要吃的名店

雞肉小魚干蛤蜊SOBA
933日圓
外觀亮眼的新穎擺盤

創業120年的西餐名店

元祖蛋包飯
1389日圓
雞蛋和米飯混合炒出的蛋包飯

感動
POINT
風味清爽，就算女性也能輕鬆吃完！

感動
POINT
在能忘卻街道喧囂的復古氣氛中，讓心情放鬆平靜。

不同於拉麵店的時髦氣氛。

雖然位於隱密小巷內，但午餐時間經常大排長龍。

Other Menu
特製雞肉SOBA
1000日圓
特製香濃雞蛋SOBA
990日圓

顧及歷史年代的建築物及店內家具。

Other Menu
拿坡里義大利麵
1300日圓
燉牛肉
3241日圓

含地下1樓的4層樓建築洋溢懷舊氣氛。

尾韻清爽的高雅湯頭
Ginza Noodle小麥與橄欖

首度被米其林選為「超值餐廳」的拉麵店。用雞肉、小魚乾和蛤蜊熬煮高湯，將美味精華濃縮於拉麵中。淋點桌上的橄欖油更添風味。

🏠 中央區銀座6-12-12銀座Stella大樓1F　☎ 03-3571-2123　🕙 11：30〜21：45（週六、假日〜20：45）※湯頭用完會提早關店　休 週日　🚇 地鐵銀座站A1出口步行約5分鐘
▶ MAP P.9 D-3

古早美味
煉瓦亭

1895年（明治28年）創業的老字號西餐廳。是知名的蛋包飯和炸豬排創始店，經典西餐菜色還有漢堡排、炸蝦、牛肉燴飯等。

🏠 中央區銀座3-5-16　☎ 03-3561-3882　🕙 11：15〜14：15、16：40〜20：30（週六、假日11：15〜20：00）　休 週日　🚇 地鐵銀座站A13出口步行約3分鐘
▶ MAP P.9 D-1

🍽 銀座的午餐時間人多擁擠。雖然換桌速度快有時不用等太久，但還是多預留些時間等待。

體驗世界一流巧克力美味
優雅的甜點時刻

銀座是巧克力激戰區。來自世界各地的特色巧克力齊聚於此,以香甜氣息誘惑著饕客!
一邊沉浸在香醇的巧克力世界中,一邊度過幸福時光吧。

來自紐約的巧克力小點
CACAO MARKET BY MARIBELLE

店內的巧克力商品使用創辦人Maribelle出生地,宏都拉斯的公平貿易可可豆製成。有秤重計價的巧克力和義式冰淇淋,還有種類豐富的巧克力飲品等,呈現各種型態的巧克力魅力。

⌂ 中央區銀座5-2-1東急Plaza銀座HINKA RINKA 5F ☎ 03-6264-5122 ⏰ 11:00～21:00 ⊕ 比照東急Plaza銀座 ⊗ 地鐵銀座站C2出口步行約1分鐘

▶MAP P.B C-2

綜合巧克力罐
1200日圓

巧克力禮盒
2500日圓

巧克力球、裝了果乾巧克力的「禮盒」。

與其說是巧克力專賣店,店內裝潢更偏向農莊風情。

率先點燃日本的巧克力熱潮
PIERRE MARCOLINI銀座總店

知名比利時皇家御用巧克力大師開設的高級巧克力專賣店。除了受歡迎的閃電泡芙和冰淇淋聖代等甜點外,還有加了濃郁巧克力的咖哩等獨家美食。

⌂ 中央區銀座5-5-8 ☎ 03-5537-0015 ⏰ 11:00～19:30(週日、假日～18:30) ⊕ 全年無休 ⊗ 地鐵銀座站B3出口步行約2分鐘

▶MAP P.8 C-2

從基本款到新品,可以嘗到各種口味的綜合巧克力。

MARCOLINI精選禮盒,8個裝2600日圓。

裝潢時尚宛如珠寶店。

阿茲特克熱巧克力
750日圓～

可可含量65%的熱巧克力,餘味清爽。

天使三球冰淇淋(TRIPLE ANGEL GELATO)900日圓

自製布朗尼撒在大人口味的義式冰淇淋上,是店內咖啡館提供的甜點。

MARCOLINI巧克力聖代
1600日圓

能充分品嘗到香濃巧克力的基本款人氣甜點。

MARCOLINI
布魯塞爾巧克力鬆餅
1200日圓

淋上超多巧克力奶油和冰淇淋。

各種巧克力種類

雖然名稱上都叫巧克力，但材料與做法不同，呈現出來的味道和口感也會完全不一樣。

甘納許
在融化的巧克力中加入鮮奶油或洋酒的產品。特色是味道濃郁入口即融。

松露巧克力
松露形狀的巧克力。裡面包了甘納許。

巧克力堅果糖
烘焙的堅果和焦糖拌均。加入融化的巧克力醬中混合而成。

金莎
含有堅果粒的巧克力。特色是咬起來滋喀滋像沙粒般的口感。

橙皮巧克力
在糖漬橙皮的表面均勻沾滿巧克力。

糖衣巧克力
用磨碎的杏仁的糖果包裹杏仁的糖果。常見於結婚典禮。

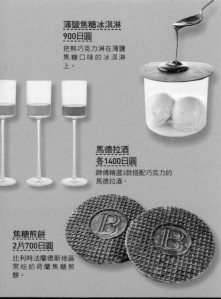

薄鹽焦糖冰淇淋
900日圓
把熱巧克力淋在薄鹽焦糖口味的冰淇淋上。

馬德拉酒
各1400日圓
師傅精選3款搭配巧克力的馬德拉酒。

焦糖煎餅
2片700日圓
比利時法蘭德斯地區常吃的荷蘭焦糖煎餅。

Lindt巧克力下午茶
2667日圓
甜點搭配受歡迎的巧克力飲品，是平日限定組合。

美妝店風格

BbyB. Ginza

比利時米其林二星餐廳主廚和巧克力師傅製作的風格巧克力。從16種口味中可以感受到主廚才有的靈感巧思。商店內部是暗色系裝潢的咖啡館。這家咖啡館是全球唯一。

🚶 中央區銀座3-4-5　☎ 03-3566-3555　🕐 11：00～19：30（週日、假日～18：30）、外帶區～20：00（週日、假日～19：30）　🈺 全年無休　🚇 地鐵銀座站A13出口步行約2分鐘
▶ MAP P.9 D-1

The Golden box（5條裝）
6500日圓

Must Buy
自16種口味中挑出的主廚推薦綜合款，可以送給特別的人。

The Chef's Favorites collection（10個裝）2600日圓

和外帶區（上）成對比色系的咖啡館（下）。

細細品嘗老店風味

Lindt Chocolat Cafe銀座店

來自瑞士的老字號巧克力品牌，特色是口感滑順入口即化。巧克力片種類豐富頗受好評。在舒適的咖啡館空間，喝杯超受歡迎的冰巧克力。平日才有的巧克力下午茶滿足愛作夢的心。

🚶 中央區銀座7-6-12　☎ 03-5537-3777　🕐 11：00～21：30（週六、日、假日～19：30）　🈺 全年無休　🚇 JR、地鐵新橋站銀座出口步行約5分鐘
▶ MAP P.8 B-2

Lindor牛奶罐（250g）
2500日圓

Lindor禮盒（25個裝）
2750日圓

Must Buy
各種包裝可愛繽紛的「Lindor」系列，最適合當伴手禮。

採大面窗設計的明亮店內，一個人也能放心進去。

🍫 銀座是世界高級巧克力店聚集的聖地。因為不斷有新店開幕，到訪前請先查詢。

DO YOU KNOW TOKYO?

了解東京地名的
由來

平常脫口而出的東京地名。
大部分取自地形。

「原本以為是更平坦的土地，結果斜坡多得嚇人！」

是否聽過初次來到東京的人說出這樣的話？因為建築物蓋得密密麻麻，很難察覺到地形，東京區轄部分位於武藏野台地東邊，台地上下高度落差平均是20m。而且台地上有遭到河川侵蝕而成的地區，產生台地和低地交錯的複雜地勢。因為江戶時代在這樣的地形上建城，所以造成許多斜坡。

現在說到「山手」，指的是「文雅的時髦地區」，「下町」則是「直爽的庶民地區」，不過以前是如字面所示，「山手」意指台地上，「下町」泛指台地下的寬敞土地。江戶時代命名的土地，單純地將位於山上（海拔高處）的冠上「台」或「丘」，夾在「坂／斜坡」間的山下（海拔低處）則加上「谷」。另外，從平坦的下町來看，隆起的地區就冠上「山」。還有像「池」、「沼」、「洲」等，有很多區域都能從部分地名想像出昔日地形。

有「坂」的地名

江戶時代的地址表現方式不像現在，只能做到「○○+坂」的程度。不過也有很多「同名異坂」的地名，如從斜坡上可看到富士山的「富士見坂」。

● 代表性地名

赤坂

可能因為這一帶曾是「紅土」土地，或者之前「茜草（Akane）（譯註：茜草可做紅色染料）叢生。江戶時代旗本武士宅地林立。

神樂坂

地名源自祭典神轎太重無法扛上坡，若改成演奏祭神歌舞就能輕鬆上去（眾說紛紜）。

道玄坂

地名源自鎌倉時代，戰爭中輸給幕府的武士餘黨大和田太郎道玄，成為山賊在這附近出沒。

九段坂

將軍警衛大番組住家「番町」前的斜坡上，有名為「九段屋敷」的9層石階，九段坂的地名源自該幕府設施。

東京有多處相同「坂」名

除了上述提過的「富士見坂」，到了晚上就一片漆黑的「暗闇坂」，位於神社附近的「稻荷坂」等在東京都內有10處以上。

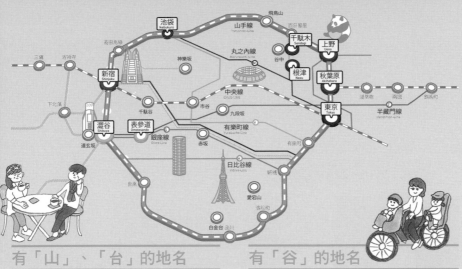

有「山」、「台」的地名

位於能眺望低矮處的地方取名為「台」，位於高地的則是「山」。不過因為很多建築物比山還高，不留意的話很難認清土地高度。

● 代表性地名

駿河台

位於武藏野台地南端的土地。興建於此處的尼古拉教堂，1891年完工時可以從這裡環視東京一圈。

白金台

分布於江戶城南邊海拔較高的土地。室町時代開墾這片土地的柳下上總介稱為「白金長者」，地名由此而來。

愛宕山

雖然附近有整排100m以上的建築，但這裡海拔25.7m是23區中的最高處。江戶時代可以眺望欣賞美景。

飛鳥山

位於JR王子站附近的景致。鐵路右邊看到的蓊鬱森林就是飛鳥山。8代將軍吉宗種植整片櫻花林，成為知名賞花勝地。

青山（港區）取自人名

青山是東京的時尚重地。此處地名不是取自地形，而是曾為德川家康的重臣青山家宅邸。

有「谷」的地名

位於下坡前方的地名有不少冠上「谷」字。位於斜坡底部或兩處台地之間。雖然取自地形但不一定就會有河川流過。

● 代表性地名

谷中

位於本鄉台和上野台兩處台地間。因為建了德川將軍家的菩提寺寬永寺而興盛起來。

市谷

護城河流經其間，南邊是千代田區，北邊是新宿區。兩邊都是高地，可以清楚得知市谷是夾在中間的土地。

千駄谷

位於千駄谷車站前的東京體育館。中間有JR路線經過，北邊有高低段差，高地上是廣闊的新宿御苑。

耳熟能詳的澀谷也位於斜坡下

東京樞紐澀谷站前的對角線行人穿越道。從這裡的地形來看，位於東側宮益坂，西側道玄坂的底部。

其他取自昔日地形的名稱

曾為蓄水池的「溜池」和為了防止海水流入外護城河而造堤的「汐留」等，都是因江戶以後的土木工程而改變地名。

六本木
ROPPONGI

以六本木新城和東京中城兩大複合商業設施為中心，聚集了許多高檔商店與餐廳。還有多間美術館，很適合有個人風格的成熟人士來此一遊。

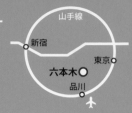

山手線
新宿
東京
六本木
品川

本區路線指南
🚇 東京Metro　六本木站 ○乃木坂站
　　○六本木一丁目站
🚇 都營地鐵○六本木站

街上綠意盎然，白天在這裡散步令人心曠神怡。到了夜晚氣氛為之一變。

日：◎　夜：◎

六本木也是東京首屈一指的商務區。

在六本木必做的 **5** 件事　CHECK!

1 從六本木新城的觀景台俯瞰耀眼街景
>>> P.62 ☑

2 在東京中城的時髦店家用餐喝午茶
>>> P.63 ☑

P.61,65 21_21 DESIGN SIGHT
P.63 東京中城
E 國立新美術館 >>>P.64
F 乃木坂站
•青山葬儀所
P.65 三得利美術館
東京麗思卡爾頓飯店 H
千代田線
TRI-SEVEN ROPPINGI
D 東京
P.61,64 國立新美術館
青山墓園
政策研究大學院大學
B 六本木新城 >>>P.62
A 六本木站
星條旗報社
公共藝術
六本
麻布警
北塔
EX THEATER ROPPONGI
毛利庭園
P.207 六本木S飯店
P.62 六本木新城
東京君悅飯店 H
P.62 Fiorentina Pastry Boutique
朝日電
日比谷線

眺望自然風景邊優雅用餐。

3 在話題美術館度過藝術時光
>>> P.64 ☑

© Peanuts Worldwide LLC

必去史努比博物館。

依不同時期舉辦各種主題展，須隨時查詢活動訊息。

ACCESS

東京車站	JR 山手線 🚃	有樂町站 /	日比谷站	東京Metro 日比谷線 🚃	六本木站	**費用** 310日圓 **需時** 約16分鐘

羽田機場	東京單軌電車 🚃	品川站	都營淺草線 🚃	六本木站	**費用** 670日圓 **需時** 約33分鐘

🕐 經典路線　約6小時

A 地鐵六本木站 … 步行約7分鐘 🚶 → **B** 六本木新城 … 步行約4分鐘 🚶 → **C** 森美術館 … 步行約14分鐘 🚶 → **D** 東京中城 … 步行約7分鐘 🚶 → **E** 國立新美術館 … 步行約3分鐘 🚶 → **F** 地鐵乃木坂站

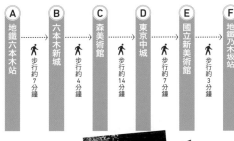

推薦櫻花季節來此一遊！

園

利庭園
木新城內的寬敞綠地。整建
當漂亮。

六本木通

谷町系統交流道

首都高速公路澀谷谷線

T-Cube●

六本木一丁目站

泉花園

六本木 Villa Fontaine飯店 🏨

🏨 The B六本木

丹波谷坂

飯倉入口

外苑東通

日比谷線

ROA大樓●

芋洗坂

IMA CONCEPT STORE AXIS GALLERY

東洋英和女學院附設小學

麻布小學 ⊗

首都高速公路都心環狀線

P.65 史努比 博物館 📷

菲律賓大使館●

●六本木Zepp藍色電影院

南北線

N

0　50　100m

普利司通 美術館別館

飯倉出口

Must Spot

六本木新城觀景台 東京City View

從六本木新城森大樓的觀景台，鳥瞰東京都全景。
>>> P.62

國立新美術館

舉辦大型展覽會，是日本的藝術發射站。
>>> P.64

21_21 DESIGN SIGHT

造訪藝廊近距離體驗藝術，提升創造力！
>>> P.65

4　徜徉在中城附近的都會綠意！ ☑

推薦在寬廣的綠茵上野餐。

5　欣賞浪漫的聖誕燈景 ☑
>>> P.63

聖誕時節的必看景點。

六本木新城 vs 東京中城

以森大樓為中心展開的複合式建築

六本木新城

寬廣的環境裡，高檔服飾店、用品店及餐廳林立。還有大型電影院等多種娛樂設施。

🏠 港區六本木6-10-1　☎ 03-6406-6000　⊕ 依店家而異　休 全年無休　🚇 地鐵六本木站1C出口出站直達

▶MAP P.22 B-3

> 占地面積　93,389m²　餐廳&商店數量　約200家
> 主要設施　美術館（森美術館）、電影院（六本木新城TOHO影城）、觀景台（東京City View）、飯店（東京君悅飯店）、六本木新城競技場等
> 活動　櫻花祭、朝日電視台・六本木新城夏季祭典等

森大樓是六本木新城的地標。

飽覽2座高塔與皇居

六本木新城觀景台
東京City View

東京鐵塔和東京晴空塔等東京名勝盡收眼底的觀景台。在頂樓開放區「Sky Deck」欣賞風景也很心曠神怡。

落地窗外一望無際的大都會美景。

景

特別日子盛裝出席

Hills DAL-MATTO

稍微奢侈一下

選用直接跟特約農家進貨的蔬菜、新鮮海產及肉類，精心製成各式料理。

🏠 West Walk 5F　☎ 03-6804-1644　⊕ 11：00～22：00（週五、六、假日前夕～23：00）　休 全年無休（比照六本木新城）

▶MAP P.22 B-3

午間套餐有前菜、主菜、麵包，1850日圓。選擇山形牛排（主菜）+1000日圓。

最好先預約。

2850日圓

大口吃蔬菜

CRISP SALADA WORKS

健康一下

專供客製化沙拉的餐廳。從約30種配料中，組合出自己愛吃的沙拉。

🏠 Hillside 1F　☎ 03-6721-1162　⊕ 11：00～22：00　休 全年無休

▶MAP P.22 B-3

940日圓

客製化沙拉
940日圓（含稅）～

餐

洋溢高級感的華麗甜點

Fiorentina Pastry Boutique

外帶為主的甜點店。可以帶到隔壁咖啡館「Fiorentina」享用。

🏠 東京君悅飯店1F（大廳）　☎ 03-4333-8713　⊕ 9：00～22：00　休 全年無休

▶MAP P.22 B-3

1150日圓（長型泡芙）

上／優雅的氣氛。
左／長27cm的閃電泡芙。

甜

六本木引以為傲的2大熱門勝地，當屬六本木新城和東京中城。
兩棟建築都有商店、餐廳及美術館，好像很類似，其實呈現出的氣氛截然不同。
兩棟特色，找出自己專屬的六本木玩法吧！

以中城大廈為核心，數棟建築物並立於側。

自然豐富的藝術空間
東京中城

聚集了約130家商店、餐廳及美術館。境內綠意盎然，優閒地在草坪上打發時間也很舒服。

🏠 港區赤坂9-7-1及其他 ☎ 03-3475-3100 🕐 依店家而異 🈺 全年無休 🚇 地鐵六本木站8號出口出站直達

▶MAP P.22 B-2

總面積	約68,900m2	餐廳&商店數量	約130家

主要設施　美術館（三得利美術館）、21_21 DESIGN SIGHT）、飯店（東京麗池卡爾頓飯店）、公園綠地等
活動　Midtown Blossom、OPEN THE PARK、MIDTOWN CHRISTMAS等

吸睛度No.1

色

壯麗的燈光藝術
聖誕燈光秀

具故事情節的高質感燈光秀，每年吸引眾多人群前來朝聖。

覆滿整片藍光的星光庭園。（2015年情景）

人氣指數BEST 2

廳

展現傳統技術的時尚廣東菜
SILIN火龍園

稍微奢侈一下

精心烹調嚴選食材，可以嘗到口味細緻的廣東菜。平日午間套餐1800日圓～。

☎ 03-5413-0088 🕐 週一～五11：00～14：30、17：00～22：00、週六、日、假日～11：30～15：30、17：00～22：00 🈺 全年無休（比照東京中城）

▶MAP P.22 B-2

彷彿置身度假村。

8800日圓

鮑魚魚翅盅。

有益美容的美食
ukafe

健康一下

提供打造美麗身心的餐點。份量十足的「u咖哩」醬，使用100%植物性食材。

☎ 03-6438-9920 🕐 11：00～22：30（供餐～22：00） 🈺 全年無休

▶MAP P.22 B-2

雖然健康卻份量十足。

954日圓

每日更換菜色的U咖哩。

話題性No.1

點

上／擺滿裝飾華麗的甜點。
右／綠竹蛋糕。

品嘗精美法式甜點
Pâtisserie Sadaharu AOKI paris

以巴黎為活躍據點的青木定治開設的店。添加日式食材的甜點頗受歡迎。

🏠 GALLERIA B1F ☎ 03-5413-7112
🕐 11：00～20：15（午茶沙龍～20：45）
🈺 不固定

▶MAP P.22 B-2

825日圓

在個性十足的街道來趟藝術之旅

六本木步行範圍內聚集了大小不一的特色美術館,不愧是藝術之街。
觀賞最新流行藝術及歷久不衰的作品培養創造力吧。

在日本最大的展覽空間盡情欣賞藝術

玻璃花園的外牆線條如波浪般起伏。

展覽充滿魅力值得一看
國立新美術館

擁有14000m2的寬敞展示空間,舉辦多場展覽會。黑川紀章負責建築設計。

🏠 港區六本木7-22-2 ☎ 03-5777-8600(語音服務) ⊗ 10:00～17:00、週五～19:30 ⊗ 週二(若遇假日則順延至隔天) ⑲ 免費入館(參觀費依展覽而異) ⊗ 地鐵乃木坂站6號出口出站直達
▶MAP P.22 A-2

私房推薦
照入館內的光線,透過玻璃彷彿從樹梢漏下的柔和光影。

購買伴手禮
SOUVENIR FROM TOKYO

博物館禮品店網羅日本國內外藝術家和設計師的創意時尚商品。

🏠 國立新美術館1F、B1 ☎ 03-6812-9933 ⊗ 10:00～18:00(週五～20:00) ⊗ 週二(若遇假日則順延至隔天)

2000日圓　1600日圓

品嘗星級美食
Brasserie Paul Bocuse Le Musée

享用名廚Paul Bocuse道地法國菜的輕鬆法國餐廳。還會推出主題展相關菜色。

🏠 國立新美術館3F ☎ 03-5770-8161 ⊗ 午餐11:00～16:00、晚餐16:00～19:30(週五～20:30) ⊗ 週二(若遇假日則順延至隔天)

午間套餐2200日圓

切身感受高水準現代藝術

還會舉辦特色研討會
森美術館

舉辦各種主題展,廣泛介紹繪畫、攝影、時尚、建築等現代藝術。

🏠 港區六本木6-10-1六本木新城森大樓53F ☎ 03-5777-8600(語音服務) ⊗ 週一、三～日10:00～21:30、週二～16:30 展覽期間無休 ⊗ 地鐵六本木站1C出口中央大廳直達
▶MAP P.22 B-3

N·S·Harsha
〈Come give us a speech〉(局部)
2008年 壓克力顏料、油畫布
182.9×182.9cm(×6)

N·S·Harsha
〈Humanised Future〉(局部)
2011年 壓克力顏料、油畫布
76 x 107cm

樓「M」手扶梯入口是森大

私房推薦
炒熱氣氛的入口圓頂建築「Museum Cone」。

Cool

What is

六本木藝術金三角（優惠票）

國立新美術館、森美術館和三得利美術館在地圖上連成三角形，成為「六本木藝術金三角」。憑任一館的展場門票票根，到其他兩館購票享有優惠，可善加利用。

重新認識日本細膩美學

感受日式風情
三得利美術館

舉辦以日本古典藝術為中心的主題展，如繪畫、陶瓷、玻璃及染織等。館內珍藏多件國寶和重要文化遺產作品。

🚶 港區赤坂9-7-4東京中城Galleria 3F ☎ 03-3479-8600 🕙 10：00～17：30（週五、六～19：30）🏠 週二、換展期間 💴 依展覽而異 Ⓜ 地鐵六本木站8號出口出站直達

▶ MAP P.22 B-2

外牆鋪白磁磚、內裝採用木頭與和紙的日式時尚建築。
©木奧惠三

簡潔的館內與作品相映成趣。

採用隔扇門和紙窗等日本傳統式樣。

邊回味作品餘韻，邊購物&小憩片刻

shop × cafe

巧妙融入日式元素的高質感禮品店與咖啡館。

烤麩紅豆蜜
800日圓

扇子和蘭人
3000日圓

充滿高質感元素。

私房推薦

館內設有茶室「玄鳥庵」，定期舉辦茶會。

眾多特色主題展
21_21 DESIGN SIGHT

展覽館主要舉辦跟日常生活有關的設計主題展。用五感感受作品，重新發現設計旨趣。

🚶 港區赤坂9-7-1東京中城Midtown Garden ☎ 03-3475-2121 🕙 10：00～18：30 🏠 週二、換展期間 💴 成人1100日圓、大學生800日圓、高中生500日圓 Ⓜ 地鐵六本木站8號出口步行5分鐘

▶ MAP P.22 B-1

還能看到「花生漫畫」原作
史努比博物館

廣受男女老少歡迎的史努比博物館，以期間限定的方式開館！每半年推出不同主題的展覽。

🚶 港區六本木5-6-20 ☎ 03-6328-1960 🕙 10：00～19：30 🏠 開幕紀念展期間每天營業 💴 1667日圓 Ⓜ 地鐵六本木站5號出口步行約7分鐘

▶ MAP P.22 C-3

開放至2018年9月（暫定）

筆觸樸實療癒。

Dear Sweetheart, | Happy Valentine's Day. | Do you still love me? | Good.

© Peanuts Worldwide LLC

綠茵上引人注目的設計空間（Photo吉村昌也）。

附設露天咖啡館。

這裡才有的原創商品。

台場
ODAIBA

台場曾是漂浮於東京灣上的要塞。如今成為景點、玩樂、購物、美食齊聚一堂的娛樂區。還能欣賞海埔新生地的精采美景。

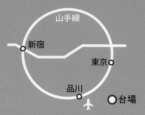

本區路線指南
🚈 百合海鷗號 台場海濱公園站、台場站、船之科學館站、青海站、電信中心站
🚉 東京臨海高速鐵路臨海線 東京電訊站

日夜都好玩

日：◎ 夜：〇

有多項大人小孩都盡興的遊樂設施。晚上適合約會。

成為台場地標的自由女神像。

在台場必做的 **5** 件事 CHECK!

1 沉浸在富士電視台總部的節目世界中
>>> P.68

©長谷川町子美術館

好玩的人氣動畫互動展示區。還可以和人氣吉祥物拍張紀念照。

2 去看等比例大的鋼彈立像
>>> P.70

© 創通・SUNRISE

站在東京DiverCity廣場上迎接遊客的等比例鋼彈立像。

3 沉迷在運用最新技術的影像中
>>> P.71

4 邊眺望海邊夜景邊享用晚餐！
>>> P.72

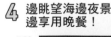

眺望彩虹大橋的夜景度過美好時光。

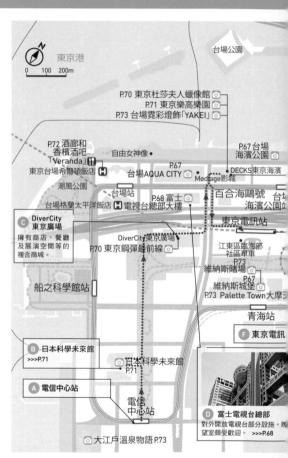

東京港
0 100 200m

P.70 東京杜莎夫人蠟像館 📷
P.71 東京樂高樂園 📷
P.73 台場霓彩燈飾「YAKEI」📷

P.72 酒廊和香檳酒吧「Veranda」🍴
東京台場希爾頓飯店 🏨

自由女神像 ●
P.67
台場AQUA CITY
Medage影城

P.67 台場海濱公園 📷
DECKS東京海濱

潮風公園
台場站
台場格蘭太平洋飯店 🏨
P.68 富士電視台總部大樓 📷

百合海鷗號 台場海濱公園站
東京電訊站

Ⓒ DiverCity東京廣場
擁有商店、餐廳及展演空間等的複合商城。

DiverCity東京廣場
P.70 東京鋼彈最前線

江東區臨海部社區單車
P.73 維納斯賭場 📷
P.67 維納斯城堡 📷
P.73 Palette Town大摩天

船之科學館站

青海站
Ⓕ 東京電訊

Ⓑ 日本科學未來館
>>>P.71

日本科學未來館
P.71

Ⓐ 電信中心站

電信中心站

Ⓓ 富士電視台總部
對外開放電視台部分設施。眺望室頗受歡迎。 >>>P.68

📷 大江戶溫泉物語 P.73

ACCESS

					費用 460日圓
東京車站	JR 山手線	新橋站	百合海鷗號	台場站	需時 約23分鐘

						費用 930日圓
羽田機場	東京單軌電車	濱松町站	JR京濱東北線	大井町	臨海線	東京電訊站 需時 約48分鐘

🕐 經典路線　約5小時

Ⓐ 電信中心站		Ⓑ 日本科學未來館		Ⓒ Diver City		Ⓓ 富士電視台總部		Ⓔ DECKS東京海濱		Ⓕ 東京電訊站
	步行約7分鐘		步行約16分鐘		步行約6分鐘		步行約5分鐘		步行約11分鐘	

聖誕節的夜景美不勝收！

ow to

東京灣接駁巴士

最適合逛台場的免費環形巴士。約20分鐘一班相當方便。

東雲運河

有明網球森林站

有明網球森林公園

有明競技場•

灣岸道路

首都高速公路灣岸線

之科學館•

臨海線

P.209
有明燦路都飯店 Ⓗ

國際展示場站

有明站

東京灣有明
華盛頓飯店 Ⓗ

鷗號

國際展示場正門站

東京Big Sight
東京國際展示場

西展示棟

一邊享受海風吹拂一邊遊玩

Ⓔ DECKS東京海濱
擁有室內遊樂場和昭和主題樂園。

5 在應有盡有的購物中心血拼
台場是大型購物中心聚集地。盡情悠哉血拼吧。

Must Spot

台場海濱公園

公園環繞著幽靜的海灣。吊橋是人氣夜景勝地。
🏠 港區台場1　☎ 03-5531-0852
🕐 24小時　💴 免費　🚃 百合海鷗號台場海濱公園站步行約3分鐘

維納斯城堡

Palette Town的購物中心。附設Outlet賣場。
🏠 江東區青海1-3-15　☎ 03-3599-0700　🕐 11：00～21：00（餐廳～22：00）　🏠 不固定　🚃 百合海鷗號青海站出站直達

台場AQUA CITY

緊鄰台場海濱公園的大型複合購物中心。
🏠 港區台場1-7-1　☎ 03-3599-4700　🕐 11：00～21：00（餐廳～23：00）　🏠 不固定　🚃 百合海鷗號台場站步行約1分鐘

期待不已的電視台遊樂場

在富士電視台度過興奮的一天

富士電視台可說是台場的地標。從瞭望室眺望海景，或一窺人氣電視節目棚內布景等多項好玩活動。一起暢遊電視台吧！

7F
航海王餐廳芭拉蒂

7F
F-island

25F
球體觀景台「Hachitama」

透明電梯

7F
空中花園

5F
Wonder Stre

前方是台場AQUA CITY，入口和詢問處位於建築物背後。

1F 海螺小姐商店　　1F 入口　　1F 詢問處

必去觀光景點

富士電視台總部大樓

活動景點滿檔的電視台。不要錯過美景瞭望室，體驗節目製作和電視台限定商品，還有人氣動畫餐廳。

🏠 港區台場2-4-8 ☎03-5531-1111 🕙&休依設施而異 🚇 百合海鷗號台場站南口步行約3分鐘

▶MAP P.20 B-2

球體瞭望室「Hachitama」 🕙 10：00～17：30 休 週一（若遇假日順延至隔天） 💰 高中生以上550日圓、中小學生300日圓（含稅）／空中花園 🕙 10：00～20：00／航海王餐廳芭拉蒂 ☎ 03-5500-5843 🕙 10：30～19：30※時有變動 休 全年無休／F-island ☎ 03-5500-5822 🕙 10：00～18：00 休 全年無休／Wonder Street 🕙 10：00～16：30 休 週一（若遇假日順延至隔天）／海螺小姐商店 ☎ 03-5500-6075 🕙 10：00～18：00 休 全年無休

┌─────────────────┐
│ 　　　收集印章活動 │
│ 收集包括球體瞭望室「Hachitama」│
│ 5個地點的印章。全部蓋滿可以得到 │
│ 很棒的紀念品。 │
└─────────────────┘

富士電視台必去景點巡禮

若想提升參觀效率，建議可以搭電梯上7樓從空中花園購票進入，直接登上25樓一邊走訪景點一邊下樓。

START!

1F
先到詢問處取得資訊

詢問處前面廣場的「電視噴水池」，是富士電視台的新景點。先在這裡拍紀念照。

搭電梯&手扶梯上樓

25F
一口氣登上視野遼闊的瞭望台！

精采的超廣角絕景

球體瞭望室「Hachuitama」

從距離地面100m高的地方270度俯瞰臨海副都心。富士山、東京晴空塔及東京鐵塔一覽無遺。

每天湧進許多觀光客的瞭望室是富士電視台的象徵。

東京鐵塔　　彩虹大橋

從「Hachitama」看出去的景色。

7F
沉浸在動畫世界
用餐喝茶

搭電梯下樓

7F
從下仰望
「Hachitama」

步行

BARATIE

球體正下方的戶外空間
空中花園

可做為活動會場或表演舞台的寬敞戶外空間。剛好位於「Hachitama」正下方，仰望球體充滿視覺張力！

切身感受總部大樓建築有趣的地方。

© 尾田榮一郎／集英社・富士電視台・東映動畫

步行

7F
採買富士電視台
才有的獨家紀念品！

3218日圓

864日圓

950日圓
上／海賊寶藏・帶骨雞腿、雞塊&薯條。
右／真人大小的香吉士在門口恭候大駕

全是航海王
航海王餐廳 芦拉蒂

以出現在人氣動畫「航海王」中，草帽海賊團的廚師香吉士經營的餐廳為主題。（※營業至2016年9月30日）

864日圓

604日圓

④

③

5F
參觀人氣電視節目棚內
布景&小道具

搭電梯下樓

在這裡買紀念品
F-island

販售約5000件官方周邊商品的專賣店。有電視節目及電影商品、原創商品等豐富品項。

① 鬧鐘抱枕
② 來福零錢包
③ 眼球標誌毛巾
④「Hachitama」球形堅果巧克力
©富士電視台

① 每個人氣節目的場景展覽區。　② 海螺小姐「要拿走小鰭的點心喔」一拿起牡丹餅，波平先生就會出現。（※不定期更換展示內容）

搭電梯下樓

1F
前往日本唯一的
人氣主角商店

要買海螺小姐商品，就要到
海螺小姐商店

除了原創商品和點心外，現場製作販售店內名產「海螺小姐燒」。

① 海螺小姐彩色水杯。
② 海螺小姐燒月島文字燒口味。

594日圓

©長谷川町子美術館

①

© 長谷川町子美術館

有趣的互動展示！
Wonder Street

觀賞人氣節目拍攝布景或看板展示的區域。運氣好的話還能進入V4攝影棚參觀。

210日圓

GOAL!

大人小孩皆陶醉！
暢遊娛樂景點

台場的娛樂設施種類豐富。有可實際感受等比例鋼彈立像的知名模型、令人懷念的樂高世界，以及最新科學展示區，盡情欣賞體驗。

參觀等比例大的鋼彈立像！

沉迷在Diver City東京廣場的鋼彈世界中。2樓Fesitval廣場有等比例打造的鋼彈立像、鋼彈咖啡館，7樓還有鋼彈主題樂園。

攻擊自由鋼彈
Ver.GFT（收費區）

© 創通・SUNRISE

1/1大小的半身像。欣賞有別於立像的魅力。

GUNPLA TOKYO（免費區）

HGUC 1/144獨角獸鋼彈1號機＆2號機Ver. GFT（Strikes ODAIBA SET）6000日圓

充滿鋼彈的夢想空間

Fesitval廣場上高18m的等比例鋼彈立像。

鋼彈迷必訪！
東京鋼彈最前線

位於Diver City東京廣場7樓。在可親身體驗及感受動畫「機動戰士鋼彈」系列世界觀的樂園中，欣賞張力十足的電影或知名場景重現畫面等。

🏠 江東區青海1-1-10 Diver City東京廣場7F ☎ 03-5579-6283 ㊟ 收費區10：00～18：00、免費區10：00～21：00 ㊟ 比照Diver City ㊟ 高中生以上1200日圓、中小學生1000日圓（含稅。事先預約可省200日圓） ㊟ 臨海線東京電訊站B出口步行約3分鐘（2016年5月時資料）

▶ MAP P.20 B-2

2F GUNDAM Café
☎ 03-6457-2778
㊟ 10：00～21：00
㊟ 比照Diver City

必看！
夜晚燈光秀
從18：00～23：00有鋼彈立像的燈光秀。必看！

© 創通・SUNRISE

也有好萊塢明星和頂尖運動選手。

© The images shown depict wax figures created and owned by Madame Tussauds.

各種服裝造型、姿勢。

60幾尊真人大小的蠟像！

有人說「超像」，真是那樣嗎～

彷彿還在開口說話！？松子DELUXE！

必看！
摸真人大小的蠟像OK！
不僅能看還可以摸，也可自由拍攝攝影。

和名人一起拍紀念照！

和電視或新聞上看到的名人來張夢想雙人照！與超真實的蠟像合影留念。

可以遇到哪位名人！？
東京杜莎夫人蠟像館

世界級貴婦、歷史人物、話題明星等名人齊聚一堂的蠟像館。精巧的蠟像和本尊難分軒輊。

🏠 港區台場1-6-1 DECKS東京海濱海島商場3樓 ☎ 03-3599-5231 ㊟ 10：00～20：00（營業時間時有變動） ㊟ 全年無休 ㊟ 成人2200日圓、兒童1700日圓（含稅。當日票） ㊟ 百合海鷗號台場海濱公園站北口步行約3分鐘

▶ MAP P.20 B-2～C-2

真實重現東京街頭

必看！
可愛的自有品牌包裝點心
適合當伴手禮的限定版餅乾

全用樂高堆成的喔

在迷你樂園參觀東京？

參觀迷你東京！

用160萬個以上的樂高積木重現東京勝地的「迷你樂園」，每一個都和實景超像。

大人小孩都開心
東京樂高樂園

有電車和樂高世界結合的「樂高城市火車世界」、或播放樂高世界影片的「4D劇場」等多種娛樂設施。

🏠 港區台場1-6-1 DECKS東京海濱海島商場3樓　☎ 03-3599-5168　🕐 10：00～19：00（週六、日、假日～20：00）　🈺 不固定　💴 單人2400日圓、2人以上每人2300日圓（含稅）　🚃 百合海鷗號 台場海濱公園站北口步行約3分鐘

▶MAP P.20 B-2～C-2

真實體驗非現實世界的新感覺影像！

體驗魅力影像！

在蓋亞圓頂劇場體驗前所未有的影片，以「萬有理論」為主題的3D電影作品「來自9次元的男人」。

寓教於樂
日本科學未來館

從科學觀點來了解世界正在發生的事，並學習未來相關事宜。透過展覽和實驗教室體驗最新科學技術。

🏠 江東區青海2-3-6　☎ 03-3570-9151　🕐 10：00～16：30　🈺 週二（若遇週二放假則開館營業）※會臨時休館。春、暑、寒假期間週二也開館　💴 成人620日圓、18歲以下210日圓（含稅）　🚃 百合海鷗號 電信中心站北口步行約4分鐘

▶MAP P.20 A-3～B-3

在採用最新科技AR（擴增實境）技術的觸控螢幕終端機進行體驗。此外還有豐富的探索項目與活動。

由太空人毛利衛擔任館長，還有國際太空站的模型展示。

必看！
獨家原創商品
販售實驗套件或科學物品。

3D圓頂劇場播放作品「來自9次元的男人」。

☀ 部分娛樂設施需事先預約，因為能優先入場，參訪前請先上網查詢。

夜晚一樣歡樂

充分滿足視覺與口腹之欲的
夜景&美食

建於海埔新生的台場，是頗受歡迎的一日遊地區。
晚餐再加上夜景、賭場、溫泉，就算晚上也要暢遊整座歡樂島。

就像登上海賊船

KING OF
THE PIRATES

立下各種傳說的航海王主
題餐廳。選擇窗邊座位就
能欣賞美麗夜景和店內的
海賊船裝潢。

也有多款套餐菜
色。

 港區台場1-7-1台場AQUA
CITY 5F ☎ 03-3599-1225
 11：00～15：00、17：
00～22：00、週六、日、假
日～14：00、16：00～
比照AQUA CITY 百合海鷗
號台場站北口步行約1分鐘
▶MAP P.20 B-2

成為海賊一員開心度過特別時
光。

充滿南國氣氛的夏威夷菜

Queen's Bath Resort

提供夏威夷風味菜，如漢堡排飯和大蒜蝦等。店內空間舒
適自在。

 港區台場1-7-1台場AQUA CITY 6F ☎ 03-3599-2601 11：
00～14：30、18：00～21：30 比照AQUA CITY 百合海
鷗號台場站北口步行約2分鐘
▶MAP P.20 B-2

1280日圓

從露天座位區可看到彩虹大橋。

皇后漢堡排飯

店內裝潢結合時
尚與經典夏威夷
風格。

一邊眺望霓彩燈飾，
一邊享用浪漫晚餐

美麗的回憶

露天沙發區須付餐位費。

午餐提供的咖哩可自
行調配香料。

酒廊沙發區舒適寬
敞。

飯店華麗酒吧

酒廊和香檳酒吧
「Veranda」

位於東京台場希爾頓飯店內，可遠眺彩虹
大橋和東京鐵塔。春～秋時節開放露天座
位區，可上官網預約窗邊座位。

 港區台場1-9-1東京台場希爾頓飯店2F ☎
03-5500-5580 10：00～22：30 全年
無休 百合海鷗號台場站直達
▶MAP P.20 A-2

🕐 ～22:00

賭場初體驗度過刺激夜晚

維納斯賭場

模擬海外賭場遊戲提供遊客體驗的娛樂賭場。場內莊家也會親切地指導初學者，放心玩吧。

🏠 江東區青海1-3-15維納斯城堡3F ☎ 03-5530-7577 🕐 14：00～22：00 🗓 全年無休 💴 入門（40分鐘2000日圓）、進階（80分鐘3000日圓）、中階（120分鐘5000日圓）🚃 百合海鷗號青海站直通維納斯城堡

▶MAP P.20 B-2～C-2

18：00以後未滿16歲禁止入場。

向下俯瞰的視野 GOOD！

4個透明車廂刺激萬分！

🕐 ～23:00

通往夢幻世界的七彩摩天輪

Palette Town大摩天輪

享受1圈16分鐘的空中遨遊。東京鐵塔、東京晴空塔、東京京門大橋及彩虹大橋等東京名勝一覽無遺。

🏠 江東區青海1-3-10 ☎ 03-5500-2655 🕐 10：00～22：00（週五、六、假日前夕～23：00）🗓 不固定 💴 920日圓 🚃 百合海鷗號青海站北口步行約1分鐘

▶MAP P.20 C-2

 飯後還有很多地方可以玩！

感受正式賭場氣氛。

回到江戶時代泡湯！？

🕐 ～隔天9:00

大江戶溫泉物語

以大浴池、露天溫泉為首，備有宴會廳和休息室等的休憩空間。配合成田或羽田機場早班機，提供接駁巴士的夜宿方案頗受歡迎。

🏠 江東區青海2-6-3 ☎ 03-5500-1126 🕐 11：00～隔天9：00（最後入館時間為隔天7：00）🗓 全年無休（每月一次的保養日休館）💴 白天2280日圓～、夜間1780日圓～※有深夜優惠價（凌晨2點～）🚃 百合海鷗號電信中心站步行約2分鐘

▶MAP P.20 A-3

18：00～24：00，每30分鐘約有22萬顆燈飾配合音樂變換七彩光芒。

穿著自己挑選的浴衣逛廟會攤位。

🕐 ～24:00

必看夜景勝地

台場霓彩燈飾「YAKEI」

全長200m的樹木與台場紀念樹籠罩著光芒。「幻影圓頂隧道」可感應人體動作投射360度的動畫。

🏠 東京都港區台場1-6-1 DECKS東京海濱3F海岸甲板 🕐 日落～24：00（依季節變動）🗓 不固定 💴 免費 🚃 百合海鷗號台場海濱公園站北口步行約4分鐘

▶MAP P.20 B-2～C-2

幻影圓頂隧道。

用地下1400m抽取上來的天然溫泉洗去疲憊。

在愛心燈飾旁拍紀念照。

原宿·表參道

HARAJUKU OMOTESANDO

東京都首屈一指的流行發射站。高級精品店林立的表參道與「可愛」商品尋寶區竹下通、裏原宿的小店都充滿魅力。是滿足年輕人到成熟族群需求的地區。

山手線

新宿　　　　淺草

東京

原宿○○　表參道　　品川

本區路線指南

JR山手線 原宿站
東京Metro ○ 表參道站
○○ 明治神宮前（原宿）站

盡情購物的街道

日：◎　夜：○

白天擠滿年輕人。還有經營到深夜的咖啡館。

表參道上常見裝扮入時的人們，竹下通則有許多特色小店。

CHECK!

在原宿·表參道必做的 5 件事

1 在竹下通發現「可愛」風。

>>> P.76

竹下通是全長350m的小街道。

2

在綠意盎然的表原街上散步。

表參道兩旁種滿成排的欅樹。新綠和楓紅時節十分美麗。

3 在人氣店家購買一週服飾

>>> P.78

訂定主題思考各種穿搭法。

🏫 明治神宮 P.172

P.76
🏬 ABC Cosme Store

原宿賢町

P.76 Paris Kids 🏬

Ⓑ 竹下通
>>>P.76

P.76 原宿ALTA　　🏬 Marion可麗餅 P.7
🍬 Totti Candy Factory

CUTE CUBE HARAJUKU　🏫 竹下通 P.78

P.77

P.78G2

彩茶房 P.147
CASCADEHARAJUKU店

Laforet原宿
P.75

P.149
🍴 bills表

原宿站

明治神宮前（原宿）站

Ⓐ 原宿站

P.75 東急Plaza
表參道原宿

表參道

P.147 Ice Monster 表參道

KIDDYAND原宿店

代代木公園

P.83 The Original
🍴 PANCAKE HOUSE
HARAJUKU

Q Plaza原宿

P.80 ASOKO 🏬

P.83
🍴 LUKE'S 表參道
P.149 Cafe Kaila 🍴
niko and…TOKYO P.81

🍴 THE GREAT BURGER

Ⓒ 貓街

貓街

Firestreet JR線

副都心線

JR山手線
JR埼京線

P.161 Tout le r

the Virgin Mary P.79

ACCESS

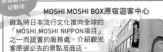

	JR 山手線 原宿站 步行		費用 200日圓	需時 約7分鐘
東京車站	丸之內線 赤坂見附站 銀座線		費用 200日圓	需時 約16分鐘
羽田機場	東京單軌電車 濱松町站 JR 山手線 原宿站 步行	表參道站	費用 690日圓	需時 約42分鐘
	JR 山手線 新橋站 銀座線		費用 800日圓	需時 約48分鐘

⏱ 經典路線　約5小時

Ⓐ 原宿站 ┈ 步行約3分鐘 ┈▶ Ⓑ 竹下通 ┈ 步行約11分鐘 ┈▶ Ⓒ 貓街（Cat Street）┈ 步行約6分鐘 ┈▶ Ⓓ 表參道之丘 ┈ 步行約5分鐘 ┈▶ Ⓔ 表參道站

原宿觀光的好夥伴

MOSHI MOSHI BOX原宿遊客中心

做為將日本流行文化推向全球的「MOSHI MOSHI NIPPON項目」之一而設置的服務處。介紹觀光客原宿必去的景點及商店。

🏠 澀谷區神宮前3-23-5 1F ☎ 03-6447-2225 🕙 10：00～18：00 🈳 全年無休

P.79
華達琉美術館•
HI MOSHI BOX原宿遊客中心 P.75

ess one Spoon東京 P.79
oklyn Charm P.159
OKIDOKI P.78
URN SIDE ST CAFE P.149

表參道之丘

P.75
📷 表參道之丘

🍴 幸福鬆餅 P.149
🍴 FRANZE & EVANS P.82

🛍 Flying Tiger Copenhagen 表參道店 P.80
Anniversaire 表參道
OMINIQUE ANSEL BAKERY TOKYO
83
TOD'S
Oak表參道 • ONE表參道
GLACIEL P.82
德國
有機
館 P.159
P.82 藍瓶咖啡青山店 🍴
Diamond Hall
Ⓔ 表參道站

ABON Ao•
總店 紀伊國屋•
🛍 Spiral Market P.81

N
0　50　100m

5 品嘗排隊甜點
>>> P.82 ✅

從獨一無二的雜貨到高質感生活用品，應有盡有。

有多家進軍日本的話題店家，是甜點激戰區。

4 尋找時髦雜貨！
>>> P.80 ✅

表原4大特色建築

東急Plaza 表參道原宿

在Laforet原宿對面。2012年開幕。是原宿新景點。

🏠 澀谷區神宮前4-30-3 ☎ 03-3497-0418 🈺 B1～5F 11：00～21：00、6、7F 8：30～23：00 🚇 地鐵明治神宮前站5號出口步行約1分鐘

Laforet原宿

牽動原宿年輕文化的時裝大樓，也是原宿地標。

🏠 澀谷區神宮前1-11-6 ☎ 03-3475-0411 🈺 11：00～21：00 🈺 2016年8月23號～8月24號 🚇 地鐵明治神宮前站5號出口步行約1分鐘

表參道之丘

提供成熟族群時尚尖端服飾、文化、藝術及美食等。

🏠 澀谷區神宮前4-12-10 ☎ 03-3497-0310 🈺 11：00～21：00、週日11：00～20：00※依部分店家而異 🈺 每年公休3天 🚇 地鐵表參道站A2出口步行約2分鐘

GYRE

從時裝、藝廊到餐廳，擁有多家品牌概念店的複合式大樓。

🏠 澀谷區神宮前5-10-1 ☎ 03-3498-6990 🈺 商店11：00～20：00、餐廳11：30～24：00（依店家而異） 🈺 不固定 🚇 地鐵明治神宮前站4號出口步行約4分鐘

越來越有魅力！
在竹下通發現「可愛」風

買完可愛雜貨後，吃塊甜點休息一下。
到女孩們最喜歡，擁有琳瑯滿目可愛小物的夢幻街探險吧。

代代木站

What is
竹下通
竹下通是從原宿站竹下口延伸到與東側明治通交叉，全長約350m的繁榮街道。在這條街上，聚集許多雜貨店和咖啡館。

B 高CP值寶庫
ABC Cosme Store
店內有種類齊全的國外進口和日本話題美妝品。還有多款彩色隱形眼鏡。

🏠 澀谷區神宮前1-19-1 FLEG原宿 second 1F
☎ 03-3405-9898
🕚 11：00～20：00
🈺 全年無休 🚉 JR原宿站竹下步行約2分鐘
▶ MAP P.12 B-1

雙色口紅
1512日圓

絲絨美甲組
1000日圓

A
B
C
D

原宿
ALTA

A 平價流行飾品創始店
Paris Kids

1977年（昭和52）開幕。經營概念是「便宜」「可愛」。多數飾品只要300日圓。

🏠 澀谷區神宮前1-19-8原宿Family大樓1F ☎ 03-6825-7650 🕙 10：00～19：30（週六～20：00、週日9：00～20：00） 🈺 全年無休 🚉 JR原宿站竹下步行約1分鐘

▶ MAP P.12 A-1

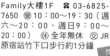

蝴蝶結髮飾
300日圓

JR原宿站

澀谷站

閃電和溜冰鞋耳環
300日圓

TSUM TSUM玩偶
各600日圓～

C 聚集多家雜貨小店
原宿ALTA

專為女性而設的商場，每層樓主題不同，如「原宿伴手禮」、「憧憬」等。

🏠 澀谷區神宮前1-16-4 ☎ 0570-07-5500 🕥 10：30～20：00（部分商店除外） 🈺 不固定 🚉 JR原宿站竹下口步行約2分鐘 ▶ MAP P.12 B-1

2F 成熟女性的「夢幻王國」
迪士尼專賣店

客源鎖定成熟女性的商店，除了迪士尼人物的生活用品外還有珠寶飾品，種類齊全。

☎ 03-3401-3939 🕥 10：30～20：00 🈺 不固定

1F 集結雜貨與甜點
Choco Choco by SWIMMER

人氣雜貨舖「SWIMMER」經營的禮品店。巧克力外層的動物蛋糕「Maruru」是原宿店限定品。

☎ 03-5413-5728
🕥 10：30～20：00
🈺 不固定

手機保護套
1512日圓

Maruru 280日圓

化妝包 918日圓

3F 充滿玩心的異世界
World Project Kawaii Café

從鬆餅到拉麵都吃得到，充滿娛樂氣息的咖啡館。穿著可愛制服的店員也很吸睛。

🕥 10：30～21：30
🈺 不固定

綜合繽紛麵
900日圓

還有外觀亮麗的冰棒。

只逛不買也開心的街道。

恭候大駕的可愛人物。

D Totti Candy Factory

賣點是比臉大的棉花糖

集結世界各地可愛甜食的商店。直徑約40cm的巨大棉花糖，最適合散步時吃。

🏠 澀谷區神宮前1-16-5 RYU Appartement 2F ☎ 03-3403-7007 🕙 10：30～20：00（週六、日、假日9：30～）🈺 不固定 🚃 JR原宿站竹下口步行約2分鐘
▶MAP P.12 B-1

彩色棉花糖
400日圓

E Marion可麗餅

日本可麗餅創始店

草莓巧克力奶油
460日圓

1977年（昭和52年）開業，是原宿可麗餅店元祖。有加了鮮奶油的甜點系列和鹹食口味、期間限定口味等各種品項。

🏠 澀谷區神宮前1-6-15 ☎ 03-3499-2496 🕙 10：30～20：00（週六、日、假日10：00～）🈺 全年無休 🚃 JR原宿站竹下口步行約3分鐘
▶MAP P.12 B-1

除了甜品系列還有鹹食口味。

竹下通

E

棒棒糖糕
各371日圓

F

CUTE CUBE
HARAJUKU

明治通

澀谷站

F CUTE CUBE HARAJUKU

增田Sebastian設計的裝置藝術超搶眼

上／3樓的裝置藝術。下／以粉紅與白色為基調。

包括地下共4層樓的購物商城。多家潮流品牌店和咖啡館進駐。

🏠 澀谷區神宮前1-7-1 🕙 B1～2F 10：00～20：00、3F 11：00～21：00（部分商店除外）🈺 全年無休 🚃 JR原宿站竹下口步行約4分鐘 ▶MAP P.12 B-1

3F 布丁狗咖啡館原宿店

到處都是布丁狗

顏受歡迎的三麗鷗布丁狗咖啡館。在療癒空間內品嘗原宿店的獨家甜點。

🕙 11：00～20：00（飲料～20：30）🈺 全年無休

布丁狗香蕉焦糖鬆餅 1200日圓

布丁狗芒果聖代
1100日圓

B1F 1F MONKI

北歐平價品牌

Realyn kn top（針織上衣）2500日圓

在關東地區開設首家分店的北歐服飾品牌。2層樓的店內擺滿各式平價流行單品。

☎ 03-5786-0204 🕙 10：00～20：00 🈺 全年無休

Imoo distorted（牛仔褲）5000日圓

完美的一週穿搭
走訪特色商店

原宿服飾店引起全球時髦女孩的關注。出發尋找喜歡的單品吧。

完成
這樣的
穿搭

在特色商店買到價格實惠的服飾，完成如右圖所示的一週穿搭！

MON

獨角獸圖案的水手領連身裙 12000日圓

以整套的水手領連身裙為一週揭開序幕➡ B

托特便當袋 1500日圓

人氣商品

TUE

用這個裝早起做好的便當！➡ C

WED

BEAR證件套 2800日圓

和熊熊一起出門➡ B

長裙 6800日圓

穿上舒適裙子和朋友去喝茶➡ D

買到復古風單品！

初次嘗試二手衣也能放心購買。

集結最新潮的可愛商品

原宿文化發射站。

 A 以1950～80年代的USA二手衣為主

G2 ？

店內有多款採購人員在美國或歐洲收購來的二手衣或復古風服飾。除了服裝配件，還有擺滿整面牆的雜貨及玩具。找出自己中意的單品吧。

🏠 澀谷區神宮前3-22-7神宮前大樓2F ☎ 03-5786-4188 ㊗ 12：00～20：00（週六、日、假日11：00～） ㊡ 全年無休 🚇 地鐵明治神宮前（原宿）站5號出口步行約6分鐘
▶MAP P.12 C-1

 B 原宿時尚達人齊聚一堂

6%DOKIDOKI

知名藝術總監開設的原宿潮流代表店。店內集結多款以「引起共鳴的可愛風」為商品理念，連細節都加入花俏可愛元素的單品。

🏠 澀谷區神宮前4-28-16 TX101大樓2F ☎ 03-3479-6116 ㊗ 12：00～20：00 ㊡ 全年無休 🚇 地鐵明治神宮前（原宿）站5號出口步行約3分鐘
▶MAP P.12 B-2

這裡！

竹下通
原宿站
裏原宿區
東急Plaza
表參道原宿
GYRE
明治神宮前站
貓街

What is

What is 裏原宿&貓街

藏身在大街內的裏原宿與貓街。有多家販售個性潮流服飾的
魅力小店，務必要去看看。

可愛

FRI

連身裙
4600日圓

耳環
864日圓

SUN

耳朵也要搭配成
套。➡ⓒ

愛心裂痕連身裙
7900日圓

THU

穿這條連身裙上健身房
應該不錯吧。➡Ⓑ

利用黑底連身裙提振精神為平
日畫下句點。➡Ⓐ

SAT

復古風圍裙
4900日圓

週末的烘焙課最適合穿這條
圍裙。➡Ⓐ

連身裙
8800日圓

約會時穿燈籠袖
圓點連身裙，更
顯甜美。➡Ⓓ

多款公主風商品

以少女風為主

店內擺滿令人心動的品項。

多款提升女性魅力的商品。

Ⓒ 懸掛吊燈的公主風商店

Princess one Spoon東京

以「愛麗絲夢遊仙境」為主題的人氣品牌「星期三愛
麗絲」所設計規畫。店內販售公主風小飾品、雜貨及
甜點等眾多勾動少女心的商品。

⌂ 澀谷區神宮前4-27-4神宮前S大樓　☎ 03-6434-7017
⊕ 11：00～20：00　㊡ 全年無休　⊗ 地鐵明治神宮前
（原宿）站5號出口步行約3分鐘
▶MAP P.12 C-1

Ⓓ 平常也能用的精選商品超受歡迎

the Virgin Mary

商品理念是「孕育世界的永生少女」。自洛杉磯採購
的單品多為少女喜愛的粉嫩色系。可以來這裡尋找平
常也能用的單品。

⌂ 澀谷區神宮前5-30-6秀幸大樓1F　☎ 03-6427-4709　㊟
12：00～20：00　㊡ 全年無休　⊗ 地鐵明治神宮前站7號
出口步行約6分鐘
▶MAP P.12 A-3

一身黑的烏鴉族或蘿莉塔風格、森林系女孩等原宿新潮裝扮帶動潮流。與時俱進的原宿系流行據說源自1980年代的竹之子族。

從可愛風到小奢華
尋找有品味的雜貨

可愛風

流行性強的高效能商品及令人滿意的ＣＰ值

ASOKO

激起好奇心的驚奇商品

不漏看任何商品的單行道設計。

像展示間把商品排放在矮櫃上。

丹麥奶油餅乾
500日圓

餐具壁掛鐘
1000日圓

雨傘
600日圓

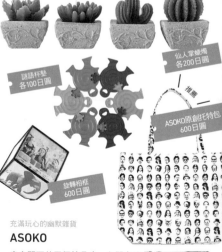

仙人掌蠟燭
各200日圓

謎語杯墊
各100日圓

ASOKO原創托特包
600日圓

旋轉相框
600日圓

快速時尚創始店

Flying Tiger Copenhagen表參道店

源自哥本哈根。是高質感平價雜貨
的寶庫。個性化十足的配件、點心
及家飾擺滿整條通道。還有表參道
店限定商品，最適合當伴手禮。

🏠 澀谷區神宮前4-3-2 ☎ 03-6804-5273 🕐 11：00～
20：00 🈺 不固定 🚇 地鐵表參道站A2出口步行約2分鐘
▶MAP P.13 D-2

充滿玩心的幽默雜貨

ASOKO

來自關西的平價精品店，在關東地
區開設的首家分店。從採購員嚴選
自世界各地的雜貨，到自有品牌原
創品，種類多樣豐富。陳列出每件
商品的新潮時尚雜貨店。

🏠 澀谷區神宮前6-27-8 ☎ 03-6712-6752 🕐 11：00～
20：00 🈺 不固定 🚇 地鐵明治神宮前站7號出口步行約
3分鐘 ▶MAP P.12 B-2

增進日常生活樂趣讓心情愉悅的雜貨用品。從平價可愛小物到價格稍貴的精品都可在這條街上找到。

What is 平價&小奢華

「平價」指的是廉價品，「小奢華」則是稍微奢侈的物品。

網羅增添生活色彩的美麗雜貨

小奢華

niko and …一手包辦講究的衣食住用品

SHARECYCLE
3H / 1,000YEN
niko and …
TOKYO

寬敞空間洋溢著明快氛圍。

從店內家具到商品陳設都顯示出高品味。

Papier Tigre＋S
陶瓷系列（盤）
S 1500日圓、L 3600日圓
筷架 1800日圓

好漂亮

＋S Handkerchief
（手帕）
各1200日圓

niko and …TOKYO
原創劍玉
3900日圓

NIKO AND
TOKYO

niko and …

自有品牌托特包
M 1300日圓

原創收納箱
3500日圓

ko and …

原創馬克杯
800日圓

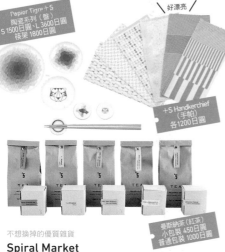

毫斯納茶（紅茶）
小包裝 450日圓
普通包裝 1000日圓

不想換掉的優質雜貨

Spiral Market

位於綜合文化設施「SPIRAL」2樓的用品店。精選自日本國內外的商品是能長久使用的「永續設計」品。設計者親手製作的廚房用具或飾品，適合拿來送禮。

🚶 港區南青山5-6-26 SPIRAL 2F　☎ 03-3498-5792　⏰ 11：00～20：00　休 全年無休　🚇 地鐵表參道站B3出口步行約1分鐘　▶MAP P.13 D-3

2層樓的全球旗艦店

niko and …TOKYO

服裝品牌「niko and …」經營的生活風格店。從流行雜貨、文具到家飾用品每一樣都是優質精品。綠意盎然的店內空間也充滿魅力。

🚶 澀谷區神宮前6-12-20 1、2F　☎ 03-5778-3304　⏰ 11：00～22：00　休 全年無休　🚇 地鐵明治神宮前站7號出口步行約2分鐘　▶MAP P.12 B-2

TOWN
04

就算排隊也要吃
時髦咖啡館的甜點時光

原宿、表參道是甜點愛好者嚮往的地區。有很多就算排隊也要吃到的話題甜點名店。
在裝潢時尚的店內，大快朵頤期盼已久的甜點，幸福滋味在口中蔓延開來。

新型態
甜點

Ⓓ 餅乾杯™
518日圓

在餅乾杯中倒入香
草牛奶。

Ⓕ 鑄鐵鍋鬆餅
1340日圓

用烤箱烤的新型態
鬆餅。

Ⓐ 帕芙洛娃
700日圓／塊

在烤過的蛋白霜上
擠滿鮮奶油的甜
點。

Ⓑ 貝奈特餅
600日圓

類似炸甜甜圈的甜
點。附鹽味焦糖
醬。

外層是莓果醬的瓢蟲
甜點。

Ⓒ Coccinelle
1200日圓

Ⓐ

超受歡迎的倫敦輕食咖啡館
FRANZÉ & EVANS

以「料理即是
創作」為經營
理念。甜點與
熟食種類豐
富。

⌂ 澀谷區神宮前4-9-4 1F ☎ 03-5413-
3926 ⏰ 9：00～21：00（週六10：
00～、週日、假日10：00～20：00）
㊡ 不固定 ⓜ 地鐵表參道站A3出口步
行約3分鐘 ▶MAP P.13 D-2

Ⓑ

第三波咖啡革命的帶領者
藍瓶咖啡青山店

青山店是日本第
二家分店，咖啡
館內空間寬敞，
甜點等食物種類
豐富。也有器具
販售。

⌂ 港區南青山3-13-14 ☎ 未公開 ⏰
8：00～19：00 ㊡ 全年無休 ⓜ 地鐵
表參道站A4出口步行約2分鐘
▶MAP P.13 E-2

Ⓒ

新型態鮮奶油
GLACIEL

各式賞心悅目
的Entremets
Glacé（藝術冰
淇淋蛋糕）相
當受歡迎。

⌂ 澀谷區神宮前5-2-23 ☎ 03-6427-
4666 ⏰ 11：00～18：00 ㊡ 全年無
休 ⓜ 地鐵表參道站A1出口步行約3分
鐘
▶MAP P.12 C-2

這家也要排隊！

LUKE'S表參道

來自NY的龍蝦三明治日本首家分店。調味簡單，能品嘗到龍蝦的鮮美肉質。

🏠 澀谷區神宮前6-7-1 ☎ 03-5778-3747 🕚 11：00～20：00 🚫 不固定 🚇 地鐵明治神宮前站7號出口步行約3分鐘 ▶MAP P.12 B-2

龍蝦三明治 Regular 980日圓。再加400日圓可升級為附飲料洋芋片的套餐。

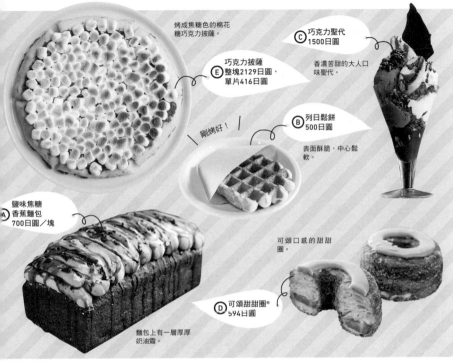

烤成焦糖色的棉花糖巧克力披薩。

Ⓒ 巧克力聖代 1500日圓

香濃苦甜的大人口味聖代。

Ⓔ 巧克力披薩 整塊2129日圓、單片416日圓

Ⓑ 列日鬆餅 500日圓

表面酥脆，中心鬆軟。

剛烤好！

Ⓐ 鹽味焦糖香蕉麵包 700日圓／塊

可頌口感的甜甜圈。

Ⓓ 可頌甜甜圈® 594日圓

麵包上有一層厚厚奶油霜。

Ⓓ

陸續推出嶄新甜點

DOMINIQUE ANSEL BAKERY TOKYO

來自紐約的烘焙坊，以新型態甜點造成話題的可頌甜甜圈打響知名度。

🏠 澀谷區神宮前5-7-14 1～2F ☎ 03-3486-1329 🕙 10：00～19：00 🚫 全年無休 🚇 地鐵表參道站A1出口步行約5分鐘 ▶MAP P.12 C-2

Ⓔ

來自以色列的巧克力品牌

MAX BRENNER CHOCORATE BAR表參道之丘

巧克力披薩和巧克力鍋等新型巧克力吃法頗受歡迎。

🏠 澀谷區神宮前4-12-10表參道之丘本館1F ☎ 03-5413-5888 🕚 11：00～22：00（週日～21：00）🚫 不固定 🚇 地鐵表參道站A2出口步行3分鐘 ▶MAP P.12 C-2

Ⓕ

以「鑄鐵鍋鬆餅」（Dutch Baby）引起熱烈討論

The Original PANCAKE HOUSE HARAJYUKU

店內使用天然酵母，發酵3天做成的麵種來製作鬆餅。味道柔和很受歡迎。

🏠 澀谷區神宮前6-28-6 Q Plaza原宿8F ☎ 03-6712-5988 🕙 10：00～21：15（週日、假日～19：15）🚫 比照Q Plaza原宿 🚇 地鐵明治神宮前站7號出口步行約1分鐘 ▶MAP P.12 B-2

澀谷

SHIBUYA

澀谷街景千變萬化，是著名的年輕人聚集場所，目前
正在進行以澀谷Hikarie為首的澀谷站區再開發計畫。
走遠一點也有行家愛去的奧澀谷，還有各式店舖林立
的街道。

山手線

上野
新宿
東京
澀谷
品川

本區路線指南
JR山手線、埼京線 澀谷站
東京Metro ◎◎◎澀谷站
東急東橫線 澀谷站 田園都市線 澀谷站
及其他

有多家戲院的娛樂街

日：◎ 夜：◎

白天逛街，晚上到音樂
餐廳或俱樂部等享受夜
生活。

四周建築林立的對角線行人穿越道。

奧澀谷 P.91

東急手創館澀谷店
P.90 Cafe BOHEMIA
P.91 宇田川cafe suite

澀谷
PARCO
(2016年8月8日～2019年
秋暫停營業)
PARCO 3
P.89

BEAM
吉本無限大劇院

西班牙坂
P.85

P.89
澀谷Loft

Bunkamura
P.89
東急百貨澀谷總店

唐吉訶德

H&M SHIBUYA

Accessorize
澀谷旗艦店

山田電機

P.87 澀谷109

D 東急百貨澀谷總店
>>>P.89

C 澀谷109
>>>P.87

澀谷Excel Hotel Tokyu
澀谷Mark City

澀谷站

京王井之頭線

A E 澀谷站

在澀谷必做的 5 件事
CHECK!

1 在澀谷109
看店員的服飾穿搭！
>>> P.87

2 逛遍澀谷Hikarie
>>> P.88

3 在商店林立的中心街散步

日本數一數二的繁華街區。2011
年主街取名為「籃球街」。

ACCESS

東京車站	JR 山手線 🚃	澀谷站	費用 200日圓　需時 約25分鐘
羽田機場	東京單軌電車 🚃　濱松町站　JR 山手線 🚃	澀谷站	費用 690日圓　需時 約45分鐘

⏱ 經典路線　約5小時

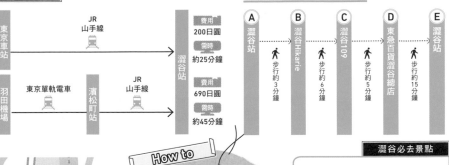

A 澀谷站 → 步行約3分鐘 → B 澀谷Hikarie → 步行約6分鐘 → C 澀谷109 → 步行約5分鐘 → D 東急百貨澀谷總店 → 步行約15分鐘 → E 澀谷站

How to

方便的八公巴士

澀谷社區巴士，車票100日圓。搭乘從澀谷站繞行代官山和惠比壽的路線，以及經過原宿與表參道的路線，方便觀光。

澀谷必去景點

對角線行人穿越道

號稱每天有超過50萬行人穿越的交叉路口。是澀谷的地標。

忠犬八公銅像

約在澀谷見面的固定地點。目前是1948年（昭和23年）設置的第二代銅像。

西班牙坂

狹窄的坡道兩旁有西班牙菜和法國菜餐廳林立。

（地圖標示）

JR山手線　JR埼京線　副都心線　宮下公園　明治通

MAN●
86
谷MODI

● cocoti

● MARUI JAM SHIBUYA
西武澀谷店 P.89

澀谷東急Inn 🏨

109 MEN'S

東映Plaza

行人穿越道 P.85　澀谷站

八公巴士站牌（澀谷站忠犬八公出口）P.85
忠犬八公銅像 P.85
急百貨東橫店
像●

澀谷站

B 澀谷Hikarie >>> P.00

P.88
澀谷Hikarie 🛒

銀座線　東急東橫線

六本木通

首都高速公路澀谷線

---

4 **在奧澀谷的咖啡館喝杯嚴選咖啡** ☑

>>> P.90

澀谷通愛去的私房景點。

5 **在NHK攝影棚公園體驗&參觀** ☑

>>> P.181

超興奮！！！

體驗自然生態攝影。

👣 購買忠犬八公商品當澀谷伴手禮。在東急百貨東橫店西館的SHIBUYA SOUVENIR SHOP有多款「東橫忠犬八公」原創商品。　　85

不可錯過的2大血拚勝地
在MODI和109購物

澀谷MODI是主打「大人風格」的生活概念店。109則是這條街上不變的地標。
以下介紹位於潮流尖端的澀谷區內，現今最熱門的2大勝地。

在MODI發現的新形態商店

蔚為話題的天然美妝店
LIVING NATURE
organics `1F`

紐西蘭最具代表的天然化妝品牌
「LIVING NATURE」。除了保養
品外，還有美髮、化妝品等多項
女性喜愛的商品。
☎ 03-4336-8219
⏰ 11：00～21：00

「LIVING NATURE organics」的商品。粉底液3500日圓、隔離霜4200日圓、卸妝乳1500日圓（50ml）等。

也有德國品牌「LAVERA」。

來自雪梨的派餅專賣店
Pie face `1F`

澳洲的人氣派餅及咖啡店。有肉派等
「鹹派」和甜派，畫在商品上的臉部嘴
型代表內餡，相當有趣。
☎ 0120-112-020
⏰ 9：00～22：00

多種口味可選！

番茄牛肉派、
蘑菇雞肉派
各390日圓。

以澳洲為中心約有60家分店。

自在咖啡吧
Akarimado
咖啡吧 `5F`

位於HMV & BOOKS TOKYO一隅的日式咖
啡吧。提供在日式點心中加入西洋口味
的創意和風甜點等多種甜品。也會舉辦
茶會體驗等活動。
☎ 03-4336-8251 ⏰ 11：00～23：00

會在榻榻米區舉辦活動。

HMV的新形態店面
HMV & BOOKS
TOKYO `5~7F`

首家結合書籍和音樂的HMV娛
樂複合店。號稱擁有全分店最
大的賣場面積。販售書籍、音
樂／影像軟體、商品及票券
等。
☎ 03-5784-3270
⏰ 11：00～23：00

各樓層都有活動特區。

各種口味的「夾餡
多拿滋」。
各420日圓

提供大人風格的生活概念
澀谷MODI

在食衣住需求上加入「遊樂」、「休
憩」、「學習」、「創造」元素，藉
此提供豐富日常生活選項的新型態商
業設施。設有多家咖啡館。

樓層	主要內容	樓層	主要內容
5F	書籍、CD、咖啡館、雜貨	9F	餐廳、咖啡館
3・4F	女裝&男裝	8F	KTV
1・2F	女裝、美妝品	7F	書籍、CD、鐘錶、雜貨
B1F	旅行用品、咖啡館及其他	6F	書籍、CD、雜貨、咖啡館

📍澀谷區神南1-21-3 ☎ 03-4336-0101 ⏰ 11：
00～21：00（依部分店家而異）休不固定 🚇各
線澀谷站忠犬八公出口步行約4分鐘
▶MAP P.14 C-2

在109挑選時髦服飾！

随興女人味

休閒裝扮

BACKS 6F

略帶頹廢氣息的美國西岸休閒服飾。
☎ 03-3477-5086

綁繩上衣
3900日圓
刷白破洞牛仔褲
16800日圓
巴拿馬帽
4900日圓
綁帶涼鞋
6900日圓

上／多款加工牛仔褲。
下／洋溢時尚氛圍。

成熟可愛風

dazzlin 4F

質感優雅，展現女性溫柔可愛氣息的服裝。
☎ 03-3477-5183

上／店內環境明亮。
下／要不要試試人氣連身裙？

充滿女人味

花朵繫帶連身裙
7900日圓
軟木高跟涼鞋
6900日圓

SIMPLE 簡潔系

FEMININE 柔美系

COOL 酷帥系

LOVELY 可愛系

上／色彩選擇豐富。下／店內播的背景音樂也很棒。

上／甜美可愛至極。
下／店內空間寬廣。

帥氣

T恤
2390日圓
牛仔褲
9990日圓
其他為私人配件

帥氣休閒風

RODEO CROWNS 5F

剪裁帶有強烈男性風格的合身服飾。
☎ 03-6730-9191（總機）

可愛少女風

Honey Cinnamon 7F

前SKE48成員平松加奈子經營的店。主打超愛「可愛風」的女性客群。
☎ 03-3477-5009

擁有好多夢想

愛心櫻桃連身裙，1萬日圓
愛心厚底涼鞋
14000日圓

澀谷流行發射站

澀谷109

暱稱為「09」，是眾所皆知的年輕流行服飾勝地。從鐵咖品牌到新面孔聚集120多家店面。只要上門隨時都有新發現。

樓層	主要內容
8F	女裝、雜貨
7F	女裝、咖啡館
B2～6F	女裝

🏠 澀谷區道玄坂2-29-1 ☎ 03-3477-5111（代表號） 🕙 10：00～21：00（MA MAISON咖啡館10：00～22：00、Chirico di NAPOLI 11：00～22：00） 🚫 全年無休 🚉 JR澀谷站忠犬八公出口步行約3分鐘 ▶MAP P.14 C-2

專為時尚高敏銳度女性打造的複合商業大樓

逛遍澀谷Hikarie上下

澀谷Hikarie集商場和美食等於一處，是流行文化的傳遞據點。
百貨地下街直通車站，交通便捷。到澀谷後先直奔此處吧。

全面升級魅力倍增！

Check
甜食

外號「甜食勝地」，知名店家林立。

玫瑰草莓蛋糕
2200日圓
加了酸甜玫瑰草莓果醬的華麗蛋糕。

特色鮮明的蛋糕

Libertable B2F

多款凝聚獨特世界觀充滿感性的寶石甜點。巧妙運用素材呈現全新風味。

☎ 03-6434-1848

奢華 800日圓
濃郁的巧克力慕斯淋上香氣十足的松露奶油。

再現豆豆魅力！

Fève B2F

西點主廚辻口博　設計製作，結合豆類與甜食的新形態點心。

☎ 03-6434-1817

豆奶米果×
卡芒貝爾乳酪黑胡椒
334日圓
用豆奶製作的米果。附牛蒡片。

草莓花生×覆盆子腰果
389日圓
以2種滋味酸甜的莓果增添鮮豔色彩。Hikarie限定包裝。

成為澀谷招牌的人氣景點。

11F	東急劇場Orb／Sky lobby／咖啡館&餐廳
9F	Hikarie大廳
8F	藝術創作空間「8/」
6-7F	咖啡館&餐廳
5F	生活風格用品
4F	休閒服飾
3F	上班族服飾
2F	時尚用品
1F	美容&時用品
B1F	化妝品&保養品
B2F	甜點、麵包、紅酒
B3F	NATURAL MARKET、熟食區

匯合眾多女性喜愛的商品

澀谷Hikarie

地上34層，地下4層的複合商業大樓。以能盡情購物的「ShinQs」為首，設有咖啡館、餐廳，正式音樂劇場及「藝術創作空間」等。

🏠 澀谷區澀谷2-21-1 ☎ 03-5468-5892 ⓢ ShinQs 10：00～21：00、6F 11：00～23：00、7F 11：00～23：30（週日～23：00）、8F 11：00～20：00 ⓗ 全年無休 ⓧ 地鐵、東急東橫線、田園都市線等各線澀谷站15號出口出站直達。
MAP P.15 D-3

Check 雜貨

購物區有多家首度進駐澀谷的店。

整齊打包衣物的行李箱收納袋　2200日圓

旅遊精品
STANDBY TOKYO `4F`

東京車站的用品店，陳列以「Nostalgic Terminal美好旅行」為設計概念的旅用品。☎ 03-6427-1930

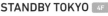

BAG & BACKPACK

可當托特包及背包的摺疊手提袋　3500日圓

宛如車站般的店內裝潢。收銀台走便利店KIOSK的風格設計。

輕盈小折傘
6500日圓

多種季節性雜貨
ShinQs parts Joist `2F`

網羅日本國內外各式品牌雜貨。商品換季速度快，每次來都有新鮮感。

☎ 03-6434-1724

ShinQs的原創商店。

「BUTTERFLY TWISTS」
適合做為旅行第二雙鞋的口袋鞋。
5500日圓

「SMART BAG」
攜帶方便的隨身行李斜背袋。3300日圓

「Cocca」
傘面布料可愛的直立傘。13000日圓

Check 咖啡館&餐廳

6～7樓是澀谷區最大的美食街。

多種肉類烹調手法
THE MEAT&LABORATORY `7F`

從烤肉到牛排等，輕鬆品嘗以各種方法烹調而成的肉類料理。

☎ 03-6805-1729

就算只喝杯酒也隨時歡迎。

午餐菜色，THE MEAT特製漢堡排（附麵包或飯），1111日圓。

來自京都室町的日式茶屋
茶庭 然花抄院 `5F`

寬敞沉靜的空間頗具魅力。來份剛做好的點心，喝杯茶休息片刻。

☎ 03-6434-1517

附設藝廊。

招牌商品蜂蜜蛋糕「然」與點心、飲品組成的「花之膳」套餐1300日圓～
※內容、價格時有變動。

其他推薦景點

除了Hikarie外還有多家魅力十足的大型購物中心。一起來看看吧。

西武澀谷店

澀谷的代表性百貨公司，主打流行服飾。A館與B館隔著井之頭通而立。

🏠 澀谷區宇田川町21-1　☎ 03-3462-0111　⏰ 10：00～21：00（週日、假日～20：00）　休 不固定　🚇 地鐵、東急田園都市線澀谷站6-2號出口步行約2分鐘
▶MAP P.14 C-2

Carsten Nicolai.chroma
actor.2015

澀谷Loft

以日常用品為主的生活風格店。

🏠 澀谷區宇田川町21-1　☎ 03-3462-3807　⏰ 10：00～21：00　休 不固定　🚇 地鐵東急田園都市線澀谷站3號出口步行約3分鐘
▶MAP P.14 C-2

東急百貨澀谷總店

東急百貨旗艦店。附設綜合文化設施「Bunkamura」。

🏠 澀谷區道玄坂2-2-1　☎ 03-3477-3111　⏰ B1～1F 10：00～20：00、7F書店10：00～21：00、8F餐廳11：00～21：45，依店家而異　休 不固定　🚇 JR澀谷站步行約7分鐘
▶MAP P.14 B-2

東急手創館澀谷店

集結多項文具、工藝及居家相關用品。最大賣點是精通商品的店員。

🏠 澀谷區宇田川町12-18　☎ 03-5489-5111　⏰ 10：00～20：30　休 不固定　🚇 地鐵、東急田園都市線澀谷站6-2號出口步行約5分鐘
▶MAP P.14 B-2

澀谷Hikarie B3～5F的ShinQs設有多功能化妝室。每層樓的設計風格不同，空間寬敞。

品嘗精選咖啡
在奧澀谷度過大人咖啡時光

從澀谷車站走一小段路來到「奧澀谷」，這裡是擁有多家恬靜咖啡館及商店的著名地區，
也是成熟人士專屬的巷弄。一邊啜飲美味咖啡一邊靜享悠閒時光吧。

從白天營業至深夜

來自奧斯陸的優質咖啡

奧斯陸老牌咖啡館海外首家分店
Fuglen Tokyo

店內擺飾與陶器全是挪威復古
風。在舒適空間內，享用優質
咖啡。並提供搭配咖啡的甜點
與麵包。可外帶。

🏠 澀谷區富谷1-16-11
☎ 03-3481-0884
🕙 週一、二8:00~22:00（週
三、四~凌晨1:00、週五~凌晨
2:00、週六10:00~凌晨2:
00、週日10:00~凌晨1:00）
🈺 全年無休
🚇 地鐵代代木公園站2號出口步
行約4分鐘
▶MAP P.14 A-1

店內採用北歐
風格的簡潔樸
實裝潢。部分
家具有販售服
務。晚上也會
提供斯堪地那
維亞風情的雞
尾酒。

優質咖啡POINT
必點飲品是每天選用不同咖啡豆的
「本日咖啡」。利用設在店面附近
的烘豆機自家烘焙而成。

愛樂壓咖啡 482日圓
挪威傳統麵包Skolebrød 426日圓

中東風格的裝潢。架上提供水煙壺給顧客吞雲吐霧。

富含異國情調的咖啡館

門前寬敞的露天座位。

舒適寬敞的露天座位
Cafe BOHEMIA

不拘小節的無國界風情咖啡
館。40坪大的露天座坐滿外國
觀光客，令人忘卻置身於澀谷
區。料理主要是採用法國義大
利食材的地中海菜色。

🏠 澀谷區宇田川町36-22 NOAH澀
谷Part II 1F ☎ 03-6861-9170
🕙 12:00~凌晨4:00、連假最後
一天~24:00 🈺 全年無休 🚇
JR澀谷站忠犬八公口步行約7分
鐘
▶MAP P.14 B-2

手沖咖啡
552日圓

優質咖啡POINT
每杯咖啡都是採用現磨的自家烘焙
豆濾紙手沖而成。以較多咖啡豆沖
煮出濃郁卻清爽的味道。

What is

奧澀谷

泛指從澀谷車站穿過東急百貨總店的神山町、宇田川町及富谷町一帶。遠離繁華的澀谷站前,多家沉靜咖啡館和藝廊隱身其間的新歡區域。

地鐵
代代木公園站
代代木公園
奧澀
谷區　　NHK
播放中心
東急百貨總店　　JR澀谷站
澀谷109

店家自傲的甜點

宇田川cafe suite

以繪畫和配件裝飾成女性喜愛的空間。手工甜點種類豐富是最合適的咖啡良伴。餐點菜色也很多樣,午間套餐含飲品不超過1000日圓,相當實惠。

🏠 澀谷區宇田川町33-331 Grand 東京會館1F ☎ 03-5784-3134 🕐 11:30~15:00、18:30~凌晨4:00 🅰 全年無休 🚃 JR澀谷站忠犬八公口步行約6分鐘

▶MAP P.14 B-2

手寫菜單是一大特色。

令人興奮不已的時髦裝潢

宇田川綜合咖啡552日圓、蛋糕460日圓~

優質咖啡POINT

委託京都老字號咖啡店「玉屋咖啡」依獨家配方製成的自有品牌咖啡。咖啡香氣豐富飽滿。

周末營業至凌晨。

原創三明治頗受好評

CAMELBACK sandwich & espresso

由前壽司師傅的三明治老闆,和曾在咖啡拉花名店修業的咖啡師共同經營的咖啡館。三明治配合餡料分別選用3間麵包店的法國麵包,相當講究。

🏠 澀谷區神山町42-2 KAMIYAMA大樓1F ☎ 03-6407-0069 🕐 9:00~19:00 🅰 週一 🚃 地鐵代代木公園站2號出口步行約7分鐘

▶MAP P.14 A-1

KAMIYAMA SHIBUYA TOKYO

三明治與咖啡超美味

顧客點餐後才精心製作。據說柚子或紫蘇葉等日式口味也值得一嘗。

Camel Black（美式咖啡）380日圓

自家火腿與搭川自家番茄乾生菜三明治900日圓（左）、玉子燒三明治350日圓（右）。

優質咖啡POINT

使用大量咖啡豆,視當天豆子狀況與天氣等進行調整。所有飲品都是以義式濃縮咖啡做基底調配而成。

充滿能量的活力街道

新宿
SHINJUKU

新宿是多條電車與地鐵路線的交會處，也是前往日本各地的公車發車站，為東京觀光的重要據點。就算同為新宿也會因地區和時間不同呈現各種面貌。

山手線
上野
新宿
東京
品川

本區路線指南

🚃 JR山手線、中央線、總武線、埼京線 新宿站
🚃 京王線、小田急線 新宿站
🚃 東京Metro ⓜ新宿站、ⓜⓜ新宿三丁目站
🚃 都營地鐵 新宿站、新宿三丁目站及其他

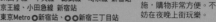

不夜城

擁有多家大型商業設施，購物非常方便。不妨在夜晚上街玩樂。

日：○ 夜：◎

高樓密集的街道。　照片：東京都提供

CHECK!

在新宿必做的 **5** 件事

1 免費參觀東京美景！先上東京都廳的展望室

>>> P.171　照片：東京都提供

天氣好時還可看見富士山。

2 在伊勢丹新宿店購買人氣甜點

>>> P.94

時髦西式甜點和可愛日式甜點最適合當伴手禮。

3 前往話題新景點，NEWoMan

>>> P.95

前往2016年春天開幕的大型複合商業設施尋找最新流行趨勢。

青梅街道
西新宿站
丸之內線
🏨新宿 Rose Garden Hotel
Ibis Hotel 🏨
新宿西口
東京醫大醫院✚
新宿警察署⊗
● I-Land Tower
新宿野村大樓
P.97
回憶横丁
🏨東京希爾頓飯店
北通
損害保險Japan ●
小田急HALC
● L Tower
三井大樓 ●
新宿中心大樓 ●
小E
● 鼈繭塔
● 新宿住友大樓
🏨東京凱悅飯店　都廳前站
都營大江戶線
中央通
博品館TOY PARK都廳店 P.171
🏛東京都廳 P.171
🏣新宿郵局
京王
● 京王廣場飯店
新
● 東京都議會議事堂
新宿LUMINE 1
Fureai
新宿Monolith ●
公園通
● 新宿NS大樓
● KDDi大樓
甲州街道
B 東京都廳
>>> P.171
京王新線
京王線
南通
P.209
🏨新宿華盛頓飯店
燦路都廣場飯店 ●
Maynds Towe

ACCESS

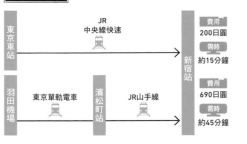

東京車站	JR 中央線快速 🚋	→	新宿站
羽田機場	東京單軌電車 🚋 — 濱松町站 — JR山手線 🚋	→	新宿站

費用 200日圓　需時 約15分鐘

費用 690日圓　需時 約45分鐘

🕐 經典路線　約6小時

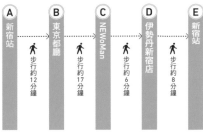

A 新宿站	B 東京都廳	C NEWoMan	D 伊勢丹新宿店	E 新宿站
🚶 步行約12分鐘	🚶 步行約17分鐘	🚶 步行約6分鐘	🚶 步行約8分鐘	

🚇 愛俱樂部總店 P.97

新宿站

🎦 新宿東寶影城
📷 新宿東寶大樓P.93

歌舞伎町　P.97

宿PePe
Jshikatsuaona
?141

機器人餐廳 P.96
📷
新宿區公所　📷 Hige Girl P.97
唐吉軻德　新宿黃金街　P.97

副都心線
明治通

N
0　50　100m

Park City伊勢丹 •
新宿Piccadilly •　• 新宿丸井男士館

D 伊勢丹新宿店
>>>P.94

伊勢丹新宿店 P.93,94,164

A F 新宿站

新宿中村屋　新宿末廣亭P.185
📷 DON底

新宿丸井本館
• 新宿丸井ONE
大塚家具店

LUMINE the 吉本
新宿LUMINE 2號館

新宿丸井
ANNEX

P.97
PLATINUM 📷

P95,164
NEWoMan

都營新宿線
新宿三丁目

🚉 新宿高島屋 P.93

新宿御苑

C NEWoMan
>>>P.95

JR埼京線　JR中央線

Must Spot

新宿高島屋

多家耳熟能詳的商店及餐廳聚集於此，是南口的地標。

🏠 澀谷區千馱谷5-24-2　☎ 03-5361-1111　⏰ 10：00〜20：00（週五、六〜20：30）　🏖 全年無休　🚃 JR新宿站新南驗票口步行2分鐘、MIRAINA TOWER驗票口步行約1分鐘

伊勢丹新宿店

除了本館外，男士館和伊勢丹會館等別館也是必逛去處。
>>> P.94

新宿東寶大樓

TM&©TOHO CO.,LTD.

巨大酷斯拉從內設電影院及飯店的大樓現身。

🏠 新宿區歌舞伎町1-19-1　⏰ & 🏖 依設施而異　🚃 JR新宿站東口步行約6分鐘

4 在不夜城
興奮看秀、
上俱樂部

✓

>>> P.96
夜晚的新宿活力四射！

5 去看人氣藝人！
到吉本興業
看現場搞笑劇

✓

位於南口LUMINE新宿店內的LUMINE the 吉本，每天都有現場搞笑表演。

在新宿必逛的伊勢丹百貨公司&NEWoMan

挑選世界級精品

想提升生活品味層次，請來新宿！到網羅世界各地嚴選精品的兩大百貨購物，增添生活色彩吧。

提供講究的
食衣住選項

伊勢丹新宿店

店內主打時尚感強的生活風格、食材、雜貨、美妝及珠寶等商品，由各領域專精的一流採購人員嚴選上架。獲得關注流行事物的都會女性支持。也會依季節舉辦各式活動。

美麗健康樓層「靚顏藥妝館」擺設倒落的展示區，令人眼睛一亮。

居家生活

親自試用後再購買
居家生活區 5F

陳列廚房用品等雜貨。可以親自試用、試喝（付費），享受體驗型購物樂趣。也會舉辦活動。

沖咖啡也可以很時尚。

Chemex
手沖咖啡濾壺
7000日圓

可試喝的吧台區。

美妝

保持美麗健康
靚顏藥妝區（Beauty Apothecary） B2F

陳列來自全世界的天然美妝品和食品。有多款展現及維持美麗的品項。

簡稱
Beapo

玫瑰果油（20ml）3800日圓
調整皮膚紋理呈現美肌光澤。

植物濃縮飲料（Herb Cordial，玫瑰果）2300日圓
順口的濃縮植物飲料。

美食

眾多絕品甜食
美饌食品區 B1F

也有伊勢丹限定品牌。

鮮果潘趣酒 491日圓

Fika餅乾
果醬餅乾
10片裝1000日圓

日式西式點心、麵包、熟食、調味料等應有盡有。部分店面提供內用服務，可在購物之餘稍作休息。
>>> P.164

適合當作手禮。

本館

1~4F 流行女裝		7F 餐廳
B1F 美食		6F 嬰幼兒
B2F 美妝		5F 居家生活、藝術

1886年開業

裝飾藝術風格濃厚的吸睛建築物

伊勢丹新宿店

🏠 新宿區新宿3-14-1 ☎ 03-3352-1111 🕐 10：30～20：00（部分店家除外）🈺 不固定 🚇 地鐵新宿三丁目站B3、B4號出口出站直達

▶ MAP P.19 E-2

風格沉穩。直通
JR新宿站。

風格沉穩。
直通JR新宿站。

What is

NEWoMan

2016年3月在新宿新南口區開幕的大型複合商城。有服飾、美食及美妝等約100家店面進駐，其中有8成是首度在新宿開店。有別於其他百貨公司，集結多家專為成熟人士而設的時尚名店。交通也很方便。

 美妝　宛如夢幻王國的精緻佳餚

SABON GOURMET `1F`

來自以色列的保養品牌，是SABON的「精緻佳餚」概念店。

☎ 03-3356-5577

店內提供產品試聞服務。

NEWoMan
店限定

閃蛋糕香皂
100g 926日圓～

好想大口吞掉的蛋糕造型香皂。

紅酒瓶裝沐浴精 5556日圓

要不要買一瓶來犒賞自己？

麵包店　知名主廚的麵包店

LE PAIN de Joël Robuchon `1F`

法國米其林三星主廚侯布雄（Joël Robuchon）經營的麵包店。附設可吃到剛出爐麵包的咖啡館。

☎ 03-5361-6950

嚴選食材做成多款鹹甜麵包。

NEWoMan店限定
紅酒燉牛肉麵包
470日圓

適合當午餐的份量。

像蛋糕般鬆軟

巧克力NEWoMan
1250日圓

好像可以買來當伴手禮。

餐廳　NY人氣咖啡館首度進軍日本

ROSEMARY'S TOKYO `6F`

在開放空間品嘗活用食材特色的義大利菜。天氣好時建議坐在戶外。

☎ 03-5361-7027　⏰ 11：00～22：00（飲料～22：30）

NY人氣菜色品項齊全。

2016年OPEN

話題店家林立值得一逛

NEWoMan

🏠 新宿區新宿4-1-6　☎ 03-3352-1120
⏰ 1～4、7F 11：00～22：00、2F站內商家8：00～22：00（依部分店家而異）、美食大廳7：00～凌晨4：00
不固定　🚉 JR新宿站Miraina Tower驗票口出站直達

▶ MAP P.19 D-3

▶ MAP P.19 D-3

JR新宿站新南	
6～7F	餐廳、戶外設施
5F	LUMINE 0
3～4F	巴士、計程車乘車處
2F	站內店、站外店、美食大廳

JR新宿Miraina Tower	
1～4F	流行服飾、美妝品、雜貨、餐廳、咖啡館

 可在NEWoMan 1樓的人氣咖啡館「藍瓶咖啡」，享用香氣濃郁的現沖咖啡。

玩翻不夜城！
High到最高點的表演&酒吧

新宿的夜晚五光十色，呈現出與白天截然不同的風貌。妖異魅惑的氣氛不停勾引大人的好奇心。
一窺特色十足的店家，沉浸在熱情氛圍中吧。

耗資100億日圓的巨大機器人登場，表演張力十足。

餐廳秀

從未體驗過的炫目耀眼！
機器人跳舞的臨場科幻娛樂

深受外國人歡迎！
來去機器人餐廳吧！
體驗令人興奮期待的表演。

等待室

在表演開始前，一邊觀賞機器人的現場演奏一邊等待。

入場

在霓虹燈閃爍的歌舞伎町中，燈光華麗的招牌十分醒目，增進看表演的期待心情。

壽司便當
1000日圓

表演開始

開始用餐沒多久，表演終於開始！

用餐選項有壽司或牛五花便當、醬燒牛肉便當等，費用另計。

用餐

融入和太鼓和歌舞伎等日式元素的表演，頗受外國人好評。

陷入奇幻世界
機器人餐廳

巨大機器人和舞群跳出張力十足的表演。音樂與燈光建構出壯觀世界舞台，值得一看。

🏠 新宿區歌舞伎町1-7-1新宿口機器人大樓B2F ☎ 03-3200-5500 ⏰ 16：00～23：00 休不固定 💴 表演門票8000日圓 🚃 JR新宿站東口步行約5分鐘
▶MAP P.19 E-1

廁所
超花俏！

【表演時間】
原則上一天4場，不過平日有些場次會停演。

第1場	16：00～
第2場	17：55～
第3場	19：50～
第4場	21：45～

事先購票
沒有預約可能無法入場，因此最好先上網預約。有些網站會有優惠，可以多加利用。

迷死你們

比女性更有女人味，幽默十足的舞者們。

陶醉在眾美女（？）的迷人舞蹈表演中……

人妖秀

【表演時間】
每週三～週六表演。請依時間入場。

第1場19：00～
第2場22：00～

或許能一起商量人生大事

強烈的視覺效果與性感舞蹈令人目不轉睛！

Hige Girl

超受歡迎的人妖酒吧。除了能近距離觀賞華麗表演外，還會舉辦各種有趣活動。

✦ 新宿區歌舞伎町1-2-8第2 Wizard Seven大樓5F　☎ 03-5292-1275　⏰ 18：00～凌晨1：00　🗓 週日（週一若遇假日照常營業，改至隔天公休）　💰 90分鐘 6150日圓～（限定酒類無限暢飲）　🚃 JR新宿站東口步行約9分鐘　▶MAP P.19 E-1

同志酒吧

要玩得開心喔

越夜越High的酒吧。

牛郎俱樂部

網羅70位紳士帥哥。

醒目的「愛」字大招牌。

志忘忘潛入日本為數不多的同志街新宿2丁目！

歡迎生面孔的知名酒吧

PLATINUM

會見到脫口說出「這哪招啊～」的Yasuko媽媽桑。一邊和活力十足的媽媽桑開心聊天一邊喝酒。

Pt プラチナ

一腳踏入歡樂世界。

✦ 新宿區新宿2-10-1江花大樓201　☎ 03-3358-6284　⏰ 20：00～凌晨5：00　🗓 週日　💰 2000日圓～（附飲料）　🚇 地鐵新宿三丁目C5出口步行約3分鐘

▶MAP P.19 F-2

沉醉在被帥哥包圍的公主氣氛裡

1971年起堅持高品質的俱樂部

愛俱樂部總店

現存最早的老字號牛郎俱樂部。絢爛華麗的裝潢與熱情接客的牛郎，令人臉紅心跳。

✦ 新宿區歌舞伎町2-22-5叙敘苑第2大樓B1F　☎ 03-3208-6435　⏰ 19：00～凌晨0：45　🗓 每月1、16號　💰 前2小時5000日圓（1瓶燒酒或白蘭地，無酒精飲料喝到飽）　🚃 JR新站東口步行約10分鐘

▶MAP P.19 E-1

What is

新宿餐飲街

新宿有居酒屋、酒吧和俱樂部等各式餐飲店。續攤幾家都開心。

通宵達旦的歡樂霓虹街

歌舞伎町

大小不一的餐飲店櫛比鱗次。從平價連鎖居酒屋到高級餐廳、豪華夜總會都有。只有這條街才有24小時營業的定食店。

深受眾多文化人士喜愛

新宿黃金街

花園神社後面的小巷弄裡，擠滿200多家小餐館。從年輕人聚集的休閒酒吧到媽媽桑相迎的老字號小酒館等，特色店家種類豐富。

煙氣與笑語繚繞

回憶橫丁

位於新宿西口面向大高架橋的路上。有整排掛著紅燈籠的串燒或燉菜攤位，充滿濃厚的昭和情懷。多家小店設有吧台區，可以和隔壁客人開心聊天。

歌舞伎町有許多餐飲店當街攬客。一旦被拉入店內，常有結帳等糾紛發生，務必要小心。

池袋

IKEBUKURO

境內擁有水族館和主題樂園等多處景點。動漫、遊戲或角色扮演等精采流行文化也不容錯過。一起浸淫在狂熱世界吧。

山手線
池袋 上野
新宿
東京
品川

本區路線指南
🚃 JR山手線 池袋站
🚃 東京Metro ●○● 池袋站、● 東池袋站
🚃 東武東上線 池袋站
🚃 西武池袋線 池袋站

在東口觀光&購物

日：◎　夜：◎

街上到了深夜還是很熱鬧，但景區或商店多在20：00關閉。

從太陽城觀景台看出去的視野。

CHECK!

在池袋必做的 **5** 件事

1 在太陽城 觀景台 玩個過癮！

>>> P.100

在SUNLIGHT馬戲團拍照留念。

彷彿置身雲端的「天空251」。

B 安利美特池袋總店
>>> P.102

📷 nico nico總公司
EVANGELION STORE TOKYO
P.103
P'PARCO
WACCA池袋

A E 池袋站

池袋丸井
BOOK AND BED TOKYO 🏨
P.208

東武百貨公司池袋店
P.99

🏬 PARCO池袋店

東京藝術劇場●

LUMINE 🛍

Metropolitan Hotel

🏬 西武池袋總店 P.99

有樂町線

JR山手線
JR埼京線
西武池袋線
明治通
池袋站
池袋站

2 在雲朵座位觀賞
柯尼卡美能達天文館令人感動的
夢幻星空。

>>> P.101

預約鬆軟的雲朵座位留下美好回憶。

3 在nico nico總公司
大口咬下
「漫畫肉」！

>>> P.102

地下室的nicocafe提供獨特原創料理。

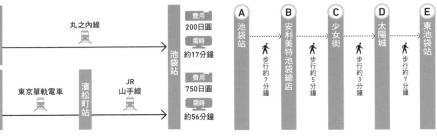

ACCESS

東京車站	→ 丸之內線 🚇 →	池袋站	費用 200日圓 / 需時 約17分鐘
羽田機場	東京單軌電車 🚆 → 濱松町站 → JR山手線 🚆 →	池袋站	費用 750日圓 / 需時 約56分鐘

🕐 經典路線　約5小時

| A 池袋站 | 🚶 步行約7分鐘 | B 安利美特池袋總店 | 🚶 步行約5分鐘 | C 少女街 | 🚶 步行約3分鐘 | D 太陽城 | 🚶 步行約7分鐘 | E 東池袋站 |

JR山手線、湘南新宿線

春日通

📷 管家咖啡館Swallowtail P.103
📷 少女街 P.103
丸之內線
K-BOOKS 池袋動漫館・生活館 P.103
太陽城 P.100
太陽城
王子飯店 H
📷 SKY CIRCUS 陽光60觀景台 P.19,100
P.101 柯尼卡美能達天文館「滿天」📷 in太陽城
P.101 陽光水族館 📷
東京寶可夢超進化中心 P.102
東池袋出入口
・文化會館
・古代東方博物館

D 太陽城 >>>P.100

東池袋站

副都心線 公所
首都高速公路池袋線
都電荒川線
東池袋四丁目

C 少女街 >>>P.103

2大百貨公司

西武池袋總店

網羅日本國內外流行品牌、專賣店的大型百貨公司。

🏠 豐島區南池袋1-28-1　☎ 03-3981-0111　🕐 10：00～21：00（週日、假日10：00～20：00）　🚉 各線池袋站出站直達

東武百貨公司 池袋店

號稱東京都內賣場面積最大的百貨公司。特色是商品種類齊全。

🏠 豐島區西池袋1-1-25　☎ 03-3981-2211　🕐 10：00～20：00、B2～3F、9、10F～21：00（週日、假日除外）　🚉 各線池袋站出站直達

4 在少女街的管家咖啡館當大小姐

>>> P.103

被型男當成貴婦大小姐伺候，就像來到新世界。

☑

5 在東武&西武百貨購物

直通車站的百貨公司，從美食到休閒服飾應有盡有。

☑

右側標籤：TOWN｜東京・丸之內｜東京晴空塔城｜淺草｜銀座｜六本木｜台場｜原宿・表參道｜澀谷｜新宿｜池袋｜上野

都會區的療癒時光
太陽城的美景巡禮

池袋地標太陽城是這一區最大的娛樂景點。有水族館、天文館及主題樂園等多種設施，讓人玩上一整天。

What is 太陽城

以陽光60大樓為中心，由5棟建築物構成的複合式商業設施。所有建築的低樓層相連，從一樓進入就像來到同一處。各大樓有專屬色彩，因此可依顏色指示尋找目的地。專賣店街alpa和位於World Impot Mart大樓的「ALTA」，集結了約250家商店及餐廳，用餐購物都很方便。

🏠 豐島區東池袋3-1 ☎ 03-3989-3331
🕐 依設施而異

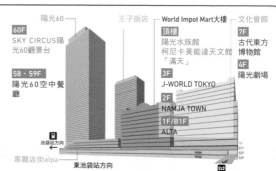

陽光60

60F
SKY CIRCUS陽光60觀景台

58・59F
陽光60空中餐廳

王子飯店

World Impot Mart大樓
頂樓
陽光水族館
柯尼卡美能達天文館「滿天」

3F
J-WORLD TOKYO

2F
NAMJA TOWN

1F/B1F
ALTA

文化會館
7F
古代東方博物館

4F
陽光劇場

池袋站方向
專賣店街alpa　東池袋站方向

絕景 視野×高科技 SKY CIRCUS

心動體驗

由光線、鏡子、風景交織而成的「kaleidoscape（萬花筒）」區，有個位於此地的拍照熱點「Mosaic sky」。

萬花筒般的無限分身
映在地板和天花板上的美麗影像與圖案，充滿奇幻感。

視野遼闊的馬賽克天空
牆上鑲嵌鏡子的觀景空間。也可看到晴空塔。

在陽光馬戲團拍張美照
用全像底片的光影藝術拍張最美的照片。

以「體感型觀景台」為概念

SKY CIRCUS 陽光60觀景台

陽光60的觀景台高度距離地面226.3m。運用高科技，由7個全新的空中體驗區組成。

🏠 陽光60大樓60F　☎ 03-3989-3457
🕐 10：00～21：00　公 不固定　💰 成人1800日圓、學生（高中、大學、專科）1500日圓、兒童（中小學生）900日圓、幼兒（4歲以上）500日圓、老人（65歲以上）1500日圓

▶ MAP P.26 C-1

大人也超滿足
無斑鷂鱝
難養育的魟魚。
雪花鴨嘴燕魟
身上有醒目的白色斑點。
豹紋鯊
淺黃色身體上有黑色斑點。
240t的大型水槽「陽光礁湖」。大人也超滿足

絕景 水族館×露天啤酒吧 陽光水族館

開放感十足的「空中綠洲」

陽光水族館

水族館位於大樓屋頂，在精心設計的展示區觀察水中生物。暑假期間會舉辦露天啤酒吧。

🏠 太陽城World Impot Mart大樓屋頂 ☎ 03-3989-3466 ㊫ 4～10月10：00～19：00、11月～3月10：00～17：00 ㊡ 全年無休 ㊮ 成人（高中生以上）2000日圓、兒童（中小學生）1000日圓、幼兒（4歲以上）700日圓、老人（65歲以上）1700日圓

▶MAP P.26 C-1

陽光環形水槽
可以從下方仰望海獅悠游在高2m30cm甜甜圈型水槽中的身影。

小爪水獺
可在Marin Garden看到。

南國露天啤酒吧
邊看企鵝邊喝啤酒（夏季限定）。

Kanaloa Café
推薦餐點是「小丑魚漢堡飯」797日圓。

絕景 星象儀×雲朵座位 柯尼卡美能達天文館

驚豔臨場感
草地座位
可以躺著欣賞星空的開放式座位。
雲朵座位
宛如乘著柔軟雲朵仰望星空。
坐在2015年12月推出的特別座，往太空出發吧。

五感同享的節目

スターナイト・ヒーリング
散發森林浴香氛的「療癒星象儀」。

和人氣歌手Superfly合作的作品。

令人屏息的真實星空

柯尼卡美能達天文館「滿天」in太陽城

透過立體影像和音響播出充滿震撼力的畫面。

導入最尖端機器與音響系統的新形態星象館。可上官網預約雲朵座位和草皮座位。

🏠 太陽城World Impot Mart大樓屋頂 ☎ 03-3989-3546（10：00～19：00）㊫ 11點場次～20點場次（依季節時有變動） ㊮ 依作品和座位區而異

▶MAP P.26 C-1

從池袋站到太陽城，走陽光街東急手創館旁的入口比較近。從東池袋站則有地下道連接，遇下雨很方便。

從動漫、遊戲、角色商品到主題咖啡館
沉溺「愛好」中無法自拔

池袋有少女街和安利美特，成為流行文化中心，十分繁榮。
購買最喜歡的漫畫或動漫商品，上概念咖啡館感受奇幻世界吧。

舉辦活動的攝影棚

還有吸引人潮的活動！

車站附近的次文化聖地
nico nico總公司

提供動畫上傳分享服務Niconico動畫的直營商店。在P'PARCO內重新開幕，設有攝影棚及活動空間。

⌂ 豐島區東池袋1-50-35池袋P'PARCO B1、B2F ☎ 03-3988-2525 ⊛ 11：00～20：15 ⊗ 各線池袋站東口、北口步行約1分鐘

▶MAP P.26 B-1

①

②

nicocafe

漫畫肉
926日圓

設有現場直播吧檯，結合網路和現實生活的新形態咖啡館。

參觀舉辦活動的攝影棚

有好多可愛的寶可夢
東京寶可夢超進化中心

寶可夢的官方商店，號稱擁有全日本最大的賣場面積。必看獨家原創商品。

⌂ 豐島區東池袋3-1-2太陽城專賣店街alpa 2F ☎ 03-5927-9290 ⊛ 10：00～20：00（比照專門店街alpa）⊛ 不固定 ⊗ 地鐵東池袋站步行約3分鐘

▶MAP P.26 C-1

④

③

⑤

皮卡丘坐姿玩偶
1200日圓

PIKA捲心餅
1200日圓

販售動漫商品

動漫周邊商品應有盡有
安利美特池袋總店

9層樓的大樓中，除了漫畫、角色商品、CD、DVD、遊戲等動漫周邊商品外，還販售同人誌與畫材。附近也有安利美特咖啡館。

⌂ 豐島區東池袋1-20-7 ☎ 03-3988-1351 ⊛ 10：00～21：00 ⊛ 全年無休 ⊗ 各線池袋站東口步行約5分鐘

▶MAP P.26 B-1

從整排建築物中脫穎而出的寶藍色大樓招牌，十分醒目。

©2016 Pokémon. ©1995-2016 Nintendo/Creatures Inc. /GAME FREAK inc.

What is 少女街

位於太陽城西邊的街道，俗稱少女街，販售女性動漫商品等次文化產品的小店林立。也有和動漫作品合作的餐飲店。

少女街是腐女聖地。

niconico本社 ①舉辦各項活動。②全部座位備有Wi-Fi及電源的nicocafe。東京寶可夢超進化中心 ③皮卡丘和超級噴火龍Y在門口迎接顧客。④這裡是入口。安利美特池袋總店⑤店內有成排的動漫商品。EVANGELION STORE TOKYO-01 ⑥讓粉絲著迷的多款商品。管家咖啡館Swallowtail ⑦外觀。⑧咖啡館的豪華內裝。K-BOOKS 池袋動漫館、生活館⑨醒目大招牌。

歡迎來到實體店面 ⑥

⑦

⑧

販售角色商品

新世紀福音戰士的官方商店
EVANGELION STORE TOKYO-01

位於P'PARCO內的店面。新世紀福音戰士的商品，服裝、飾品、雜貨等應有盡有，還有限定款商品。

🏠 豐島區東池袋1-50-35　☎ 03-5992-3310　🕚 11：00～21：00　㊏ 全年無休　🚉 各線池袋站東口步行約1分鐘

▶MAP P.26 B-1

資料夾 各250日圓

NERV馬克杯（初號機綠色）800日圓

©Khara

管家咖啡館

採完全預約制的人氣商店
管家咖啡館Swallowtail

由優秀男管家服務的咖啡館。在英式風格館內享用上選紅茶或餐點。

🏠 豐島區東池袋3-12-12止和大樓B1F　☎ 未公開　🕚 10：30～21：10※預約制　㊏ 上HP查詢　🚉 各線池袋站東口步行約9分鐘

▶MAP P.26 C-1

販售、收購動漫遊戲

アニメ館

K・BOOKS 2F アニメ・ライブ 1F ライ

動漫角色周邊商品齊全

多款少女遊戲軟體
K-BOOKS池袋動漫館・生活館

位於少女街，販售人氣動漫DVD及商品等。附近也有K-BOOKS的同人館、角色扮演館、VOICE館。

🏠 豐島區東池袋3-2-4 Koken Plaza　☎ 03-3985-5456　🕚 11：00～20：00　㊏ 全年無休　🚉 地鐵東池袋站步行約4分鐘

▶MAP P.26 C-1

⑨

挖掘珍藏品！

下午茶套餐「Anna Maria」3056日圓

歡迎回家

管家出來迎接。

上野

UENO

境內擁有寬廣的上野之森（上野恩賜公園）和不忍池。以上野動物園為首，美術館及博物館分布其間。散步結束到人潮川流不息的阿美橫丁購買超便宜商品。

山手線　上野
新宿
東京
品川

本區路線指南
- JR山手線、京濱東北線及其他 上野站、御徒町站
- 東京Metro ●上野站、●上野廣小路站、●湯島站及其他
- 都營地鐵 ●上野御徒町站

觀光結束後到阿美橫丁散步

日：◎　夜：◎
觀光行程以白天為主。美術館、博物館週一公休，請注意。

從上野公園口開始。

享受邊走邊吃及尋找小物樂趣的阿美橫丁。

在上野必做的 5 件事

CHECK!

上野動物園內的單軌電車
搭乘單軌電車輕鬆遊走在寬闊的上野動物園。

東京藝術大美

根筋小學

C 上野動物園
>>> P.106

上野高中

P105 上野恩賜公
P105,106 上野動物園東園站
單軌電車西園站
上野精養軒
P.109

不忍池
由3座水池組成，中間有弁天島。

N
0　100　200m

日本醫科大學
根筋神社

東大前站
南北線
本鄉通

安田講堂
東京大學
三四郎池

How to

東西Megurin
繞行台東區的循環巴士。有北、南、東西、南北Gruri 4條路線，也會經過淺草。

千代田線

東大附設醫院

P.109
Kamakura上野之森櫻花露台店

弁天堂
西鄉隆盛像
P.105

不忍池

D 阿美橫丁
>>> P.110

都營大江戶線
春日

1 去上野動物園看人氣明星！
>>> P.106

最想看到貓熊。

2 前往日本引以為傲的美術館&博物館
>>> P.108

大人也盡興的國立科學博物館。

西洋美術館的柯比意建築也是必看重點！

3 在人聲鼎沸的阿美橫丁購物
>>> P.110

因為便宜不知不覺就買太多了！

前往擠滿400多家商店，活力十足的阿美橫丁。

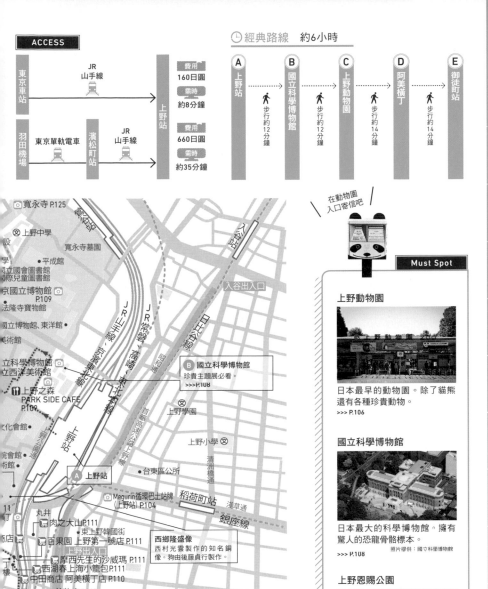

ACCESS

| 東京車站 | —JR 山手線→ | 上野站 | 費用 160日圓 / 需時 約8分鐘 |

| 羽田機場 | —東京單軌電車→ 濱松町站 —JR 山手線→ | 上野站 | 費用 660日圓 / 需時 約35分鐘 |

⏱ **經典路線　約6小時**

- Ⓐ 上野站 　步行約12分鐘
- Ⓑ 國立科學博物館 　步行約12分鐘
- Ⓒ 上野動物園 　步行約14分鐘
- Ⓓ 阿美橫丁 　步行約14分鐘
- Ⓔ 御徒町站

在動物園入口寄信吧

Must Spot

上野動物園
日本最早的動物園。除了貓熊還有各種珍貴動物。
>>> P.106

國立科學博物館
日本最大的科學博物館。擁有驚人的恐龍骨骼標本。
照片提供：國立科學博物館
>>> P.108

上野恩賜公園
位於上野車站西邊的公園，是春天的賞櫻名所。
🏠 台東區上野公園　☎ 03-3828-5644　🕐 5：00～23：00　🚉 JR 上野公園口步行約1分鐘

◎寬永寺 P.125
◎上野中學
　寬永寺墓園
設
學 ●平成館
立國會圖書館
際兒童圖書館
京國立博物館 📷 P.109
●法隆寺寶物館
立博物館、東洋館●
美術館
立科學博物館 📷
立西洋美術館●
◎上野之森
　PARK SIDE CAFE P.109
化會館●
完館▫
物館▫

入谷出入口

Ⓑ 國立科學博物館
珍貴主題展必看。
>>> P.108

上野學園
上野小學 ⊗
●台東區公所
丸井
📷 Megurin循環巴士站牌（上野站）P.104

稲荷町站 淺草通
清洲橋通
銀座線

Ⓐ 上野站

西鄉隆盛像
西村光雲製作的知名銅像。狗由後藤貞行製作。

肉之大山 P.111
●東上野韓國街
百果園 上野第一號店 P.111
摩西先生的沙威瑪 P.111
西湖春上海小籠包 P.111
中田商店 阿美橫丁1店 P.110
Canary美妝店 P.110
Ⓔ 御徒町站

白鷗高中 ⊗

4 大啖阿美橫丁B級美食！
>>> P.111
也有充滿民族特色的B級美食。

有很多讓人忍不住買來品嘗的小吃。

5 去見「西鄉殿下」

和在戰火中守護江戶的西鄉大人打招呼。

🚶 TOWN

東京·丸之內
東京晴空塔城
淺草
銀座
六本木
台場
原宿 表參道
澀谷
新宿
池袋
上野

在上野車站東南邊有韓國人多的「東上野韓國城」（▶MAP P.23 E-2），是少有人知的燒烤店聚集區。　105

認識7大可愛動物！
觀賞上野動物園的人氣動物

喜歡動物的人一定要來上野動物園。來自世界各地的各種動物生活在森林環繞的廣大綠地上。從必看人氣動物到少見稀有動物，和上野動物園的成員見個面吧！

東園 靠近上野車站這邊的是東園。一入園馬上就能看到動物園的當紅明星。

1 動物園人氣No.1

大貓熊

2011年進駐的2隻貓熊是上野動物園的明星。可愛的模樣和動作令人目不轉睛。

認識我們

棲息地位於中國西南部山區。除了竹子也吃昆蟲或小動物等。一天中花很多時間進食。

力力

2005年8月16日出生，雄性。性格穩重。

真真

2005年7月3日出生。是擁有漂亮圓臉的母貓熊。

P 參觀重點 2小時餵食一次。抓緊15：00以後遊客減少的時段參觀。

2 外表帥氣擁有眾多粉絲

大猩猩・老虎

西部低地大猩猩群與蘇門答臘虎生活在與棲息地相似的環境中。

P 參觀重點 大猩猩是群體動物。仔細觀察每一隻的動作吧。

3 引人注目的水中姿態

北極熊

在接近自然的寬敞空間住著2頭北極熊。雌性北極熊Dea和為了繁衍下一代而搬來住的雄性Ikoro。

活力旺盛的泳姿充滿震撼力。仔細欣賞水中姿態。
P 參觀重點

遊客人數日本第一
上野動物園

1882年（明治15年）創立的動物園。飼養及展示來自世界各地的動物，除了貓熊還有指猴和侏儒河馬等多種稀有動物。分成東園和西園，步行之外也可坐單軌電車穿梭園中。

🏠 台東區上野公園9-83　☎ 03-3828-5171　🕐 9：30～16：00　㊡ 週一（若遇假日則順延至隔天）　💰 一般票600日圓（含稅）　🚉 JR上野站公園口步行約5分鐘

▶ MAP P.23 D-2

P 參觀重點 動物園有公象也有母象，注意看公象的大象牙吧。

4 觀賞把長鼻子當工具的情景

大象

群居生活的亞洲象。看到牠們玩水或玩沙的模樣超lucky。

西園

動物園通的西邊區域。主要展示非洲動物，不忍池岸邊有眾多鳥類。

P 參觀重點
仔細觀察像長頸鹿的臉及像斑馬的腳。

人氣沸騰的「不動鳥」

鯨頭鸛

棲息於非洲中部的大型鳥類。同時具備鷺科、東方白鸛及鵜鶘的特徵。

令人著迷的優雅姿態

長頸鹿

陸地最高動物，從頭到腳高4.5～5.8m。細分12個亞種，樣貌上各有些微差異。

P 參觀重點
記得看牠幽默的表情和頭部後方像是睡醒亂翹的羽毛！

P 參觀重點
觀賞長頸鹿用長舌頭捲住樹葉拔卜進嘴的樣子。

別名森林貴婦

㺢㹢狓

和大貓熊及侏儒河馬並列世界三大稀有動物。1901年（明治34年）發現。

（地圖）
池之端門 | 侏儒河馬 | 非洲動物 | 北極熊與海豹之海
西園食堂 | Bird Song餐廳
團體導覽集合地點 | 單軌電車車站
大猩猩、老虎居住森林
南園鹿與海豹之海 | 猴山 | 熊貓之丘
指猴居住森林
指猴居住森林 | 單軌電車西園站 | 猴子
Petit Chameleon禮品店 | 兒童動物園 | 大象居住森林
Chameleon咖啡館 | 水獺
水禽 | Little Trunk禮品店
伊布橋 | 團體導覽集合地點★
西園 | 兩棲爬蟲館中心
東園 | 日本動物
紅門

How to
2小時逛一圈的訣竅

此處介紹的路線如下，先逛東園，依貓熊→水獺→老虎→大猩猩→北極熊→大象→猴子繞一圈後前往西園。看完㺢㹢狓、長頸鹿及鯨頭鸛等動物後從池之端門離開，就能在2小時內參觀到最受歡迎的7大明星。動物園一開門就入場吧。

貓熊美食&商品

竹皮貓熊便當
一打開竹籃就是可愛的貓熊臉！
Chameleon咖啡館（西園）
537日圓

貓熊寶寶相框磁鐵
貓熊臉部可放入照片。
Little Trunk | Petit Chameleon
600日圓

1600日圓

貓熊鬆餅
蓬鬆柔軟的鬆餅。貓熊圖案的巧克力好可愛。
西園食堂

動物樂園印花手巾
印有動物花紋與腳印的手巾。
Little Trunk | Petit Chameleon
各500日圓

貓熊布偶鑰匙圈
2隻貓熊相親相愛的鑰匙圈。
Little Trunk | Petit Chameleon
426日圓

在綠意盎然的上野恩賜公園

遇見恐龍化石和〈沉思者〉

來上野一定要參觀藏有珍貴文化資產、自然遺產及知名作品的博物館。趕緊出門欣賞豐富展示品和美麗藝術品吧。

充滿震懾感的恐龍化石！
令人讚嘆不已的大博物館

骨板突起的三角龍

巨大肉食性恐龍
暴龍

後頭骨厚實，呈圓弧狀向上拱起的
腫頭龍

沉浸在科學世界中

國立科學博物館

展出自然史和科學技術史相關展品的綜合性科學博物館。由地球館和日本館組成。館內有暴龍的全身骨架（實物）、絕種的日本狼標本及系川小行星的塵埃微粒等珍貴藏品。

⌂ 台東區上野公園7-20　☎ 03-5777-8600（語音服務）　🕘 9：00～16：30（週五、六～19：30）　休 週一（若遇假日則順延至隔天）　💴 620日圓（含稅）　Ⓜ JR上野站公園口步行約5分鐘

▶ MAP P.23 E-1

了解日本人的昔日生活。

地球館地下1樓，展示多款恐龍骨骼標本。

地球館3樓展出許多哺乳類和鳥類標本。

日本館2樓的忠犬八公標本。

建築物必看
1931年（昭和6年）完工的日本館是日本重要文化資產。擁有美麗圓頂。

Museum Shop

馬克杯
三角龍圖案杯。倒入熱水就會出現骨架。

各602日圓

各1600日圓

原創托特包
圖案是博物館展品的可愛托特包。

奶油&紅豆餡小餅乾
紙盒上畫有「日本館」的代表性展品。

1100日圓

呈現晴朗天空的藍色。

僅畫出水面展現美感。

馬內，〈布倫先生肖像〉1879年左右 油彩、畫布

戴高禮帽的富有男士。

〈沉思者〉必看

國立西洋美術館

以企業家松方幸次郎的收藏品為主，展出中世紀末到20世紀初的西洋藝術品。可欣賞到知名藝術家的作品。

⌂ 台東區上野公園7-7 ☎ 03-5777-8600（語音服務）🕐 9：30～17：00（冬季～16：30）、週五～19：30 休 週一（若遇假日則順延至隔天）🎫 常設展430日圓（含稅）🚉 JR上野站公園口步行約1分鐘

▶MAP P.23 E-2

©國立西洋美術館

莫內，〈睡蓮〉1916年 油彩、畫布、松方收藏品

〈沉思者〉在這裡！

羅丹，〈地獄之門〉1880～1890年間／1917年（原型）1930～1933年（鑄造品）青銅 松方收藏品

主題是但丁的〈神曲〉。

巴黎裝飾藝術美術館入口的大門。

©上野則宏／©國立西洋美術館

建築物必看

1959年（昭和34年）建造。知名建築師柯比意設計。以「柯比意的建築作品」入選世界遺產。

建築物本身也值得一看。
©國立西洋美術館

收藏亞洲優秀美術品

東京國立博物館

建於1872年（明治5年），是日本國內最古老的博物館。區分為主要展示日本美術的本館、西洋藝術的東洋館等6個展示廳。

⌂ 台東區上野公園13-9 ☎ 03-5777-8600（語音服務）🕐 9：30～16：30、週五、六～20：00、4月到9月的週日、假日～18：00（依時期而異）休 週一（若遇假日順延至隔天，依展覽或時期而異）🎫 620日圓（含稅）🚉 JR上野站公園口步行約10分鐘 ▶MAP P.23 E-1

本館11廳展示以佛像為主的雕刻品。
照片提供：東京國立博物館

建築物必看

本館是重要文化資產。採用水泥建築鋪瓦片屋頂的日西合璧樣式。

經常更換展品。
照片提供：東京國立博物館

陶俑 掛甲武士 國寶 群馬縣太田市飯塚町出土 古墳時代，6世紀
東京國立博物館藏

了解古墳時代後期東國武士服裝的珍貴資料。
照片提供：東京國立博物館

龍首水瓶 國寶 飛鳥時代，7世紀 東京國立博物館藏

瓶蓋是龍頭形狀，瓶身刻有4頭飛馬。全年展示於法隆寺寶物館第5廳。

休息區！

只在綠地寬敞的上野才有的愜意休息區。

品嘗貓熊造型美食

Kamakura 上野之森 櫻花露台店

嚴選當季食材的日式餐館。只有上野店才吃得到兒童餐或生日蛋糕等貓熊造型菜色。

⌂ 台東區上野公園1-54 B1 ☎ 03-5817-7197 🕐 11：00～22：30（每天不同）休 全年無休 🚉 JR上野站不忍口出站直達 ▶MAP P.23 E-2

香濃貓熊奶酪 734日圓

「漂綠」主題咖啡館

上野之森 PARK SIDE CAFE

品嘗添加大量當季蔬菜的義大利麵等西式餐點。店內採用天然木質裝潢，相當舒適。甜點與香草茶也頗受好評。

⌂ 台東區上野公園8-4 ☎ 03-5815-8251 🕐 10：00～20：00（週六、日、假日9：00～）休 全年無休 🚉 JR上野站公園口步行約3分鐘 ▶MAP P.23 E-2

新綠季節坐在露天點心情更是舒暢。

森林花園三明治 1590日圓

1872年（明治5年）開業的老店

上野精養軒

明治時代名人也曾造訪的西餐廳。有高格調的「Grill Fukushima」與氣氛輕鬆的「Caferant Le Landaulet」2家店。

⌂ 台東區上野4-58 ☎ 03-3821-2181 🕐 Grill Fukushima 11：00～21：00、Caferant Le Landaulet 10：00～20：00 休 全年無休 🚉 JR上野站公園口步行約5分鐘 ▶MAP P.23 E-2

燉牛肉套餐 2700日圓

五花八門的景象令人既興奮又期待

在商店林立的阿美橫丁逛街

參觀完上野的必遊景點後前往阿美橫丁。在東京之外很少見到這麼熱鬧的商店街。
一邊吃阿美橫丁的小吃，一邊尋找稀有商品吧。

前往迷宮般深不可測的世界！

點心、乾貨、海鮮及
服飾等各式商家比鄰
而立。

志村商店

到底有多便宜？

阿美橫丁的叫賣名店，主要販
售巧克力。老闆一邊吆喝一邊
再塞入巧克力。光看老闆和顧
客的互動就很有趣。

☎ 03-3831-2454
⊕ 10：00〜19：00
㉿ 全年無休
▶ MAP P.23 E-2

深度
★★
平時少見
的銷售方法
相當新奇！

成堆的巧克力居
然只要1000日
圓！

深度
★★★
奇怪的氣氛
令人忍不住
腿軟！？

知名軍用品店

中田商店
阿美橫丁店

販售世界各國軍隊流出物資的
商店。兼具功能與時尚的優質
軍用品，擁有大批年輕男性粉
絲。皮衣、T恤及風衣等基本
款商品種類也很豐富。

☎ 03-3831-5154
⊕ 10：00〜20：00
㉿ 全年無休
▶ MAP P.23 E-3

SHOPPING

在熱鬧滾滾的阿美橫丁挖寶！

用了這個你也
能變漂亮！

1962年（昭和37年）開業的美妝店

Canary美妝店

販售日本國內外各家化妝品的商店。JR
高架橋下的商店內，貨架上擠滿密密麻
麻的商品。

每樣都便宜的
高級化妝品！

☎ 03-3831-5141　⊕ 10：00〜19：30
㉿ 全年無休　▶ MAP P.23 E-3

深度
★
雖然店內環境
特殊，但對女性
相當友善。

多款堅固耐用的軍用品。

好多有趣商品！

What is

阿美橫丁

上野站到御徒町站之間的商店街，正式名稱是阿美橫丁商店街。這裡原本是戰後黑市。有400家店緊鄰而立，擠滿前來採購便宜商品和飲食的人潮。

☎ 03-3832-5053（阿美橫丁商店街工會） ㈥ 依店家而異

阿美橫丁的吉祥物，阿美殿下

2010年登場的謎樣生物。據說是鎮守在中央大樓前保佑生意興隆的神明「旺仔像」化身而成。喜歡喧鬧的阿美橫丁，怪癖是一興奮起來就抓到什麼就咬。不過對女性和兒童則很溫柔，聽說從不拒絕握手或合照的要求。

阿美殿下

旺仔像

在阿美橫丁出沒！？
1987年（昭和62年）設置在中央大樓前的石像。

來來來，便宜賣便宜賣！

也能點牛肉雞肉綜合款！

EAT

超多阿美橫丁才有的散步美食＆名產

深度 ★
挑戰一下上野特有的立飲。

搭配炸物喝上1杯！

肉之大山

上等肉店直營店。以便宜價格就能品嘗到份量十足且多汁的炸物。串燒與燉菜也很美味。還有立飲區。

☎ 03-3831-9007 ㈡ 11：00～22：00 ㈥ 全年無休
▶ MAP P.23 E-2

炸肉餅
200日圓

大山牛排定食
950日圓

道地土耳其沙威瑪

摩西先生的沙威瑪

在阿美橫丁擁有3家店面的人氣小吃。在口袋餅中放入牛肉、雞肉或蔬菜等餡料的沙威瑪十分美味。醬料有5種辣度可選。

☎ 03-3837-4774 ㈡ 9：00～21：30 ㈥ 全年無休
▶ MAP P.23 E-3

份量十足的沙威瑪
500日圓

深度 ★
口味道地的小吃店。也有座位區。

吃了就會上癮喔♪

以切片水果當甜點

百果園 上野第一號店

水果專賣店。店頭販售用竹籤串起的當季水果切片。價格實惠很適合散步時吃。

☎ 03-3832-2625 ㈡ 10：00～19：00 ㈥ 週三
▶ MAP P.23 E-3

新鮮草莓與大片香瓜

200日圓（含稅）

100日圓（含稅）

水煎包名產

西湖春上海小籠包

品嘗道地中式小吃的商店。從香脆外皮流出熱騰騰的湯汁，是店內最受歡迎的水煎包。

☎ 080-4835-5288 ㈡ 10：00～20：00 ㈥ 全年無休 ▶ MAP P.23 E-3

1個100日圓

阿美橫丁一到年底就會湧入採購人潮，非常擁擠。這段期間逛起來很不自在，若要來訪得有心理準備。

貓刑警Hare太朗
走遍天涯海角也要逮到鼠輩Tabi阿吉。性格上是家貓特有的虎頭蛇尾！？

鼠輩Tabi阿吉
活躍於日本各地的起司小偷。起司小偷逃到哪了！？

在東京有些車站就算站名相同，也要花時間轉乘。東京車站的JR京葉線和其他路線隔很遠。另外，5條地鐵線通過的大手町站也要走上一段路。還有，大江戶線和副都心線等最近通車的路線位於地下深處，要花點時間才走得到地面上。請預留足夠時間轉乘。

WALK

👣 HOW TO WALK AROUND TOWN

東京「逛街」事件簿

不管是東京居民首選的約會地點，還是榜上有名的觀景台，都能感受到日夜風情各異的東京。

事件 1

想從高處一覽東京大都會街景！
哪裡有這樣的觀景台？

解決 除了收費觀景台外，還有多處免費景點。選個喜歡的地方吧。

在複合式商業大樓肯定會有收費觀景區。但是，也有當地人才知道的無名祕密觀景台或觀景室。人人都能來而且還免費開放。

收費知名觀景台
- 東京晴空塔天望甲板 >>> P.36 `2060日圓等`
- 東京鐵塔瞭望台 >>> P.170 `700日圓等`
- 六本木新城觀景台東京 City View Sky Deck >>> P.62 `2000日圓等`
- 世界貿易中心大樓 Seaside Top 平價私房景點 >>> P.170 `620日圓等`

免費觀景台

∞ 划算的私房景點　　　　　※門票皆含稅

東京都廳展望室 >>> P.171

45樓

高　度 ★★★★★
氣　氛 ★★★
獨家性 ★★★
👁 東京晴空塔、東京鐵塔、新宿公園塔、富士山等。
照片：東京都提供

文京Civic Center

25樓

©Bunkyo city

↑ 文京區春日1-16-21
☎ 03-3812-7111（代表號）
⏰ 9：00～20：30　休 5月第3週週日　地鐵後樂園站、春日站步行約1分鐘
▶MAP P.27

高　度 ★★★
氣　氛 ★★
獨家性 ★★★★
👁 東京晴空塔、新宿副都心高樓群、富士山、筑波山等。

三軒茶屋紅蘿蔔塔（Carrot Tower）

26樓

↑ 世田谷區太子堂4-1-1 ☎ 03-5430-1185　⏰ 9：30～23：00　休 第2週週三　東急世田谷線三軒茶屋站出站直達
▶MAP P.4 B-2

高　度 ★★★★
氣　氛 ★★★★
獨家性 ★★★
👁 東京西部、丹澤山群、富士山等。

Caretta汐留 觀景區

46樓

↑ 港區東新橋1-8-2
☎ 03-6218-2100　⏰ 11：00～23：00　休 全年無休　地鐵汐留站6號出口步行約1分鐘
▶MAP P.25 D-1

高　度 ★★★★★
氣　氛 ★★★
獨家性 ★★★
👁 台場、彩虹大橋、東京京門大橋等。

事件 2

今天是東京之旅的最後一天，
玩得滿身大汗。
好想神清氣爽地回家！

好想趕快
洗個澡！

解決　查看可稍事休息的地點。

CHECK Out後還想多逛一下。夏天姑且不論，就算是冬天也
走得滿身大汗。這時最方便的是有個放鬆空間。東京車站、
新宿站及羽田機場等大站附近都有各種休息區，好好利用一
下吧。

推薦這裡！

在下町澡堂
輕鬆恢復精神

東京也有風情澡堂，時間允許
的話可以試試看。另外因為商
務旅館等處的浴室很窄，建議
到澡堂泡澡。

位於淺草的蛇骨湯。

蛇骨湯
🏠 台東區淺草1-11-11　☎ 03-3841-8645　🕐 13：00～24：00　🚫
週二　💴 460日圓（含稅）　🚇 地鐵田原町站3號出口步行約3分鐘
▶ MAP P.10 B-2

車站內和機場旁方便使用的舒適休息區

東京

沖個澡
清爽一下

從東京車站步行約3分
鐘。
地理位置優越的休息區。

女性使
用者多！

在東京VIP LOUGE放鬆身心

國道巴士公司經營的休息室。備有淋
浴間、手機及電腦免費充電區、大客
廳、榻榻米室、按摩椅和漫畫室等設
備完善。

東京VIP LOUGE
🏠 中央區八重洲1-5-9八
重洲AMEREX大樓2F、3F
☎ 03-3548-0146　🚫 全
年無休　💴 1小時300日
圓（含稅）～　🚇 JR東
京車站八重洲北口步行
約3分鐘
▶ MAP P.7 D-2

寬敞的化妝室頗受女
性歡迎。

新宿

喝杯
香濃咖啡

搭晚班或早班巴士時很方便。
推薦給BUSTA新宿的旅客。

直通BUSTA
新宿！

**在NEWoMan的話題咖啡館或餐廳
歇息片刻**

以7：00開到凌晨4：00的麵包店&餐
廳「澤村」、生蠔吧「wharf」為
首，還有「藍瓶咖啡」、「LE CAFÉ
de Joël Robuchon」等多家人氣店家
齊聚於此。

NEWoMan >>> P.95

侯布雄的咖啡館8：00開
店。

羽田機場

享受舒緩身心
的天然溫泉

到羽田機場車程約20分鐘。
有多班前往羽田機場的免費
接駁車。

24小時
營業！

**前往東京都內首屈一指，自地下
2000m湧出的天然溫泉「和平
島」**

以天然溫泉的大浴池為首，備有三溫
暖烤箱、休息室、按摩椅及餐廳等完
善溫泉設施。還有前往羽田機場的免
費接駁車等多種方便遊客利用的服
務。

天然溫泉「和平島」
🏠 大田區平和島1-1-1 BIGFUN和平島2F
☎ 03-3768-9121　🕐 24小時　🚫 全年無休
💴 大人1800日圓（週六、日、假日2100
日圓）　🚇 京急平和島搭巴士（100日
圓巴士）約3分鐘 ※費用含稅
▶ MAP P.4 C-3

高濃度碳酸泉區設有
電視，可以放鬆一
下。

特色小店林立的時髦美食區

代官山·惠比壽
Daikanyama·Ebisu

擁有許多個性商店和咖啡館的時尚大人街。
自在悠閒地漫步其間。

路人也都打扮入時！

1

DAIKANYAMA·EBISU
在綠意盎然的代官山散步、購物&喝下午茶

代官山氣氛優雅，走在枝葉扶疏的大街上，心情無比舒暢。尋找藏身在巷弄裡的小店也饒富興味。

用於裝飾每日生活的雜貨

& STYLE STORE Ⓐ

採購人員精挑細選的餐具或嬰兒用品等高品味雜貨琳琅滿目。

🏠 澀谷區代官山町20-23 TENOHA DAIKANYAMA
☎ 03-5784-0741 ⏰ 11：00～20：00 ㊡ 全年無休 🚃 東急東橫線代官山站北口步行約3分鐘
▶MAP P.16 C-2

白山陶器收納盒

2667日圓

18000日圓

可愛熊杯

首飾盒

店內空間開放時尚。

勾起大人好奇心的幸福空間

代官山 蔦屋書店 Ⓑ

書籍、電影及音樂專業顧問常駐於此。也能在附設咖啡館試讀書本。

🏠 澀谷區猿樂町17-5 ☎ 03-3770-2525
⏰ 1F 7：00～凌晨2：00、2F 9：00～凌晨2：00 ㊡ 不固定 🚃 東急東橫線代官山站正面口步行約5分鐘
▶MAP P.16 B-2

位於T-SITE。

利用蔬菜的力量讓身體從內美到外！

CLEANSING CAFE Daikanyama Ⓒ

榨取蔬果製成冷壓蔬果汁的專賣店。

🏠 澀谷區猿樂町22-12 ☎ 03-6277-5336
⏰ 10：00～19：00 ㊡ 不固定
🚃 東急東橫線代官山站北西口步行約4分鐘
▶MAP P.16 B-1

利用專業機器完整抽取食材營養。

1瓶相當於1kg蔬菜量！

超受歡迎的蘋果派和起司蛋糕

Matsunosuke N.Y. Ⓓ

糕點研究專家平野顯子經營的派與蛋糕專賣店。

🏠 澀谷區猿樂町29-9 HILLSIDE TERRACE D棟11 ☎ 03-5728-3868
⏰ 9：00～17：00 週一 🚃 東急東橫線代官山站正面口步行約4分鐘
▶MAP P.16 B-2

酸奶油蘋果派

481日圓

各種啤酒種類齊全

SPRING VALLEY BREWERY東京 Ⓔ

品嘗附設釀酒廠剛製成的精釀啤酒。

🏠 澀谷區代官山町13-1 LOG ROAD代官山內 ☎ 03-6416-4960 ⏰ 8：00～17：00 ㊡ 全年無休 🚃 東急東橫線代官山站正面口步行約4分鐘
▶MAP P.16 C-1

搭配啤酒的下酒菜種類也很豐富。

1196日圓

品嘗各種啤酒的搭配套餐。

P.163 代官山小川軒
P.144 KING GEORGE
LOG ROAD代官山
P.116 SPRING VALLEY BREWERY 東京
P.116 CLEANSING CAFE Daikanyama Ⓒ
La Fuente 代官山
代官山町
P.116 代官山蔦屋書店 Ⓑ
代官山 Address
猿樂町
Ⓐ & STYLE STORE
TENOHA DAIKANYAMA
P.116 Matsunosuke N.Y. Ⓓ
代官山 Plaza
代官山站
P.158 MAISON DE REEFUR
舊朝倉家住宅
綠意盎然的複合式商業設施TENOHA
Hugo Desnoyer 惠比壽店
P.141
中目黑站
話題商店林 LOG ROAD
目黑川

WALK

代官山・惠比壽

自由之丘

神樂坂

谷根千

日本橋

築地

ACCESS

東京車站	JR山手線 →	惠比壽站	JR山手線 →	澀谷站	東京東橫線 → 代官山站

費用 330日圓
需時 約35分鐘

羽田機場	東京單軌電車 →	濱松町站	JR山手線 →	惠比壽站	JR山手線 →	澀谷站 東京東橫線 → 代官山站

費用 790日圓
需時 約53分鐘

山手線
新宿
東京
惠比壽
代官山
品川

本區路線指南
🚉 JR山手線・埼京線 惠比壽站
🚉 東京Metro ◎ 惠比壽站
🚉 東急東橫線 代官山站

高質感的大人街道

日：◎ 夜：○
有許多善用周遭綠景的商店，建議在白天時逛街。

附設惠比壽啤酒紀念館。

DAIKANYAMA・EBISU

在大人美食街 惠比壽閒逛

味道氣氛絕佳的商店遍布此區！從高級餐廳到休閒咖啡館種類豐富，依心情挑選吧。

2

建議！
搭乘經過代官山、惠比壽、澀谷的八公巴士很方便
>>> P.85

0 50 100m

惠比壽
PRIME SQUARE

加藤商店 肉壽司 P.140
惠比壽橫丁
JAPANESE ICE 櫻花 P.117
Atré惠比壽

P.180 惠比壽啤酒紀念館
P.117 國際自助餐廳
「THE TERRACE」 G
P.117 惠比壽花園廣場 F
東京都
寫真美術館
東京威斯汀飯店 H

研究所

視野良好的觀景區
惠比壽花園廣場 F
集結百貨公司、餐廳、飯店及電影院的惠比壽地標。

🏠 澀谷區惠比壽4-20、◎、⑲、依店家而異 ⊗ JR惠比壽站東口步行約5分鐘（經由電動步道Sky Walk）
▶ MAP P.17 E-3～F-3

東京威斯汀飯店內的餐廳
國際自助餐廳「THE TERRACE」 G
配合季節提供豐富菜色的自助餐頗受好評。

寬敞大廳與開放式廚房展現絕佳空間感。

🏠 目黑區三田1-4-1惠比壽花園廣場內東京威斯汀飯店1F ☎ 03-5423-7778
⑲ 6：30～21：30 ㊡ 全年無休 ⊗ JR惠比壽站東口步行約7分鐘
▶ MAP P.17 F-3

柔和的日式口味
JAPANESE ICE櫻花 H
可吃到使用當季食材製成的12種冰淇淋。

可選3種喜愛口味的小杯冰淇淋。

371日圓

🏠 澀谷區惠比壽1-6-6土田大樓1F ☎ 03-5449-0037 ⑲ 3～10月11：00～23：00、11～2月12：00～22：45 ㊡ 全年無休 ⊗ JR惠比壽站西口步行約3分鐘
▶ MAP P.17 E-2

自由之丘
Jiyugaoka

拿著咖啡走在街上也頗富情趣。

有多家風格小店。

自由之丘是眼光獨到的貴婦聚集處。
從食材到雜貨、家具等，網羅日本國內外的優質商品。

● 862日圓

人氣甜品古桑庵抹茶白玉紅豆湯。

以舊布做成的擺飾人偶。

由夏目漱石長女筆子的先生，小說家松岡讓命名。使用桑樹舊建材蓋成的建築物。

在日本屋舍品嘗日式甜點
古桑庵 Ⓐ

在1954年（昭和29年）建造的茶室經營的甜點舖。一邊從和室眺望庭院景致，一邊休息片刻。

🏠 目黑區自由之丘1-24-23
☎ 03-3718-4203　🕚 11：00～18：00
㊡ 週三　🚋 東急東橫線、大井町線自由之丘站正面口步行約5分鐘
▶ MAP P.26 B-2

● 862日圓

甜味柔和的冰淇淋紅豆蜜。

JIYUGAOKA
在話題店內
大啖絕品甜點

1

在高格調的街道上，話題甜點店錯落其間。目光不禁轉向充滿特色的各式甜點。

番 外

店內陳設簡潔時尚。

也有糖果及美妝品。

● 1000日圓

● 380

各式各樣米麴製品
古町糀製造所 Ⓑ

米麴專賣店。米麴飲料富含纖維質與維生素，因為不含酒精，大人小孩都能喝。

🏠 目黑區自由之丘2-9-6 Luz 自由之丘1F
☎ 03-5726-8373　🕚 11：00～20：00　㊡ 全年無休
🚋 東急東橫線、大井町線自由之丘站正面口步行約3分鐘
▶ MAP P.26 B-3

神社米麴酵素飲料和米麴抹茶飲品。

● 620日圓

「黃色蒙布朗」創始店
MONT-BLANC Ⓒ

可品嘗到栗子柔和甜味與鬆軟口感的蒙布朗。是必吃的老店滋味。

🏠 目黑區自由之丘1-29-3
☎ 03-3723-1181　🕚 10：00～18：40
㊡ 全年無休　🚋 東急東橫線、大井町線自由之丘站正面口步行約1分鐘
▶ MAP P.26 B-3

包著整顆栗子的蒙布朗。

陳列美麗蛋糕的展示櫃（右），人氣櫻桃蛋糕（下）。

● 477日圓

知名西點主廚辻口博啟經營
Mont St.Clair Ⓓ

店內陳列多款味道和外觀都很講究的法式甜點。附設午茶區。

🏠 目黑區自由之丘2-22-4
☎ 03-3718-5200　🕚 11：00～19：00
㊡ 週三及其他時間
🚋 東橫線、大井町線自由之丘站正面口步行約10分鐘
▶ MAP P.26 B-2

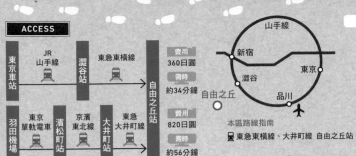

ACCESS

| 東京車站 | JR 山手線 | 澀谷站 | 東急東橫線 | → | 自由之丘站 |

費用 360日圓　需時 約34分鐘

| 羽田機場 | 東京單軌電車 | 濱松町站 | 京濱東北線 | 大井町站 | 東急大井町線 | → | 自由之丘站 |

費用 820日圓　需時 約56分鐘

山手線　新宿　東京　澀谷　品川

自由之丘

本區路線指南
🚃 東急東橫線、大井町線　自由之丘站

甜點&麵包王國

日：◎　夜：△
因為是住宅區，店家晚上很早關門。最好在中午前買完麵包。

JIYUGAOKA

以用料講究而自豪的時髦麵包店

走在自由之丘，總是會有香味撲鼻而來……上麵包店瞧瞧，正好購買剛出爐的麵包當早餐或午餐！

②

巴黎知名麵包店
RITUEL par Christophe Vasseur 自由之丘 🄵

在巴黎獲得頂尖主廚支持的一流麵包店於海外開設的首家分店。

🏠 目黑區自由之丘2-9-17
☎ 03-5731-8041　🕐 8：00〜19：00
㊡ 全年無休　🚃 東急東橫線、大井町線自由之丘站正面口步行約7分鐘
▶ MAP P.26 B-3

390日圓

巴黎店內最受歡迎的蝸牛麵包。

330日圓（含稅）

360日圓（含稅）

派和馬芬都很受歡迎。

也有內用餐點。

以N.Y.為靈感的時尚麵包店
自由之丘烘焙坊 🄴

手工點心麵包店。店內氣氛溫暖頗具魅力。

🏠 目黑區自由之丘2-16-29 IDEE SHOP Jiyugaoka 4F
☎ 03-3723-2040　🕐 9：30〜20：00（週五〜日、假日〜22：00）
㊡ 全年無休　🚃 東急東橫線、大井町線自由之丘站正面口步行約5分鐘　▶ MAP P.26 B-3

專家也上門的烘焙材料專賣店
cuoca 🄶

烘焙材料與道具品項齊全。從專業款到新手的手作套件組，種類廣之應有盡有。

🏠 目黑區自由之丘2-25-7甜點森林1F
☎ 03-5731-6200　🕐 10：00〜20：00　㊡ 全年無休　🚃 東橫線、大井町線自由之丘站南口步行約3分鐘　▶ MAP P.26 C-3

也會舉辦甜點及麵包的實作示範與試吃會。

P.118 Mont St.Clair 🄳
目由之丘學園高中
自由之丘瑞士捲店
LA・VITA
開熊野神社 🄰
古桑庵 P.118
綠之丘小學
P.119 RITUEL par Christophe Vasseur 自由之丘 🄵
光街
P.118古街耕製造所 🄱
P.119 自由之丘烘焙坊
P.118 MONT-BLANC 🄲
自由之丘百貨公司
蜂之家自由之丘店
大丸PEACOCK
東急Store
玉川聖學院高中
Trainchi
MAST
katakana P.157
自由之丘
cuoca P.119
東急大井町線
東急東橫線

0　50　100m

☀ 甜食愛好者一定要去甜點主題樂園「自由之丘甜點森林」。可以一次品嘗到各式甜點。

WALK

代官山・惠比壽

自由之丘

神樂坂

谷根千

日本橋

築地

119

大名們的
住宅遺跡

江戶時代領主們的
住宅遺跡現況

　　東京市區是日本地價最貴、人口最密集的地方，但也有占地寬敞的公園及大學校園等。這些土地大多是昔日江戶時代大名們的住宅舊址。三代將軍家光時期制定的參勤交代制度規定，領主大人們必須在領地和江戶都擁有住宅。話雖如此，因為無法自行取得土地，幕府便將那些土地賜給各大名居住。也就是說這些土地不是領主們的私有地，而是江戶幕府提供的住宅用地。面積大小基本上依藩屬俸祿，也就是經濟規模等比例決定，門第更高的領主還能居住在江戶城附近。

　　明治維新時期，德川家遷出江戶城，明治政府也接收了充當大名住宅的德川家土地。東京市區的江戶城（現在的皇居）附近，有好幾處寬敞到令人意外的土地，正是當時賜給偉大領主的土地。之後這些土地各自挪作他用，有的被切割細分，但如121頁所示，東京境內目前還保有占地面積廣大的場所。

江戶藩邸的功能

　　很多大名在江戶擁有多間宅邸。是大名停留江戶期間的根據地，大名的家人也居住於此，是江戶時期的政治、外交、經濟據點，又稱作「上屋敷」，位於離江戶城最近的區域。位於上屋敷外圍則是隱居藩主居住的場所，稱作「中屋敷」。主要當作別宅，而建有庭園的「下屋敷」，多位於遠離江戶城的郊區。多數家臣住在中屋敷和下屋敷之間的長屋。雖然也有只配給到「上屋敷」的小大名，但在有能力的大名當中，除了幕府賜予的土地外，也有大名自行購買土地上蓋住宅。

現在的皇居原本是江戶城。周圍散布著大名住宅。

WALK

代官山・惠比壽

自由之丘

神樂坂

谷根千

日本橋

築地

東京都內的舊藩邸

有不少地方是利用大名舊宅邸土地興建而成。舉例如下。

新宿御苑
舊高遠藩下屋敷

賞花勝地新宿御苑曾是信州高遠藩主內藤家的宅第。順帶一題，緊鄰御苑東側的住宅是內藤町。高原藩的屬地是長野縣伊那市附近。回到領地時的住宅則位於甲州街道入口附近。

`新宿` ▶MAP P.19 E-3～F-3

除了櫻花還能欣賞到四季花卉的庭園。
©東京觀光財團

小石川後樂園
舊水戶藩上屋敷

與東京巨蛋相鄰的公園，境內日式庭園草木扶疏，曾是德川三家之一水戶藩的上屋敷。水戶德川家的七男末代將軍德川慶喜，不在水戶而是在此地出生。

`後樂園` ▶MAP P.27 ①

在東京巨蛋周邊鬧區中的寧靜世外桃源。

六義園
舊駿山藩下屋敷

位於JR駒込站附近的六義園，至今仍保有江戶時代大名庭園的優雅氣氛。這裡是5代將軍綱吉的軍師（側用人）柳澤吉保建造的庭園。柳澤家之後被轉封至大和郡山藩迎來明治時代。

`駒込` ▶MAP P.4 C-1

在東京都心欣賞到珍貴的大名庭園。

明治神宮
舊彥根藩下屋敷

以「櫻田門外之變」而聞名的大老井伊直弼是彥根藩的領主。井伊家是世襲大名望族名門，因此在江戶各處建有宅邸，雖然上屋敷位於櫻田門附近，但廣大的下屋敷卻在此處。

`原宿` ▶MAP P.4 B～C-1～2

栽種日本各地送來的各類樹種。綠蔭濃密得不像人工造林。

上智大學四谷校區
舊名古屋藩屋敷

德川御三家第一世族的領地尾張藩。擁有緊鄰江戶城，從現在四谷到市谷附近的廣大土地。除了上智大學外，現今防衛省用地及陸地自衛隊的市谷駐紮地也曾是其領地之一。

`四谷` ▶MAP P.4 C-1

緊鄰江戶城外護城河內側的土地。

新大谷飯店
舊彥根藩中屋敷

櫻田門附近是上屋敷，明治神宮曾是下屋敷，此處則是中屋敷。這一帶曾有御三家紀伊藩與尾張藩、井伊家宅邸，因此每家名稱各取一字命名為紀尾井町。

`四谷` ▶MAP P.4 C-1

左邊與上智大學校區相鄰。

東京大學本鄉校區　舊加賀藩上屋敷

這裡曾是被譽為「加賀百萬石」，擁有最高俸祿的旁系諸侯加賀藩前田家的上屋敷。赤門的由來是前田家主公迎娶將軍家女兒為正室時，將門塗為朱紅色。

`本鄉` ▶MAP P.5 D-1

只有殿下才能通過的門，如今學生往來如織。

東大赤門是大名屋敷的珍貴古蹟。

融合花街舊情與法國風韻的街道

神樂坂
Kagurazaka

洋溢異國風情卻處處顯露古樸情懷的神祕區域。
感受日式西式自然交融的絕佳韻味。

毘沙門天
是神樂坂
的地標。

石板路營造出
巴黎風氛圍。

KAGURAZAKA ①
漫步於風情萬種的石板小路上

不怕迷路敢於踏入保有昔日花街繁華舊景的石板路，是遊逛此區的正確走法。或許隱身於此的小店會帶來驚喜發現。

夜晚昏黃燈光下的魅力風情。
可看到路人穿和服的身影。

擁有盛行於江戶時期的白山狛犬
赤城神社 Ⓐ

擁有700多年歷史的神社。正殿近年來修建得頗具現代感。

🏠 新宿區赤城元町1-10　☎ 03-3260-5071　⊗ 9：00～17：00（社務所）　㊡ 全年無休　⊛ 免費　🚇 地鐵神樂坂站1號出口步行約1分鐘
▶ MAP P.24 A-1

上／神樂坂毘沙門天前的石像不是狛犬，是狛虎。
右／開運、祈福的姬小判護身符 1000 日圓

保留許多古老建築。

德川光圀驚信的宗教
毘沙門天（善國寺）Ⓑ

以「神樂坂的毘沙門神」之名，創建400餘年深受百姓愛戴的古剎。

🏠 新宿區神樂坂5-36　☎ 03-3269-0641　⊗ 9：00～17：00　㊡ 全年無休　⊛ 免費　🚇 地鐵飯田橋站B3出口步行約5分鐘
▶ MAP P.24 B-1

Ⓐ 赤城神社 P.122

連接大久保通的袖摺坂

神樂坂站　東西線

白銀公園
Calme Elan P.123

牛込警察

早稻田通

圓福寺 卍

米果店 神樂坂菓寮

卍長源寺

神樂坂上

P.123 神樂坂茶寮總

P.123 LE BRETAGNE

P.122 毘沙門天（善國寺）

P.142 神樂坂 y cucina

卍大信寺

大久保通

牛込神樂坂站

地藏坂

卍光照寺

都營大江戶線

宮城道雄紀念館

不二家飯田橋神樂坂店限定的Peco娃娃餅。

WALK

代官山・惠比壽

自由之丘

神樂坂

谷根千

日本橋

築地

ACCESS

東京車站	JR 山手線 秋葉原站	JR 總武線	飯田橋站

費用 160日圓
需時 約17分鐘

羽田機場	東京單軌電車 濱松町站	JR 山手線 秋葉原站	JR 總武線	飯田橋站

費用 660日圓
需時 約49分鐘

山手線
新宿　神樂坂
東京
品川

本區路線指南
🚃 JR總武線 飯田橋站
🚇 東京Metro ○○○飯田橋站
🚇 都營地鐵 ●飯田橋站

懷舊風情

日：○ 夜：◎

巷弄小路必逛。夜晚街景浪漫。

看似門檻高的店家才饒富情趣。

KAGURAZAKA ②

在特色商店聚集的大人街道享用日式與西式美味

小店林立的神樂坂，每間都是特色鮮明的精緻店家。和個性十足的老闆或常客聊天也很有趣。

How to

神樂坂是斜坡多的街道。從飯田橋方向往神樂坂的方向走，屬於上坡路段，而要想走得輕鬆，可在牛込神樂坂站下車。

• 810日圓
茶香四溢的茶館日式聖代。

獨棟町家風格店面的古樸咖啡館
神樂坂 茶寮總店 C

使用抹茶和米麩製成的日式甜點頗受歡迎。萬歲套餐等餐點菜色也很豐富。

🏠 新宿區神樂坂5-9 ☎ 03-3266-0880 🕐 11：30〜22：00（週日、假日〜21：00）🈺 不固定 🚇 地鐵牛込神樂坂站A3出口步行約2分鐘
▶ MAP P.24 B-1

• 1480日圓
配料豐富的鍋燒烏龍麵。

招牌菜「鍋燒烏龍麵」
神樂坂 別亭 鳥茶屋 D

鍋燒烏龍麵是店內招牌菜。980日圓的午間限定菜色，土雞滑蛋親子丼也頗受歡迎。

🏠 新宿區神樂坂3-6 ☎ 03-3260-6661 🕐 11：30〜14：00（週六、日、假日〜14：30）、17：00〜21：30（週六16：00〜、週日、假日16：00〜21：00）🈺 全年無休 🚇 地鐵飯田橋站B3出口步行約3分鐘
▶ MAP P.24 B-1

• 2100日圓
其中一款甜點套餐內容。

品嘗甜點套餐
Calme Elan E

西點主廚在顧客眼前製作甜點的吧台式咖啡館。美麗的擺盤令人大飽眼福。

🏠 新宿區神樂坂6-23神樂坂花園A棟2F ☎ 03-6265-0797 🕐 12：00〜17：00（週六、日〜19：00）🈺 週一 🚇 地鐵神樂坂站1號出口步行約2分鐘
▶ MAP P.24 A-1

• 1000日圓〜
種類豐富的法式煎餅。

正統法式煎餅就在這裡
LE BRETAGNE F

品嘗法國不列塔尼的法式煎餅（蕎麥粉可麗餅）與蘋果酒（低氣泡蘋果酒）。

🏠 新宿區神樂坂4-2 ☎ 03-3235-3001 🕐 11：30〜22：30（週日、假日〜22：00）🈺 週一 🚇 地鐵神樂坂站1號出口步行約5分鐘
▶ MAP P.24 B-1

（地圖標示）
赤城神社
津久戶小學
飯田橋出口
飯田橋站
RAMLA
不二家飯田橋神樂坂店
P.147 紀之善
神樂坂 別亭 鳥茶屋 P.123
Central Plaza
CANAL CAFE
牛込橋
神樂坂下
日本牙科大醫院
ES HOTEL APARTMENTS東京
0 100 200m

充滿下町情懷的人氣散步景點

谷根千
Yanesen

貓咪悠哉散步的平靜街道。

從谷中、根津、千駄木各取一字組成「谷根千」。
歲月在充滿生活氣息的古樸街道靜靜流逝。

YANESEN ①

在洋溢懷舊風的咖啡館
度過優閒時光

在古老建築林立的街道上，有多間舊民宅改建而成的咖啡館。
一腳踏進截然不同的異世界。只想慢慢休息忘卻時間流逝。

御殿坂和谷中銀座間的階梯是觀賞夕陽的勝地。

只有午餐才供應的鯖魚三明治。

1300日圓（含稅）

黑色2層樓建築相當顯眼。

在藝術空間歇息片刻
HAGI CAFE Ⓐ
木造公寓改建的咖啡館。細心沖煮的手沖咖啡香氣撲鼻。

🏠 台東區谷中3-10-25 HAGISO ☎ 03-5832-9808 🕐 8：00～10：00、12：00～20：30 休 不固定 ⓧ 地鐵千駄木站2號出口步行約5分鐘
▶ MAP P.24 A-2

建築物極力保留昔日住宅的厚實結構。

撫慰人心的鬆軟三明治
Kayaba珈琲 Ⓑ
1938年（昭和13年）開幕的老字號茶屋翻修而成的咖啡館。

🏠 台東區谷中6-1-29 ☎ 03-3823-3545 🕐 8：00～23：00（週日、假日～18：00） 休 全年無休 ⓧ JR日暮里站南口步行約10分鐘 ▶ MAP P.24 B-3

463日圓
鬆軟雞蛋三明治。

塞滿栗子餡的栗香大福。

324日圓

不使用添加物的柔和味
和栗屋 Ⓒ
可以品嘗到將日本栗子的細緻風味發揮得淋漓盡致的栗子甜點。

在店內也能吃到聖代及紅豆蜜等甜食。

🏠 台東區谷中3-9-14（谷中銀座商店街內） ☎ 03-5834-2243 🕐 11：00～18：30 休 週一（若遇旺季及假日則照常營業） ⓧ 地鐵千駄木站2號出口步行約4分鐘
▶ MAP P.24 A-2

648日圓
人氣栗香蒙布朗。

和栗屋 Ⓒ
P.124

Ⓐ HAGI CAFE
P.124

谷中

菊見仙貝總店

ISE辰 谷中總
谷中小學
tokyobike gallery
Tsbame House

Ⓓ Bonjour moji 2 P.125

根津神社

玉林寺卍

根津站

WALK

代官山‧惠比壽

自由之丘

神樂坂

谷根千

日本橋

築地

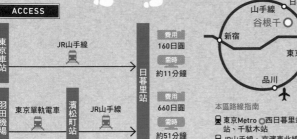

東京車站	JR山手線	→ 日暮里站	費用 160日圓 / 需時 約11分鐘
羽田機場	東京單軌電車 濱松町站 → JR山手線	→ 日暮里站	費用 660日圓 / 需時 約51分鐘

本區路線指南
- 東京Metro ○西日暮里站、根津站、千駄木站
- JR山手線、京濱東北線等 西日暮里站、日暮里站

日暮里 山手線 谷根千 ○
新宿
東京
品川

懷舊街區與貓街

日：◎ 夜：△

很多人攜家帶眷散步在這條老少咸宜的街上。街道白天充滿活力。

YANESEN

遇見巷弄烘焙坊的美味麵包

一口咬下味道樸實的谷根千麵包，臉上漾滿笑容。多款麵包價格實惠，可以多買幾種試吃比較看看。

2

窗台邊的櫃檯相當搶眼。

• 180日圓（含稅）

貓咪（地瓜餡）與白兔（奶油餡）

• 200日圓（含稅）

潛伏在小巷內的可愛動物們

Bonjour mojo2 D

店內陳列著動物造型麵包。有地瓜或奶油等各種餡料。

♠ 文京區根津2-33-2七彌House 101
☎ 未公開 ⏰ 9：00~售完為止 休 週一、週二及其他不固定日 🚇 地鐵根津站1號出口步行約7分鐘
▶ MAP P.24 A-3

食物香氣四溢

推薦歐式硬麵包

Kayaba Bakery E

店內剛烤好的鹹甜麵包種類超過40種。

♠ 台東區上野櫻木2-15-6 ☎ 03-5809-0789 ⏰ 9：00~19：00 休 週一
🚉 JR日暮里站南口步行約8分鐘
▶ MAP P.24 B-3

148日圓

基本款波蘿麵包與七味起司

• 167日圓

Lungwood

P125 谷中靈園

P125 Kayaba Bakery

HOUSESCAL BATHHOUSE ayaba咖啡 P.124

東京藝術大學附設音樂高中

上野中學

東京藝術大學

平成館

寬永寺 P125

東京國立博物館‧上野恩賜公園

東京國立博物館‧東洋館

cart plaza

王寺

P125

YANESEN

走訪寺廟&墓園遙想昔日東京

谷根千的寺廟中有些地方可以體驗坐禪或抄寫經書。不妨走訪名將或文豪的墓園切身感受歷史吧。

3

與德川家淵源極深的寺廟

祭祀德川家綱的廟宇嚴有院靈廟勅額門。

寂靜的園內有許多名人長眠於此

谷中靈園 F

園內五重塔遺跡是幸田露伴小說《五重塔》的題材原型。

♠ 台東區谷中7-5-24 ☎ 03-3821-4456 ⏰ 8：30~17：15 休 全年無休 免費 🚉 JR日暮里站南口步行約10分鐘
▶ MAP P.24 B-2~B-3

櫻花季節染井吉野櫻同時盛開。

寬永寺 G

1625年（寬永2年）為了守護江戶城鬼門（東北）而建。

♠ 台東區上野櫻木1-14-11 ☎ 03-3821-4440 ⏰ 全年無休 免費 🚉 JR鶯谷站北口步行約6分鐘
▶ MAP P.24 B-3~C-3

沿途綠意盎然，天空遼闊晴朗，走在街上非常舒服。

眾所皆知谷根千曾是夏目漱石、森鷗外、江戶川亂步與川端康成等大文豪的住所。

自江戸時代延續至今的商業與文化中心

日本橋
Nihombashi

歷史建築也是吸睛焦點！

日本橋是日本交通網絡的起點。
自江戸時代起至今不變，人潮及物流穿梭不息。

NIHOMBASHI ①
從明治到昭和時期的舊建築巡禮

走在日本橋街道隨處可見造型特殊的建築。欣賞藝術氣息濃厚的街景，遙想日本橋的歷史吧。

What is

日本橋

架在日本橋川上超過百年歷史的石橋。自1911年（明治44年）開通目前是第19代橋，被指定為國家重要文化資產。

店內大理石中有菊石化石！

在入口迎接顧客的石獅地標。

位於本館1樓大廳中央的仙女像。

代表日本歷史的百貨公司
日本橋三越總店 Ⓐ

江戸時代起透過日本橋進行商業活動，目前的建築物完工於1935年（昭和10年）。

🏠 中央區日本橋寶町1-4-1 ☎ 03-3241-3311 🕙 10：30～19：30（新館9、10F餐廳11：00～22：00）🚫 不固定 🚇 地鐵三越前站地下道直通
▶MAP P.7 D-1～E-1

外觀與內部的精緻裝飾也是觀賞焦點。

美麗的日西合璧設計
日本橋高島屋 Ⓑ

日本首家百貨公司的建築被指定為重要文化資產。

🏠 中央區日本橋2-4-1
☎ 03-3211-4111
🕙 10：30～19：30（餐廳11：00～21：30）🚫 不固定 🚇 地鐵日本橋站B2出口出站直達
▶MAP P.7 D-2～E-2

1933年（昭和8年）完工的宏偉建築。

燈火通明的COREDO室町。

立有乙姬像的日本橋魚河岸紀念碑。

首都高速公過日本橋上

P.127砂場
常盤小學
東京文
日本銀行貨幣博
日本大樓
吳服橋出入口
丸之内Metropolitan Hotel
P.208
東京格木高級飯店
東京香格里拉飯店
P.115
東京VIP LOUNGE
大丸
東京店
P.166
GRANROOF
外堀
東京車站
京葉線北海道東北上越新幹線
山手線 JR東北
京都東京

WALK

代官山・惠比壽

自由之丘

神樂坂

谷根千

日本橋

築地

ACCESS

東京車站	Metrolink 日本橋巴士 🚌	日本橋站
	費用 免費　需時 10分鐘	
羽田機場	京急機場線 🚃	
	費用 610日圓　需時 約36分鐘	

山手線
新宿
東京　日本橋
品川

本區路線指南
🚃 東京Metro○○日本橋站
🚃 都營地鐵○日本橋站
🚃 東京Metro○○三越前站

優雅的昭和懷舊風情

日：◎　夜：○
從東京車站到日本橋步行約15分鐘。請善加利用免費巡迴巴士。

NIHOMBASHI ②
在知名老店品味古老美好時代

日本橋是獲得許多老饕認同的老店寶庫。自江戶時代傳承下來的樸實日式料理，到洋溢文明開化氣息的西式菜色，種類豐富。一起來品嘗不變的傳統滋味吧。

•1806日圓

就算排隊也要吃的軟嫩蛋包飯
泰明軒 ⓒ

1931年（昭和6年）開業的日本代表性西餐廳。上2樓可品嘗到套餐等正式餐點。

🏠 中央區日本橋1-12-10 ☎ 03-3271-2465 ⊗ 1F 11：00〜20：30（週日、假日〜20：00）、2F 11：00〜14：30、17：00〜20：00 ㉔ 1F全年無休、2F週日、假日 ⊗ 地鐵日本橋站C2出口步行約1分鐘
▶ MAP P.7 E-2

半熟蛋皮美味無比的蒲公英蛋包飯。

香氣濃郁微帶甘甜的蕎麥麵
砂場 ⓓ

把炸什錦放入沾醬中的天婦羅蕎麥麵創始店。1869年（明治2年）開業。

🏠 中央區日本橋室町4-1-13砂場大樓 ☎ 03-3241-4038 ⊗ 11：30〜20：30（週六〜15：30） ㉔ 週日、假日 ⊗ 地鐵日本橋站1號出口步行約3分鐘
▶ MAP P.28

保留昔日風情的美麗裝潢。

1481日圓

味道細緻的天婦羅蕎麥麵。

NIHOMBASHI ③
重現江戶熱鬧風采的 COREDO室町

集結重現日本傳統精華的商店。再現江戶時代日本橋繁榮景象的新景點。

在館內的日本橋服務中心也能收集到觀光資訊。

☎ 03-3272-4801 ⊗ 依店家而異 ㉔ 不固定 ⊗ 地鐵三越前站步行約1分鐘
▶ MAP P.7 E-1

展現日本精湛技術的流行雜貨
中川政七商店COREDO室町店 ⓔ

來自日本各地外形時尚的工藝精品種類齊全。

🏠 中央區日本橋室町1-5-5 COREDO室町3內2F ☎ 03-6262-3157 ⊗ 10：00〜21：00 ㉔ 比照COREDO室町3 ⊗ 地鐵三越前站A6出口步行約1分鐘
▶ MAP P.7 E-1

也有以東京鐵塔為靈感的品項。

細心萃取高湯
日本橋高湯場 ⓕ
•93日圓

附設於創業300年以上的柴魚專賣店內。可以喝到剛萃取出的高湯。

🏠 中央區日本橋室町2-2-1、COREDO室町11F ☎ 03-3241-0968 ⊗ 10：00〜19：00 ㉔ 比照COREDO室町1 ⊗ 地鐵三越前站A6出口步行約1分鐘
▶ MAP P.7 E-1

口感豐富的柴魚高湯。

築地
tsukiji

眾所皆知的東京廚房。除了新鮮海產外還有很多美食，來挑戰胃容量量吧！

海鮮的種類、品質及新鮮度有口皆碑！

2016年11月築地市場（場內）搬到豐州，改名為豐州市場。

TSUKIJI 1

絕對不能錯過！
說到築地就是海鮮美食

如果沒有吃到這個，無法展開築地之旅！壽司、丼飯、定食及西餐等隨著各種料理改變外形，依心情選擇當季海鮮大快朵頤一番吧。

配合顧客用餐速度一個一個地捏。

場內和場外
顧客以零售商為主的築地市場稱為「場內」，以附近觀光客為主的大型商店街稱作「場外」。場外生鮮食品店和餐飲店櫛比鱗次，一般人都能自由進出。

・2700日圓

午餐的無菜單料理。

藏身巷弄民宅的名店
秀德3號店 Ⓐ

店內招牌紅醋飯襯托出壽司料的鮮美味。依壽司料搭配食用辛辣的白薑片或香甜的黑薑片。

🏠 中央區築地 4-14-1
Monteverde ☎ 03-3542-1112 🕚 11：00～14：30、17：00～22：00 🈺
週一 🚇 地鐵築地市場站A1出口步行約7分鐘
▶ MAP P.25 F-1

京橋
銀座出入口

新橋演舞場・

・東京國稅局

國立癌症中心
中央醫院

築地日本漁港市場

朝日新聞社
東京總社

濱離宮
朝日音樂廳

八千富士見屋・

海鮮丼飯大江戸 築地

築地首家供應鮪魚丼飯的老店
瀨川 Ⓑ

鮪魚丼飯上鋪滿以獨家醬料調味的鮪魚肉，很受歡迎。

🏠 中央區築地4-9-12 ☎ 03-3542-8878 🕚 8：00～賣完為止 🈺 週三、日、假日、休市日 🚇 地鐵築地市場站A1出口步行約3分鐘
▶ MAP P.25 F-1

請注意鮪魚丼飯可能會在11點30分左右賣光。

濃郁美味的豪邁義大利菜
Trattoria築地Paradiso Ⓒ

可以吃到加了大量新鮮海產的南義大利菜。也有種類豐富的葡萄酒。

🏠 中央區築地6-27-3 ☎ 03-3545-5550 🕚 11：00～14：00、18：00～22：00（週六、日、假日11：00～14：00、17：30～21：00）🈺 週三 🚇 地鐵築地市場站A1出口步行約5分鐘
▶ MAP P.25 F-1

・Parkside Place

N
0 50 100m

・1370日圓

午餐是當天進貨的貝類與櫻桃番茄義大利扁麵。

海鮮相關話題盡管提問！

・833日圓

活力充沛的員工服務態度佳。

ACCESS

東京車站 → 東京Metro 丸之內線 → 銀座站 → 東京Metro 日比谷線 → 築地站

費用 170日圓　需時 約8分鐘

羽田機場 → 京急機場線 → 大門站 → 都營大江戶線 → 築地市場站

費用 610日圓　需時 約40分鐘

山手線　新宿　東京　品川　築地

本區路線指南
都營地鐵→築地市場站
東京Metro→築地站

東京吃魚必去勝地

日：◎　夜：△
場內有很多店從一大早營業到中午過後休息，最好早點動身前往。

TSUKIJI 2
吃遍築地的各種散步美食

魚漿製品攤與熟食店林立的築地場外，是B級美食的散步小吃天堂。種類豐富，價格實惠，帶著試吃的心情多買幾種嘗嘗看吧。

剛炸好趁熱吃
築地紀文店 D

店內擺滿剛炸好的魚漿製品。有多種精心製成的獨家魚漿產品。

🏠 中央區築地4-13-18　☎ 03-3451-3321　🕐 7：00～15：00左右　🚫 不固定　🚇 地鐵築地市場站A1出口步行約7分鐘
▶ MAP P.25 F-1

230日圓（含稅）
放了黃芥末美乃滋的蟹肉棒加上海苔炸成的築地炸物。

日圓（含稅）
多汁的炸鮪魚餅。

沒有鯛魚燒竟是鮪魚燒!?
築地 Sanokiya E

內餡飽滿造型逼真的鮪魚燒，最適合當點心。

🏠 中央區築地4-11-9　☎ 03-3543-3331　🕐 8：00～15：00（賣完為止）　🚫 週日、假日、休市日　🚇 地鐵築地市場站A1出口步行約3分鐘
▶ MAP P.25 F-1

200日圓（含稅）
塞滿紅豆餡的黑鮪魚燒。

昭和24年開業的玉子燒專賣店
築地山長 F

高湯香氣四溢甜味柔和的玉子燒，也有「少糖版」或「蘿蔔泥」口味可選。

🏠 中央區築地4-10-10　☎ 03-3548-6002　🕐 6：00～15：30　🚫 全年無休　🚇 地鐵築地市場站A1出口步行約4分鐘
▶ MAP P.25 F-1

100日圓（含稅）
玉子燒可依喜好添加蘿蔔泥。

E 築地Sanokiya P.129
D 築地紀文店P.129
A 秀德3號P.128
山長P.129

卍築地本願寺

到波除稻荷神社參拜。

・築地魚河岸
Trattoria
C 築地Paradiso P.128
・茂helped太子
・岩佐壽司　⛩ 波除稻荷神社

走遠一點

到月島吃文字燒！

在鐵板上邊煎邊奮項等待，是東京引以為豪的粉漿美食。加上大量配料豪邁地煎吧。

ACCESS
從築地附近步行即達的新富站，搭東京Metro有樂町線到月島站，只要1站。用走的也只要20分鐘左右。

即売場場築地市場
（河岸預定地）

月島文字燒振興會
條件：
・月島站
文字燒 來實 P.129
近Dou總店P.129

給鮮蝦愛好者的文字燒
文字燒 來實 G

基本款菜色選項豐富。推薦海鮮滿滿的文字燒。

🏠 中央區月島3-8-5　☎ 03-3531-5733　🕐 18：00～21：30（週六、日、假日17：00～）　🚫 週一　🚇 地鐵月島站7號出口步行約5分鐘
▶ MAP P.25 D-3

1111日圓
分量驚人的甜蝦文字燒。

沿襲至今的傳統美味
近Dou總店 H

昭和25年開業，是月島最早的老字號文字燒店。也會教顧客怎麼煎。

🏠 中央區月島3-12-10　☎ 03-3533-4555　🕐 17：00～21：30（週六、日、假日12：00～）　🚫 全年無休　🚇 地鐵月島站8號出口步行約8分鐘
▶ MAP P.25 D-3

享受自己動手邊煎邊吃就是文字燒的魅力。

😋 築地市場場內搬走後，築地還留有場外市場，開放給一般民眾的新市場「築地魚河岸」也在此地開幕。　129

WALK

代官山・惠比壽

自由之丘

神樂坂

谷根千

日本橋

築地

貓刑警Hare太朗
走遍天涯海角也要逮到鼠輩Tabi阿吉。性格上是家貓特有的虎頭蛇尾！？

鼠輩Tabi阿吉
活躍於日本各地的起司小偷。起司小偷逃到哪了！？

貓刑警

Hare的
追捕之旅

②

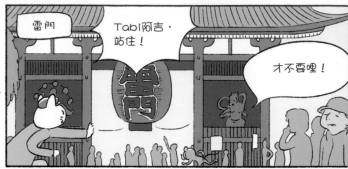

淺草寺是洋溢江戶情懷的人氣景點。通往寺廟的仲見世街在週末或連假人潮洶湧，因此盡可能平日過去。參拜後，抽個籤試試手氣吧。另外，雖然仲見世街上禮品店和小吃店林立，但不建議在這裡邊走邊吃及連抽2次籤，請勿模仿漫畫內容。

EAT

東京「美食」事件簿

東京是全球數一數二的美食天堂。可以品嚐到各式各樣的料理，味道也是世界頂尖水準。還有許多東京道地美食。

事件 1

享受「美食」是旅行的樂趣之一。東京的餐廳數量和美食種類多如繁星，不知從何下手！

該選哪個呢……

解決 先來認識經典美食與話題美食吧。

在東京沒有吃不到的菜色，以日本國內為首網羅了來自世界各地的料理。先來認識東京當地的人氣美食。例如築地壽司、月島文字燒及淺草的天婦羅丼飯等，可以利用地點來決定，西餐的話也有上野、銀座和淺草等多處可選。另外，首次進駐日本的各家必吃排隊名店，如巧克力咖啡館、漢堡等，也要事先調查清楚。

經典＋話題美食表

江戶前壽司
許多店家的壽司料都是當天在市場採買的魚貨。新鮮度不在話下！
>>> P.128

日式

天婦羅丼飯
用芝麻油炸得酥脆的天婦羅一吃就上癮。
>>> P.49

文字燒
從老店到新面孔，文字燒種類豐富多變。
>>> P.129

泥鰍鍋
以江戶時代流傳下來的手法烹煮品嘗的「泥鰍鍋」。
>>> P.48

日本蕎麥麵
多家江戶情懷濃厚的老字號蕎麥麵店。
>>> P.127

東京拉麵
以基本款醬油拉麵為首，到各式變化款口味應有盡有。
>>> P.31

經典

話題

下町西餐
建議多吃幾家比較看看。
>>> P.55

巧克力
海外知名巧克力專賣店陸續進駐東京。
>>> P.56

鬆餅
至今仍在改款的鬆餅，頗受女性歡迎。
>>> P.148

西式

事件 2

愉快的旅程要結束了。哎呀,居然到出發時刻了。但是肚子好餓喔!

> 肚子好餓啊……

解決 在車站內或機場商店購買限定款便當!

旅程的最後一天,忙著退房及選購還沒買齊的伴手禮。一回神經常錯過了用餐時間。這時,車站便當或機場便當就派上用場了。從車站限定便當到日本各地的知名便當,種類齊全到令人不知從何選起。一打開蓋子就令人微笑的便當,以美味精華為旅程畫下句點。

東京必買

車站便當 & 機場便當

※所有價格均含稅

一網打盡東京老店滋味的東京車站限定便當。

東京便當
1650日圓
>>> P.30
A

50道菜便當
1350日圓
B
放了50種食材的豐富雙層便當。

品川便當
1100日圓
C
放了蛤蜊、沙丁魚及鯨魚肉的品川在地便當。

雞肉便當
850日圓
D
1964年(昭和39年)發售的長銷車站便當。

淺草牛肉壽喜便當
1000日圓
F
用砂糖和醬油煮成的鹹甜味相當下飯。

深川飯
1030日圓
F
蛤蜊炊飯上鋪滿烤蛤蜊的雙重配菜。

新幹線E7系列便當
1300日圓
G
北陸新幹線造型的便當盒吃完還可當玩具。

傳承鰈的押壽司
1250日圓
H
一尾小鰈只取兩塊魚肉捏成的奢侈壽司。

Yonesuke & Yoshikami便當
800日圓
I
一個便當雙重美味!

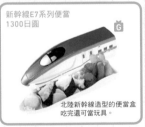
東京羽田穴守
5種豆皮壽司
744日圓
J
新求生意興隆的羽田穴守稻荷神社一口壽司。

石垣牛燒肉便當
1188日圓
K
用沖繩縣石垣牛做成口感軟嫩的燒肉便當。

JR東京車站 **A** **B** **D** **G** **H**　JR品川站 **C** **D** **H**　JR新宿站 **D** **G**　東武鐵道伊勢崎線淺草站 **E** **F**　羽田機場 BLUE SKY **I** **J** **K**

EAT 01

特地早起前往

充飽能量的超美味早餐

比平常更早起床享受優閒早餐。
完全充飽能量後，今天又是美好的一天！

綠意環繞
寬敞明亮的餐廳

在全球17個國家約有200間分店。大型「會議桌」是所有店面的註冊商標，與人共享的空間豐潤心靈。

來自比利時的麵包餐廳

麵包

☀早餐
7：30～11：00

Le Pain Quotidien
芝公園店

很受歡迎的麵包餐廳。舒適的寬敞空間彷彿置身NY中央公園，而沒有處於市區的感覺。提供種類豐富的美味麵包餐點。也有露天座位。

🏠 港區芝公園3-3-1　☎ 03-6430-4157　🕐 7：30～21：00、麵包店～21：30　🈺 全年無休　🚇 地鐵御城門站步行約1分鐘

芝公園 ▶MAP P.28 ⑨

彰顯麵包
美味的餐點。

光是早餐菜色就有
7種以上可選。

麵包依季節更換種類，但通常備有20種以上。

提供10種果醬和抹醬自由取用。

MENU

煙燻鮭魚早餐
1190日圓

拿鐵咖啡（中杯）
550日圓

來自檀香山的頂級咖啡館

Island Vintage Coffee 青山店

從檀香山登陸日本的咖啡館。超受歡迎的巴西莓果碗添加有機穀麥片和有機蜂蜜。

🏠 澀谷區神宮前5-52-2 ☎ 03-6418-2416 🕐 9:00～18:00（週六、日、假日8:00～，飲品～19:45）🈺 全年無休 🚇 地鐵表參道站B5號出口步行約7分鐘

青山 ▶MAP P.12 C-3

夏威夷早餐

位於青山學院大學對面。

MENU
巴西莓果碗（半份）
830日圓

早餐
7:30～10:30

在東京品嘗夏威夷人氣美味

紐約雜誌力薦的早餐

CLINTON ST. BAKING COMPANY TOKYO

NY的超人氣餐廳登陸東京。使用每天早上店內現烤的英式瑪芬做成的班尼迪克蛋，是全天單點菜色。

🏠 港區南青山5-17-1 YHT南青山大樓 ☎ 03-6450-5944 🕐 8:00～21:30 🈺 不固定 🚇 地鐵表參道站B1號出口步行約4分鐘

表參道 ▶MAP P.13 E-3

NY風味的班尼迪克蛋

也賣司康或瑪芬。

MENU
班尼迪克蛋
1700日圓

早餐
8:00～

NY首度登日的經典早餐

香濃滑順的蛋黃～

帶動早餐咖啡館風潮的推手

GOOD MORNING CAFE 千駄谷

為早起想讓早晨時光更有意義的人準備了8種早餐菜色。開放區的露天座位令人心曠神怡。

🏠 澀谷區千駄谷1-17-1東京體育館藍棟 ☎ 03-5775-4800 🕐 早餐7:00～10:45、午餐11:00～15:00、晚餐17:00～22:30、咖啡館7:00～23:00 🈺 比照東京體育館 🚇 JR千駄谷站步行約3分鐘

千駄谷 ▶MAP P.28 ⑧

健康食品

店內植栽豐富。

MENU
新鮮蔬菜沙拉盤（附咖啡or紅茶）
741日圓

早餐
7:00～10:45

大口咀嚼新鮮蔬菜！

在時尚中餐廳吃粥

杜蘭朵臥龍居

中餐名廚脇屋友ılı的店。有益身體的中式粥品有雞肉、蔬菜及皮蛋三種可選，輕鬆品嘗一流美味。

🏠 港區赤坂6-16-10 Y's CROSS ROAD 1、2F ☎ 03-3568-7190 🕐 週一～五8:00～22:00（週六、日、假日9:00～22:00）🈺 全年無休 🚇 地鐵赤坂站步行約7分鐘

六本木 ▶MAP P.22 B-1

粥品

店內裝潢華麗。

MENU
粥品
1300日圓

早餐
8:00～11:00
（週六、日、假日9:00～）

在摩登空間享用健康粥品

EAT

早餐

亞洲風味午餐

下午茶

肉類料理

酒吧晚餐

漢堡＆三明治

甜點

鬆餅

硬麵包

大飽口福的亞洲風味午餐

充滿蝦米和椰奶的香氣！

蝦仁椰汁咖哩
1200日圓
加了大隻鮮蝦的辣味椰汁咖哩。

B

叻沙
834日圓
加入參巴辣椒醬（Sambal）拌勻後食用的麵類料理。

D

Murugi午餐（印度風味雞肉飯）
1380日圓
超受歡迎，高麗菜和馬鈴薯泥充分拌勻後享用。

A

蝦高湯鮮美提味。

多汁的帶骨雞肉。

B套餐（越南河粉、炒飯、2個生春捲）
926日圓
越南河粉、叉燒炒飯及生春捲的套餐。

C

份量十足。

日本首家印度餐廳

Nair's Restaurant A

1949年（昭和24年）開幕。是眾所皆知的老字號印度餐廳。以咖哩為首的印度料理全是印度主廚烹煮出的道地口味。第二代店長G.M. Nair也是知名媒體人物。

1、2樓經常高朋滿座。

🏠 中央區銀座4-10-7 ☎ 03-3541-8246 🕐 11：30～21：30（週日、假日～20：30） 🈺 週二 🚇 地鐵東銀座站A2出口步行約1分鐘

銀座 ▶MAP P.9 E-2

Other Menu
鮮蝦咖哩飯
1288日圓
羊肉咖哩飯
1112日圓

東京都內擁有7家分店的人氣餐廳

Jasmine Thai B

獲得泰國商務省認可的餐廳。每日午餐通常有7～8種可選，每道都附沙拉和椰奶。平日午餐時間也有賣便當（650～700日圓）。

異國風情裝潢。

🏠 新宿區四谷1-17後藤大樓1F ☎ 03-5368-1091 🕐 11：30～14：30、17：00～22：00 🈺 全年無休 🚇 JR、地鐵四谷站赤坂口步行約5分鐘

四谷 ▶MAP P.28 ④

Other Menu
泰式炒麵
920日圓
咖哩炒蟹
1159日圓

世界各國的餐廳齊聚於東京。當中以亞洲料理的種類最為豐富。午餐就吃當地口味的正宗亞洲菜吧。

EAT

早餐

亞洲風味午餐

下午茶

肉類料理

酒吧晚餐

漢堡&三明治

甜點

鬆餅

硬麵包

What is

各式亞洲麵食

亞洲各國食用的麵點種類繁多。依使用的食材種類如麵粉、米粉或蕎麥粉等，呈現不同的口感與風味。湯頭從選用的食材到添加的香料變化多端。

A

馬撒拉香料雞
1334日圓
使用馬撒拉等香料提味的雞肉咖哩。

吃得到大塊雞肉！

讓人上癮的辣度！

B

綠咖哩
980日圓
除了雞肉及茄子，還加了大量蔬菜的咖哩。

寬牙麵條令人一口接一口。

C

咖哩雞河粉
741日圓
加了雞肉、椰奶及地瓜的咖哩麵。

D

海南雞飯
834日圓
泰國香米上鋪滿蒸雞肉，可沾取3種醬料食用。

米飯充滿雞肉美味

品嘗東埔寨料理

吳哥窟 C

1982年（昭和57年）柬埔寨難民開的餐廳。活用食材原味改良成日本人喜愛的口味，成為店家自傲的好味道。米粉製成的「河粉」是必吃美食。

店內空間寬敞。

🏠 澀谷區代代木1-38-13　☎ 03-3370-3019　🕐 11：00～14：00、17：00～22：00　🈺 全年無休　🚉 JR代代木站步行約3分鐘

代代木 ▶MAP P.28 ⑦

Other Menu

A套餐（河粉、椰汁咖哩雞／香辣雞肉沙拉／南瓜布丁）1112日圓
牛肉河粉 741日圓

新加坡餐廳酒吧

松記雞飯 D

老闆曾旅居新加坡，酒吧設有餐桌座位。當地經典小吃菜色齊全。搭配午餐推出的每日甜點只要230日圓，頗受歡迎。

店內空間小而雅致。

🏠 千代田區神田司町2-15-1 Pareyasojima 1F　☎ 03-5577-6883　🕐 11：30～13：30、18：00～22：00　🈺 週日、假日　🚉 地鐵淡路町站步行約3分鐘

神田小川町 ▶MAP P.27 ②

Other Menu

每日午餐 834日圓
除了叻沙外，還有用大量中藥與香料熬煮成的肉骨茶、南印度風味的爽口「咖哩」等。

🌿 香菜是東南亞地區常用的香草植物。這項食材有人愛吃有人討厭，不敢吃的話可以跟點餐人員請求不加香菜。

在午茶沙龍愉快享受
公主風下午茶

忙著觀光、購物的東京行程，這時候最需要來段優閒時光。
在氣氛優雅的午茶沙龍喝杯下午茶吧。

亞曼尼的休閒世界觀
ARMANI／RISTORANTE
WINE LOUNGE

義式餐廳主廚和甜點師傅利用新鮮當季食材設計
出色彩鮮豔的義式風味菜單。放入數種單片三明
治等鹹食與提拉米蘇等甜點，在男性間也頗受好
評。1天限定10組，須預約。

TEA INFO
提供多種紅茶選
項，找出自己喜歡
的茶葉吧。

明亮沉穩的室內裝潢。

⌂ 中央區銀座5-5-4亞曼尼／銀座塔11樓 ☎ 03-
6274-7006 🕐 11：30〜22：30（週日、假日〜19：
00） ⓗ 不固定 ⊗ 地鐵銀座站B5出口出站直達

`銀座` ▶MAP P.8 C-2

義式鹹點
也有男士喜愛
的熱食。

義式甜品
只在義式餐廳才吃
得到的甜點搭配當
季水果。

亞曼尼下午茶套餐
1人份3519日圓（服務費、稅另計）（上圖是2人份）

※如照片所示。

EAT

早餐

亞洲風味午餐

下午茶

肉類料理

酒吧晚餐

漢堡＆三明治

甜點

鬆餅

硬麵包

西點世界權威，今田美奈子的沙龍

Salon de Thé Musée Imadaminako

寬敞沉靜的空間令人忘記置身於百貨公司內。午茶套餐根據史料重現法國王后瑪麗·安托內（Marie Antoinette）愛吃的點心，餐具與刀叉組也是欣賞焦點。保證讓顧客有段優雅時光。

🏠 東京都澀谷區5-24-2 ☎ 03-5361-1111 🕙 10：00〜20：00（週五、六〜20：30） ⊗ 全年無休 Ⓜ JR新宿站新南驗票口步行2分鐘、MIRAINA TOWER驗票口步行約1分鐘

新宿 ▶MAP P.19 D-3

瑪麗·安托內王后的點心組
1人分3400日圓

TEA INFO
用美麗的茶杯盛裝加了玫瑰花瓣的玫瑰茶。

蛋白霜點心
瑪麗·安托內愛吃的點心，據說她自己也會做。

瑪麗·安托內的夏洛特（Charlotte）蛋糕
甜點靈感來自凡爾賽宮的華麗宴席。

咕咕霍夫（Kouglof）蛋糕
王后從奧地利嫁來時帶入的點心，風靡18世紀的巴黎。

入口左邊的展示櫃相當吸睛。

日式空間的閒適時光

HIGASHIYA GINZA

杉木圓盤和白竹籃盛裝的日式下午茶。在日式點心屋HIGASHIYA GINZA附設的幽靜茶館內，縈繞著日本茶醇和香氣的環境下，度過安靜時光。

🏠 中央區銀座1-7-7 POLA銀座大樓2F ☎ 03-3538-3240 🕙 11：00〜21：00（週日、假日11：00〜18：00）、下午茶14：00〜17：00（週日、假日〜18：00） ⊗ 週一（若遇假日則順延至隔天）Ⓜ 地鐵銀座1丁目站7號出口步行約1分鐘

銀座 ▶MAP P.9 E-1

寧靜的沙龍也可用餐。

TEA INFO
可從季節限定茶或常備的30多種茶中選出2款喜愛的茶葉。

茶點
1人份3500日圓

日式甜點
遙想古代甜點而做的「一口甜點」與「HIGASHIYA蜂蜜蛋糕」等一口大小的甜點。

※內容依季節而異。

豆皮壽司
在日式午茶中以豆皮壽司代替三明治。鹹甜入味的炸豆皮包著拌勻的壽司飯。

點心
「玉子燒」或蕎麥粉製成的「麩餅」等，介於鹹食和甜點間的各色點心。

今晚想大快朵頤一番

享用種類豐富的肉類料理

除了牛排或烤肉外，還有各種引領風潮的肉類新吃法。
求新求變的專賣店陸續開張。大口享用肉類料理吧。

加藤商店 肉壽司

主要提供以富含蛋白質和鐵質的
櫻肉（馬肉），及鴨肉、牛肉等
新鮮肉品精心捏成的壽司。價格
實惠也是魅力之一。

澀谷區惠比壽1-7-4惠比壽橫丁
☎ 03-3444-7005 ⑰ 17：00～凌晨
5：00 俄 全年無休 ⑨ JR惠比壽站
東口步行約2分鐘

惠比壽 ▶ MAP P.17 E-2

捏壽司的師傅。

位於惠比壽橫丁

做成壽司
品嘗上等肉品

馬中腹肉
同時嘗到香甜油脂與
紅肉口感。

牛舌
以獨家烹飪法加熱，保有
生肉口感。

Horse

2200日圓
包含馬肉握壽
司或壽司卷等
人氣美味的綜
合拼盤。

福來拼盤

烤牛肉
搭配醬汁品嘗。

馬肉赤身
經典馬肉壽司。越咬越能
嘗到鮮美肉汁。

Other Menu

名菜！炙燒肉壽司 1個880日圓
豆皮壽司（可點2個以上）1個250日圓

話題炸牛排

Beef

「Na」霜降肉
1680日圓
黑毛和牛肩腰肉，
附湯、米飯及沙
拉。

炸牛排專賣店

牛かつあおな

炸牛排僅切取日本國產牛腿肉，留住鮮美濃郁肉汁的美味一品。搭配日本山葵（另加100日圓）和特製醬汁食用。

🏠 新宿區舞伎町1-24-3新居大樓1樓 ☎ 03-6278-9122 🕐 11：00～22：30 🈺 全年無休 🚃 各線新宿站步行約6分鐘

新宿 ▶MAP P.19 D-1

不僅牛肉，連麵包粉和油品也要精挑細選。

Other Menu
「A」日本國產牛肉 1250日圓
綜合牛肉 1400日圓

香草烤全雞

Chicken

半雞&米飯套餐
1111日圓

外皮香脆，肉汁豐富的雞肉相當下飯。

全雞炙烤

Farmer's Chicken

雞肉用香草充分揉勻後靜置一晚，再以專門機器慢慢炙烤的旋轉烤雞專賣店。

🏠 港區芝4-5-15 1F ☎ 03-3457-0707 🕐 11：30～14：00、17：30～21：00（週六12：00～14：00、17：00～19：30）🈺 週日、假日 🚃 地鐵三田站A9出口步行約1分鐘

三田 ▶MAP P.28 ⑫

提供整隻到1/4隻烤雞，也可外帶。

Other Menu
1/4隻雞&米飯套餐
787日圓

魅力職人的肉類料理

©Nacàsa & Partners Inc R

Beef

肉製品拼盤
1600日圓

適合搭配葡萄酒的肉品拼盤。

登陸日本的巴黎高級肉品店

Hugo Desnoyer惠比壽店

深受多位主廚青睞的魅力肉品專賣店。1樓是店面和鮮食肉品吧，2樓是餐酒館。

🏠 澀谷區惠比壽南3-4-16 Aitorianon 1、2F ☎ 03-6303-0429 🕐 1F 11：30～17：00、18：00～22：30、2F 11：30～14：00、18：00～22：30、肉品銷售時間11：30～17：00 ※2F只有晚餐時段可訂位 🈺 週一 🚃 JR惠比壽站西口步行約5分鐘

惠比壽 ▶MAP P.16 C-2

輕鬆品嘗連飼料都很講究的頂級牛肉。

Other Menu
Hugo Desnoyer午餐
1851日圓
沙朗牛排 2350日圓／100g

EAT

早餐

亞洲風味午餐

下午茶

肉類料理

酒吧晚餐

漢堡&三明治

甜點

鬆餅

硬麵包

EAT 05

好吃又實惠！

美酒在握的酒吧晚餐

\\POINT//

從10道
前菜中
挑出3道

推薦酒單

智利產區的卡本內紅酒（杯裝556日圓），特色是果香豐沛，適合搭配主菜牛尾。

店家精選葡萄酒，
杯裝351日圓

平日也能輕鬆用餐的義大利餐廳

TAVERNA

大手筆採用義大利進口食材的正宗義大利餐廳，但每道菜都是價格便宜且份量十足。35年前起就在高田馬場經營的老店，味道自不在話下。如居家般自在的氣氛，是想輕鬆喝一杯時的好去處。

🏠 新宿區高田馬場2-15-10城北大樓2F ☎ 03-3232-1997 🕐 17：00～23：00 🈲 週日、週一假日 🚇 地鐵高田馬場站4號出口步行約3分鐘

`高田馬場` ▶MAP P.28 ①

建議坐在桌邊享受眾人熱鬧喝酒的樂趣。

店面雖然在2樓，但畫上義大利國旗的招牌相當醒目。

超受歡迎的實惠套餐

慢火細燉的牛尾。也可以選馬賽魚湯。

加了義大利鮮菇的燉飯。

使用義大利培根做成的辣味番茄醬義大利麵。

招牌套餐
3120日圓
3道前菜、燉飯、義大利麵、主菜、甜點。

手工前菜拼盤（3道）。

\\POINT//

氣氛超讚的
義大利
酒吧餐廳

推薦酒單

如果是三浦進貨的新鮮海產，就用辛口「特雷比奧羅白酒」（杯裝300日圓）乾杯吧！

整瓶葡萄酒
2000日圓～

葡萄酒啤酒都是300日圓起跳

神樂坂 y cucina

內行人都知道的神樂坂私房餐廳，每天訂位都客滿，非常受歡迎。菜色價格實惠，30多種義大利杯裝紅酒及氣泡酒、惠比壽生啤酒都只要1杯300日圓，CP值超高。

🏠 新宿區神樂坂5-37-10 Clair神樂坂V 1、2F ☎ 03-6265-0555 🕐 17：00～23：00 🈲 週日（若遇到三天連假的第二天則照常營業） 🚇 地鐵飯田橋站B3出口步行約5分鐘

`神樂坂` ▶MAP P.24 B-1

杯裝葡萄酒300日圓～

今日綜合海鮮沙拉
890日圓

能品嘗到三浦進貨的新鮮美味當季食材。

海膽奶油義大利麵
1380日圓
在濃郁的海膽奶油義大利麵上擺放生海膽。

左／
1樓是吧台區，2樓是用餐區

右／醒目的紅色旗子

人聲鼎沸的酒吧餐廳，優點是可以邊喝香醇葡萄酒邊品嘗料理。
輕鬆前往以下推薦的酒吧餐廳，度過歡樂夜晚吧。

西班牙海鮮餐館

生蠔
時價
僅提供符合各地方
出貨標準的產品。

西班牙海鮮燉飯
1000日圓～（小size）
放了7種海鮮的燉飯，
3種份量可供選擇。

⫸POINT⫷

500日圓的前菜頗受歡迎

推薦酒單
來杯氣味爽利宜人的「La Pasion Txakoli」微氣泡酒（90cc 450日圓）。

種類豐富的瓶裝葡萄酒2500日圓起跳。

氣氛一流的西班牙餐廳

La Pesquera-MARISQUERIA

活用嚴選海鮮本身的風味，僅做簡單烹調。搭配香蒜或油炸海鮮等價格實惠的前菜來杯葡萄酒吧。最後再來道1人份起跳的海鮮燉飯。

🏠 千代田區大手町1-5-5大手町塔OOTEMORI B2F ☎ 03-5220-2840 🕙 11：00～用餐23：15、飲品23：30、假日11：00～用餐22：15、飲品22：30 🈺 週日 🚇 地鐵大手町站步行約3分鐘

大手町 ▶MAP P.6 B-1

店內環境寬敞氣氛閒適。也有長吧台區。

也可以從東京車站丸之內北口走地下道過來。

輕鬆站著喝酒的西班牙酒吧

鐵板伊比利豬
1200日圓
在鐵板上快速煎過的嫩肩里肌肉，能品嘗到伊比利豬的鮮美肉味。

海鮮沙拉
1300日圓
色彩鮮豔的海鮮蔬菜沙拉。

⫸POINT⫷

約有80種西班牙葡萄酒

推薦酒單
「Cristiari Rosado」玫瑰紅酒（杯裝400日圓），結合果香與酸味的完美滋味。

酒吧的葡萄酒400日圓起跳。

道地西班牙餐廳的酒吧

Meson Cervantes

最受歡迎的伊比利豬僅使用西班牙政府認可的肉品。在酒吧區可以用實惠的價格享用生火腿、前菜配上西班牙葡萄酒。時間充裕的話可上二樓用餐區。

🏠 千代田區六番町2-9 Cervantes大樓7樓 ☎ 03-5210-2990 🕙 11：30～14：30、17：00～21：30（週六10：30～21：30、週日、假日11：30～21：00） 🈺 全年無休 🚇 JR市谷站步行約4分鐘

市谷 ▶MAP P.27 ③

吧台區不收座位費。飲料價格內含合理的吧台費用。

位於西班牙國營的塞萬提斯文化中心頂樓，視野良好。

🔅 酒吧的英文發音是「Baa」，西班牙文發音是「Baru」，義大利文則是「Baaru」。在當地是市民常去的社交場所。　143

和速食劃清界線
令人感動的道地漢堡&三明治

MEAT

Shack漢堡 C
680日圓

漢堡包烤過後，夾上現剝現煎的牛絞肉排、起司、生菜與番茄。

用味道決勝負的正統風味漢堡

充滿特色的包裝及醃菜

醬汁濃稠

Meat Head B
1600日圓

用加了黑糖的黑麥麵包夾種火雞肉、起司和墨西哥辣椒，再淋上辣醬。

王道

多人分享的驚人高度！

幾個人合吃？

酪梨莫札瑞拉起司漢堡 D
1300日圓

加了天然酵母的自製鬆軟麵包，和每一口都充滿肉汁的店家特製肉排是受歡迎的祕密。

任何人咬了一口都會上癮！

American Clubhouse A
2083日圓

餡料大方使用烤雞肉、培根、2種起司和蔬菜等並淋上3種醬料。

HEALTHY

NY風味的三明治專賣店

A QINO's Manhattan New York
使用營養價值高的十穀英式土司做成大份量三明治。夾了很多新鮮蔬菜。

♠ 文京區小石川4-21-2　☎ 03-6231-5527　⏰ 10：00〜15：00（週六、日、假日8：00〜18：00）　休 全年無休　地鐵茗荷谷站1號出口步行約6分鐘

小石川　▶MAP P.28 ②

蔬菜滿滿！

B KING GEORGE
只吃一個就飽的健康三明治。稍微烤過的麵包是溫暖人心的好滋味。

♠ 澀谷區代官山町11-13澀谷不動產大樓2F　☎ 03-6277-5734　⏰ 11：00〜20：30（週六11：00〜21：30、週日11：00〜17：30）　不固定　代官山站北口步行約5分鐘

代官山　▶MAP P.16 C-1

登陸日本的NY人氣餐廳

C Shake Shack 外苑銀杏並木店
大小適宜的正宗風味。100%安格斯牛肉排多汁美味大受好評。帶著排隊的決心出發吧。

♠ 港區北青山2-1-15　☎ 03-6455-5409　⏰ 11：00〜22：00　不固定　地鐵外苑前站4a出口步行約5分鐘

青山　▶MAP P.13 E-1

當晚餐也行的大份量！
令人不顧形象地大口咬下。
這樣的漢堡及三明治人氣正夯。

超多肉片

燻牛肉三明治 Ⓐ
1157日圓

豪爽地夾入200g燻牛肉，能充分品嘗到肉品自身美味的三明治。

多汁燻牛肉配上酸醃菜十分對味

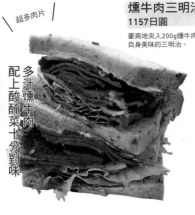

搭配餡料研發麵包

美味三明治 Ⓔ
各644～782日圓

用德國麵包夾上新鮮蔬菜和德國進口香腸等配料。

原創

下酒菜般的單片三明治

土司小點 Ⓕ
980日圓（4個）

適合搭配紅酒的一口單片三明治，是晚餐限定菜色。可從8種品項中挑選4個。

色彩鮮豔份量十足

素食主義 Ⓑ
1500日圓

香氣宜人的芝麻麵包夾上起司、酪梨及時令蔬菜，成為色彩絢麗的品項。

來點下酒菜吧

必吃的排隊道地漢堡

Ⓓ THE GREAT BURGER

頗受歡迎的休閒餐廳，店內的經典美式漢堡令人忍不住大口咬下。

⌂ 澀谷區神宮前6-12-5 1F ☎ 03-3406-1215 🕐 11：30～22：30（週六、日、假日9：00～） ㊡ 全年無休 🚃 地鐵神宮前站7號出口步行約7分鐘

原宿 ▶MAP P.12 B-2

德國「Bosch」經營的咖啡館

Ⓔ café 1886 at Bosch

重視德式麵包的食材口感，研發創意菜色。香腸也由德國進口。

⌂ 澀谷區澀谷3-6-7 ☎ 03-6427-3207 🕐 8：00～22：00（週六11：00、週日11：00～20：00） ㊡ 不固定 🚃 澀谷站15號出口步行約5分鐘

澀谷 ▶MAP P.15 E-3

提供日夜不同的美味

Ⓕ DAY & NIGHT

如NY餐館般的時髦空間。白天提供三明治和咖啡，晚上啜飲天然葡萄酒。

⌂ 澀谷區惠比壽2-39-5 ☎ 03-5422-6645 🕐 8：30～11：00、11：00～16：30、18：00～23：00 ㊡ 週三 🚃 JR惠比壽站步行約12分鐘

惠比壽 ▶MAP P.17 F-1

🍴 漢堡和三明治搭配啤酒很對味。越來越多店家同時提供漢堡與精釀啤酒。　145

EAT

早餐

亞洲風味午餐

下午茶

肉類料理

酒吧晚餐

漢堡&三明治

甜點

鬆餅

硬麵包

魔法人氣甜點

◆ **抹茶巴伐利亞布丁** • 874日圓

日西食材巧妙結合。

淋上濃郁鮮奶油，甜度恰到好處。

使用宇治抹茶製成微苦略甜的巴拉利亞布丁。

自製紅豆餡選用丹波產區的大納言紅豆熬煮而成。

豐富的7種當令水果。

在手搖剉冰機刨出的細緻天然冰上淋滿大量草莓醬。

自製水果冰及自製果醬。

WOW!

◆ **本日水果聖代** • 769日圓

裝滿嚴選產地的高品質水果。

香氣十足的最中餅皮。可以沾紅豆湯吃或是捏小塊放入紅豆湯中。

◆ **祕密草莓牛奶冰** • 900日圓

充滿酸甜果肉的草莓醬與煉乳超對味。

起司紅豆湯 • 741日圓

鹹味起司搭配香甜內餡格外順口。

在老字號日式點心屋自豪的十勝紅豆湯中放入半軟起司的新吃法。

EAT

早餐

亞洲風味午餐

下午茶

肉類料理

酒吧晚餐

漢堡＆三明治

甜點

鬆餅

硬麵包

日式點心屋的聖代、挫冰。
東京有琳琅滿目的老店風味和新型態甜點。
美味到彷彿置身夢境。
那麼，要先試哪一道魔法呢？

e 珍珠
奶茶剉冰 ●1000日圓

口感細緻的雪絨冰。
另外附上溫熱珍珠。

溫熱彈牙的珍珠與香
濃奶凍。

茶香四溢的奶茶
冰。

芒果雪酪。

放上芒果果肉再淋滿
芒果醬。

芒果剉冰 ●1500日圓

最受歡迎冰品。香氣濃郁份量
十足就像吃了整顆芒果般。

鬆軟圓球其實是棉花
糖。不知道裡面放了
什麼，超期待。

f 鬆軟奶茶 ●509日圓

在棉花糖圓球上淋入沖泡
濃郁的紅茶後享用。

YUMMY!

香草冰淇淋攪拌均勻
後再吃吧。

店家每天手工製作的
Q彈珍珠。

魔法甜點 **a**

店面門口也有賣伴
手禮甜品。

2樓有座位區

紀之善

位於神樂坂下的甜品店。除了招牌抹茶巴伐利亞布丁外，還
有隨四季更迭調整的菜單。也提供年糕湯或紅豆飯等餐點。

⌂ 新宿區神樂坂1-12 ☎ 03-3269-2920 ⊕ 11：00～19：30
（週日、假日11：30～17：00） ㊡ 週一 ㊋ JR、地鐵飯田
橋站西口步行約2分鐘 神樂坂 ▶MAP P.24 B-1

魔法甜點 **b**

夏季採拿號碼牌制。
原則上在開店後發放。

就算冬季店內也像夏天般溫暖

冰蜜堂

遵循古法以手搖剉冰機刨天然冰。依季節調整刨冰法，淋
上使用當季水果熬煮的自製糖水後享用。

⌂ 台東區谷中3-11-18 ☎ 03-3824-4132 ⊕ 10：00左右～
18：00左右、週四、五、夏季～20：00左右 ※依每天情況而
異 ㊡ 週一、10～5月週一、二 ㊋ JR日暮里站西口步行約4
分鐘 谷根千 ▶MAP P.24 A-2

魔法甜點 **c**

提供葡萄或甜柿
等稀有聖代。

行家挑選的水果聖代

Fruit Parlor GOTO

經營水果店的鮮果甜品舖。從行家角度精選時令水果，每
天都有不同選擇。

⌂ 台東區淺草2-15-4 ☎ 03-3844-6988 ⊕ 11：00～19：00
㊡ 週三及其他不固定日 ㊋ 地鐵田原町站3號出口步行約9分
鐘 淺草 ▶MAP P.10 B-1

魔法甜點 **d**

可以感受到夏威
夷風情的店家。

品嘗美味餡料的甜點與茶飲

兔屋Café

以銅鑼燒打響名號的老字號日式甜點舖「兔屋」開設的咖
啡館。品嘗店家使用自豪餡料製作的當季甜點。

⌂ 台東區上野1-17-5 ☎ 03-6240-1561 ⊕ 9：00～18：00
㊡ 週三 ㊋ 地鐵湯島站4號出口步行約5分鐘
上野 ▶MAP P.23 D-3

魔法甜點 **e**

表參道分店是首度進
駐日本的店面。

台灣人氣No.1剉冰

Ice Monster表參道店

紅茶或水果等多種口味冰凍而成的「風味冰磚」，刨成口
感綿密的新型態剉冰！

⌂ 澀谷區神宮前6-3-7 ☎ 03-6427-4100 ⊕ 11：00～20：30
※依季節時有變動 ㊡ 不固定 ㊋ 地鐵明治神宮前站4號出口
步行約1分鐘
表參道 ▶MAP P.12 B-2

魔法甜點 **f**

位於JR原宿站旁
的好地段。

發現從沒見過的甜點！

彩茶房CASCADEHARAJUKU店

以改良台灣配方製成的甜點引發話題的台灣茶館。還有使
用台灣生產的優質茶葉沖泡出的茶飲。

⌂ 澀谷區神宮前1-10-37 CASCADE原宿1F ☎ 03-6455-5423
⊕ 11：00～21：30 ㊡ 比照CASCADE原宿 ㊋ JR原宿站步行
約3分鐘
原宿 ▶MAP P.12 B-1

挫冰不是夏季限定商品。很多店家整年都有提供，可以事先詢問清楚。可選在冷門季節前往排隊名店。

各有千秋
進化版鬆餅試吃比較大會

既然來到東京，一定要嘗嘗必吃鬆餅。從基本款到進化款，口味多樣任君挑選，
是流行發源地才有的美味。來吧，要點哪一道呢？

©Moomin Characters ™

噜噜米最愛吃的鬆餅

OTHER MENU

噜噜米家庭餐
1150日圓

精選剪影拿鐵
（杯子可帶走）
1500日圓

房子裡是依季節更換的3種甜點。

剛烤好的小鬆餅疊成7層。

上／到處都有噜噜米谷的成員。下／在入口迎接顧客。

來噜噜米谷玩
Moomin House Cafe

芬蘭童話「噜噜米」的主題咖啡館。或許
能和噜噜米谷的成員坐在一起用餐。入口附
近是禮品店，別忘了尋找適合的伴手禮。

🏠 墨田區押上1-1-2 東京晴空塔城晴空街道1F　☎ 03-
5610-3063　🕗 8：00～22：00　🛇 比照晴空街道　🚉
東武晴空塔線東京晴空塔站步行約1分鐘

東京晴空塔城 ▶MAP P.11 F-2

各式爽口鮮果。

鬆軟	┣━━┿━━┿━━┿━━┫	有嚼勁
量多	┣━━┿━━┿━━┿━━┫	量少
基本款	┣━━┿━━┿━━┿━━┫	改良版

噜噜米家庭鬆餅
1800日圓
自製鬆餅和3種甜點的組合餐

14：00開始供應

帶我回家吧！

可從6種陶瓷人偶中挑選1個喜歡的帶回家！

季節水果鬆餅
1080日圓
在大口咬下鬆餅前先撥開水果吧。

酸酸甜甜的火龍果。

埋在水果堆裡的鬆餅，超幸福

盡情品嘗當季水果
果實園Liber

每天早上從市場進貨的
水果是這家鮮果品店
引以為傲之處。雖然也
賣聖代和三明治，但還
是鬆餅最受歡迎。

🏠 目黑區目黑1-3-16
President目黑Height 2F
☎ 03-6417-4740　🕗 7：
30～22：30　🛇 全年無休
🚉 JR目黑站步行約3分鐘

目黑 ▶MAP P.28 ⑪

OTHER MENU

AMAOU草莓鬆餅
1500日圓
哈密瓜聖代
1500日圓

鬆餅上擺滿8種以上的水果。

左／落地窗讓店內充滿明亮氣息。右／爬上粉綠色階梯。

鬆軟	┣━━┿━━┿━━┿━━┫	有嚼勁
量多	┣━━┿━━┿━━┿━━┫	量少
基本款	┣━━┿━━┿━━┿━━┫	改良版

What is

hotcake與pancake的差異

雖然兩種都是鬆餅，但有時也會區分成
hotcake是點心，pancake甜度低可當正餐
吃。

焦糖淋在鮮奶油上

自製焦糖醬。

加了蜂蜜的鮮奶油。

幸福鬆餅
1100日圓
人氣居高不下！只要吃一口就會愛上。

每天數量有限的排隊名店
幸福鬆餅

點餐後才花時間小火慢煎的鬆餅，鬆軟得入口即化。發酵奶油風味濃郁的甜點，不含添加物的柔和口感充滿幸福滋味。

🏠 澀谷區神宮前4-9-3清原大樓B1F ☎ 03-3746-8888 ⏰ 9：00～（最後點餐時間視每天情況而定）🏖 不固定 🚇 地鐵表參道站A2出口步行約2分鐘

表參道 ▶MAP P.13 D-2

左／店面位於大樓的地下1樓。　　右／以綠色為基調的自然空間。

OTHER MENU
奶茶鬆餅佐
自製穀麥片
1350日圓

鬆軟	├─┼─┼─┼─┤	有嚼勁
量多	├─┼─┼─┼─┤	量少
基本款	├─┼─┼─┼─┤	改良版

白色舒芙蕾鬆餅
（附楓糖堅果奶油）
1220日圓
口感膨鬆柔軟的豐厚鬆餅。

楓糖堅果奶油。

蛋白霜打出的蓬鬆口感

加了瑞可達起司。

左／位於大樓1樓，店內的磚牆令人印象深刻。也提供咖啡及果汁。右／樸實的門口掛著低調招牌。

簡潔俐落的鬆餅咖啡館
BURN SIDE ST CAFE

自然不浮誇的舒適咖啡館。份量豐厚入口即化的舒芙蕾鬆餅堪稱絕品。

🏠 澀谷區神宮前4-29-9 ☎ 03-3403-0660 ⏰ 9：30～20：00（週六、日、假日8：30～）🏖 全年無休 🚇 地鐵明治神宮前站5號出口步行約2分鐘

表參道 ▶MAP P.12 B-2

OTHER MENU
白色舒芙蕾鬆餅
（提拉米蘇）
1380日圓

鬆軟	├─★─┼─┼─┤	有嚼勁
量多	├─┼─┼─★─┤	量少
基本款	├─┼─★─┼─┤	改良版

三大必吃名店

以下是帶動鬆餅風潮的推手，牢牢抓住粉絲胃口，不斷推陳出新的人氣鬆餅店。

在夏威夷當地也超受歡迎
Café Kaila

屢次榮獲夏威夷美食獎肯定的實力派咖啡館。令人開心的是餐點份量十足。

🏠 澀谷區神宮前5-10-1 GYRE B1F ☎ 050-5531-9452 ⏰ 9：00～19：20（週六、日、假日8：00～）🏖 不固定 🚇 地鐵明治神宮前站4號出口步行約3分鐘

表參道 ▶MAP P.12 B-2

Kaila自創鬆餅
夏威夷尺寸
2190日圓

帶動熱潮的推手
Eggs 'n Things台場店

日本元老級鬆餅店。高高堆起的鮮奶油是這家人氣餐廳的註冊商標。

🏠 台場AQUA CITY 3F ☎ 03-6457-1478 ⏰ 9：00～21：30 🏖 比照AQUA CITY 🚇 百合海鷗號台場站步行約6分鐘

台場 ▶MAP P.20 B-2

草莓、鮮奶油加
夏威夷豆鬆餅
1080日圓

滿足貴婦的味蕾
bills表參道

麵糊中加入大量瑞可達起司做成的鬆餅是店內招牌。

🏠 澀谷區神宮前4-30-3東急PLAZA表參道原宿7F ☎ 03-5772-1133 ⏰ 8：30～22：00 🏖 不固定 🚇 地鐵明治神宮前站5號出口步行約1分鐘

表參道 ▶MAP P.12 B-1

瑞可達起司鬆餅
W新鮮香蕉、蜂巢奶油
1400日圓

@MikkelVang

🍴 EAT

早餐

亞洲風味午餐

下午茶

肉類料理

酒吧晚餐

漢堡＆三明治

甜點

鬆餅

硬麵包

 2010年「Eggs 'n Things」在原宿表參道地區開店以來，鬆餅店如雨後春筍般紛紛成立。目前這條街仍是帶動鬆餅熱潮的一級戰區。　

越嚼越有滋味
體會硬麵包的美味

外皮脆硬，內在彈牙是硬麵包的魅力。
在人氣麵包店林立的東京，找到自己喜愛的味道吧。

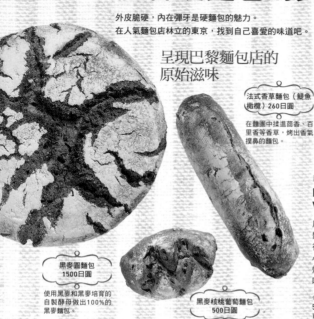

呈現巴黎麵包店的原始滋味

法式香草麵包（鯷魚橄欖）260日圓

在麵團中揉進茴香、百里香等香草，烤出香氣撲鼻的麵包。

黑麥圓麵包
1500日圓

使用黑麥和黑麥培育的自製酵母做出100%的黑麥麵包。

黑麥核桃葡萄麵包
500日圓

在法國黑麥的麵團中加入葡萄乾和核桃，口感十足。

原產地才有的絕品法國麵包

Boulangerie Patisserie VIRON丸之內店

店內彌漫著用法國進口麵粉烤出的麵包香氣，彷彿置身巴黎。令人開心的是有多款麵包和烘焙點心可選。還有附設咖啡館。

🏠 千代田區丸之內2-7-3東京大樓TOKIA 1F ☎ 03-5220-7288 🕙 10：00～21：00 🚫 不固定 🚉 JR東京車站丸之內南口步行約1分鐘、JR京葉線東京車站地下街直達

東京・丸之內 ▶ MAP P.6 B-3

說到天然酵母麵包非它莫屬

Levain富谷店

這家名店使用自製天然酵母與日本麵粉烤出的硬麵包，頗富盛名。秤重計價，部分麵包可以只買單片。附設咖啡座位區。

🏠 澀谷區富谷2-43-13 ☎ 03-3468-9669 🕙 8：00～19：30（週日、假日～18：00） 🚫 週一、第二個週二（若遇假日則順延至隔天） 🚉 地鐵代代木公園站1號出口步行約5分鐘

富谷 ▶ MAP P.28 ⑤

可以只買所需份量

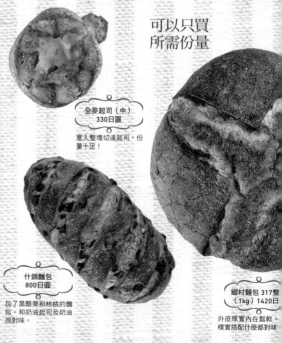

全麥起司（中）
330日圓

塞入整塊切達起司，份量十足！

什錦麵包
800日圓

加了黑醋栗和核桃的麵包。和奶油起司及奶油很對味。

鄉村麵包 317整
（1kg）1420日圓

外皮厚實內在鬆軟。樸實搭配什麼都對味。

低溫長時間發酵而成

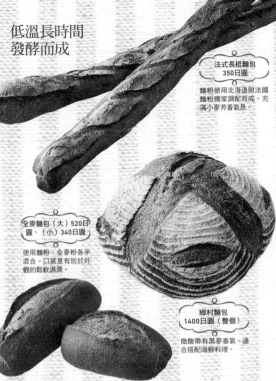

法式長棍麵包
350日圓
麵粉使用北海道與法國麵粉獨家調配而成。充滿小麥芳香氣息。

全麥麵包（大）520日圓、（小）340日圓
使用麵粉、全麥粉各半混合。口感是有別於外觀的鬆軟濕潤。

鄉村麵包
1400日圓（整個）
微酸帶有黑麥香氣。適合搭配海鮮料理。

巴士到站後直奔這裡
Bakery & Restaurant澤村

輕井澤的人氣餐廳「澤村」首度在新宿地區開店。早上或凌晨都買得到道地天然酵母麵包。也有內用區。

🏠 新宿區千馱谷5-24-55 NEWoMan新宿2F站外美食區 ☎ 03-5362-7735 🕐 7：00～凌晨3：00 ㊡ 全年無休 🚃 JR新宿站出站直達
新宿 ▶ MAP.P.19 D-3

想休息一下或邊走邊吃都行。

在店內享用剛出爐的麵包

天然酵母鄉村麵包
685日圓
使用取自季節蔬菜、水果及香草的天然酵母。

巧克力田園麵包
167日圓
在不甜的樸實麵包裡，放入大量超對味的巧克力豆。

麵包工廠出身的實力派
FACTORY

2009年開幕。店內每天陳列近20種剛出爐的天然酵母麵包。限定8～10點內用的早餐頗受歡迎。

🏠 千代田區九段南3-7-10 URBAN CUBE九段南1F ☎ 03-5212-8375 🕐 8：00～22：00（週六9：00～18：00）㊡ 週日 🚃 地鐵市谷站A3號出口步行約7分鐘
市谷 ▶ MAP.P.27 ③

楓糖山核桃麵包
296日圓
在加了楓糖漿的麵團中混入山核桃，做出甜味柔和的麵包。

🥖 硬麵包的美味口感最多維持到隔天。如果要當伴手禮，最好是在旅程尾聲購買並冷凍保存。

EAT
早餐
亞洲風味午餐
下午茶
肉類料理
酒吧晚餐
漢堡＆三明治
甜點
鬆餅
硬麵包

貓刑警Hare太朗
走遍天涯海角也要逮到鼠輩Tabi阿吉。性格上是
家貓特有的虎頭蛇尾！？

鼠輩Tabi阿吉
活躍於日本各地的起司小偷。
起司小偷逃到哪了！？

貓刑警

Hare的
追捕之旅

③

兩國回向院

教覺達書居士

……

呀，心願達成而且也到
鼠輩次郎吉大先生的墳
前上過香了！

心滿意足

鼠輩Tabi
阿吉

……肚子餓了……

然後

咕嚕─

咚！
咚！

哇

對了！
就吃相撲火鍋吧！

兩國國技館

啪
嚓

讓您久等了！

哇！

嗯嗯！
好吃！

虎嚥
狼吞

充滿體力！

找到Tabi
阿吉！！

喀
啦

糟了！

啊！
大人！

！

啪嚓

唉

唉呀？
鼠輩阿吉不見了！？

成功騙過貓大人！

咻

兩國是擁有國技館的相撲鎮。看到穿浴衣的相撲力士一點都不稀奇。說到相撲力士的餐點非相撲火鍋（chanko-nabeちゃんこ鍋）莫屬。在兩國有很多家相撲火鍋店，其實chanko（ちゃんこ）不是菜色名稱，而是相撲力士煮來吃的餐點之意。也就是說店內的火鍋不是chanko原本的意思，而是體驗力士用餐的心情才取名為相撲火鍋。

SHOPPING

東京「購物」事件簿

東京集結來自世界各地的點心與商品。這些新奇好物都很棒，但也不要忘記經典伴手禮。

忘記買伴手禮了……

事件 1

發車時間快到了，但還沒買伴手禮！

解決 站內商店或機場禮品店應有盡有。

主要車站的站內商店陸續重新開幕。不僅是伴手禮，還有很多雜貨和便當等。最近車站外圍商店也全面升級。忙著觀光的旅客可以在站內及站外商店、羽田機場等處買齊伴手禮。

唉～～

How to

找到4個裝的東京香蕉。

分送伴手禮

幫朋友、公司同事及長輩選購伴手禮總是很傷腦筋。想不出來時就選經典伴手禮吧。最好選價格實惠的小盒禮品。

★不用分裝又輕巧
★單個包裝
★每人預算500日圓以下
★保存期限長
★價廉物美

What is

機場獨家小羊羹「天空之旅」。

人氣限定伴手禮
瞄準就算在東京也只有該處買得到的獨家商品

東京車站……
★東京帝國飯店、東京車站獨家巧克力
★R.L的STICK WAFFLE

羽田機場……
★Pastel羽田機場布丁
★虎屋的天空之旅（小羊羹）

可在車站商場和機場買到的經典小包裝伴手禮

超受歡迎伴手禮購買處	東京香蕉	新宿咖哩米果	東京雷神巧克力	年輪蛋糕	蜜漬紅豆	豆菓子
東京車站 >>> P.27	○	○	○※1			○
品川站	○	○	○※1	○		○
新宿站			○※1			
羽田機場第1航廈 >>> P.214	○	○	○	○	○	○
羽田機場第2航廈 >>> P.214	○	○	○	○	○	○

東京香蕉世界 客服部 0120-384-440／（株）中村屋 顧客服務中心 0120-370-293／有樂製菓 客服部 0120-269-355／年輪家 客服部 0120-886-660／花園萬頭 0120-014-870／麻布十番 豆源 客服部 0120-410-413 ※1 黃金週結束～9月底不販售

事件 2

走訪觀光勝地順便挑伴手禮，
卻不知從何選起……

解決 依收禮者的屬性
挑選不同伴手禮吧。

如果有時間挑選伴手禮，就依收禮者的屬性來挑吧。若在淺草，最有名的是雷米花糖和人形燒，可以送給長輩。若在東京鐵塔或晴空塔，適合購買流行性高的女性伴手禮。

嗯，買點東西吧。

服飾・雜貨

澀谷

澀谷Hikarie >>> P.00
澀谷109 >>> P.87
東急百貨總店 >>> P.89

有很多平價商品。

原宿

竹下通 >>> P.76
表參道之丘 >>> P.75
東急Plaza表參道原宿 >>> P.75
Laforet原宿 >>> P.75

多款增加女性魅力的可愛商品。

新宿

NEWoMan >>> P.95
LUMINE新宿店1、2 >>> P.94
伊勢丹新宿店 >>> P.94
新宿高島屋 >>> P.93
京王百貨公司

日本獨一無二的雜貨就在這裡。

銀座

東急Plaza銀座
銀座三越 >>> P.51
松屋銀座 >>> P.51

熟女最愛逛銀座。

六本木

六本木新城 >>> P.62
東京中城 >>> P.63

選購藝術雜貨提升自我特色。

主要觀光勝地的各式伴手禮

貓熊必買

貓熊商品
說到上野就是貓熊。上野動物園有各式可愛貓熊商品。

©TOKYO-SKYTREE®

入手限定商品

東京晴空塔商品TOKYO-SKYTREE®
在東京晴空塔官方禮品店「THE SKYTREE SHOP」，獨家限定商品最受歡迎。

上野
淺草
押上
（晴空塔前）
新宿
東京
芝公園

人氣不減

東京鐵塔便條紙
成套的日夜鐵塔便條紙。適合送同事。

東京鐵塔牛奶糖
東京鐵塔官方商店獨家限定。只要220日圓（含稅）相當平價。

人形燒
（木村家人形燒本店）
在蜂蜜蛋糕體中包著紅豆或白豆餡。目前沒包餡的人形燒也很受歡迎。

推薦給男女老幼

雷米花糖
（淺草仲見世評判堂）
說到淺草就是雷米花糖。流傳了250年的親切庶民口味。

在網羅日本「好物」的精品店
尋找彩繪生活逸品

傳統工藝品改造而成的現代風商品或復古氣息濃厚的可愛生活用品。
在這類商品琳瑯滿目的精品店中，找出自己喜歡的單品吧。

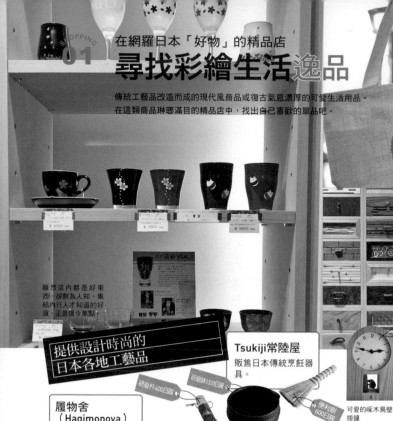

¥ 6300

¥ 5800

¥ 5800

雖然店內都是好東西，卻鮮為人知。集結內行人才知道的好貨，正是現今焦點。

¥ 14000日圓

提供設計時尚的日本各地工藝品

Tsukiji常陸屋
販售日本傳統烹飪器具。

研磨杵400日圓

研磨缽1320日圓

伊利保600日圓

昔日傳統用具

信州木工館
長野職人製作的原創木製品

可愛的啄木鳥壁掛鐘

履物舍（Hagimonoya）
來自倉敷的室內鞋專賣店。

(M) 3000日圓
(L) 3200日圓

2300日圓

鞋底加了活性碳的室內鞋，除臭效果一流。

會津漆器盆栽

萩之風
販售萩市傳統工藝品與竹製家具。

各4400日圓

大漁旗印染店製作的托特包。

700日圓

2800日圓

彩色馬克杯
會津木棉杯墊

價2800日圓
價3000日圓

藺草和京都緞綢製成的拖鞋。

URUWASHI
以新風貌呈現會津傳統工藝品。

全日本佳餚齊聚一堂
還有超多當地美食

美味食物不可錯過

使用評茶師挑選的茶葉
茶寮 Tsubo市製茶本舖
開業超過160年的大阪堺市老字號茶館。在茶香中休息片刻。

🏠 2F ☎ 03-3841-0155
▶MAP P.10 B-1

1050日圓

力休抹茶時雨剉冰

網羅眾多日本「好物」
MARUGOTO NIPPON

以開心「看見」、「品嘗」、「帶回」日本好物為概念的商城。陳列來自日本47個都道府縣的精緻逸品與市面上少見的特產等優質商品。

🏠 台東區淺草2-6-7 ☎ 03-3845-0510
🕐 1、2F 10：00～20：00、3F 10：00～21：00、4F 11：00～23：00 🈺
全年無休 🚃 筑波快線淺草站A1出口步行約1分鐘

淺草 ▶MAP P.10 B-1

希望藉由該商場讓旅客到當地觀光。

380日圓

和風料理咖啡餐館
畑畑
輕鬆品嘗使用日本各地美味食材做成的餐點。

🏠 4F ☎ 03-3845-5122
▶MAP P.10 B-1

午間套餐「一湯三菜」是從單盤餐點中選出幾道組合而成。

SHOPPING

尋找彩繪生活逸品

挑選梳妝台各式好物

選購文具用品

搶購熱門伴手禮

尋找美味伴手禮

可愛且個性十足的
日本製生活用品

廣島縣府中市製作的桐木跳箱置物盒。 各5500日圓

飛機筷架（ANA）。還有其他機種。 1026日圓

大小不一的青森縣小巾刺繡包扣。 400日圓

就在自由之丘站附近。

居然有這種好貨！

katakana

集結生活周遭日本「好物」的精品店。有包包、布製品、陶器及文具等，說不定還能找到其他地方沒有的寶物。

世田谷區奧澤5-20-21第一WACHI大樓1F ☎03-5731-0919 營 11：00～20：00 休 不固定 東急東橫線、大井町線自由之丘站南口步行約3分鐘

自由之丘 ▶MAP P.26 B-3

竹製畚箕「新潟畚箕」（右）與小掃帚（左） 1500日圓

1200日圓

月兔印琺瑯壺 4000日圓

猿屋大入牙籤 756日圓

追求
永續設計

提供以生活用品為主的食衣住全方位商品。

延長好物年限

D&DEPARTMENT TOKYO

日本國內外有11個據點，由全日本同步販售的基本商品和各地區獨自鑽研的「地區永續設計」所組成。

世田谷區奧澤8-3-2 ☎03-5752-0120 營 12：00～20：00（餐廳11：30～22：00） 休 週三 大井町線九品佛站步行約8分鐘

自由之丘 ▶MAP P.26 A-3

美化居家生活
挑選梳妝台各式好物

每天使用的護膚品，無論是臉部或身體用品，都希望挑選對身體無負擔的商品。
以下介紹的是用起來開心，提升女性魅力的品項。

以精油修護受損髮質的「綠玫瑰護髮液」

Ⓑ 3519日圓

以死海鹽為基底的「身體磨砂膏」，讓肌膚柔潤光滑！

Ⓑ 5093日圓

Ⓒ 4970日圓

鍊子造型細緻的三連串手環

男款項鍊

Ⓒ 10600日圓

BEAUTY
MAKE
★ UP ★

Ⓐ 2500日圓

自創品牌護膚油

玫瑰與柑橘調和成的複方精油「with Love」5ml

Ⓓ 1900日圓

時髦的流蘇水晶耳環

4300日圓

SHOPPING

尋找彩繪生活逸品

挑選梳妝台各式好物

選購文具用品

搶購熱門伴手禮

尋找美味伴手禮

試試精油
香水DIY吧

在東京德國春天有機生活館，將10ml的荷荷巴油與複方精油調製成芳香精油。從數十種精油中選出喜歡的味道。10滴以內的話所有種類任選。提供小瓶包裝，是很棒的旅行紀念品。不需預約，費用1200日圓。

店員會詳細指導，可以放心製作。

D 5200日圓

D 5000日圓

在玫瑰精油中加入石榴籽油的「平衡水」（左）、「潔膚乳」（右）。

B 2778日圓

D 3000日圓

A 2500日圓

沐浴乳搭配身體乳液的「Be Happy 身體護膚組」。

A 1800日圓

添加保濕成分的護脣膏。

護脣膏盒內部蕊心可以替換。

讓布製品香氣宜人的「薰衣草香氛噴霧」。

提升搭配完整度的飾品
C **Brooklyn Charm**
來自紐約的飾品店。店內經常陳列2000～3000款從當地總店進口的鍊子，也可以在店內挑選製作。

⌂ 澀谷區神宮前4-25-10 ☎ 03-3408-3511 🕐 11：00～20：00 ㊡ 不固定 Ⓜ 地鐵明治神宮前站電梯口步行約3分鐘

表參道 ▶ MAP P.12 C-2

零件費合計未滿5000日圓者，收取500日圓工資，超過者則免工資。

德國嚴格把關的有機產品
D **東京德國春天
有機生活館**
販售結合德國傳統植物療法與芳香療法的植物美妝品、身體護膚及芳療用品。

⌂ 澀谷區神宮前4-28-8-2F ☎ 03-6804-2697 🕐 11：00～19：00 ㊡ 週二、日 Ⓜ 地鐵明治神宮前站5號出口步行約3分鐘

青山 ▶ MAP P.12 C-2

歡迎來店裡
放鬆一下

護膚產品分成4種膚質。可向店員諮詢。

只要擁有就開心
選購文具用品

在大大小小文具廠商齊聚的東京，有很多高質感文具店。
要是買到喜歡的文具，再難的功課或再費時的勞作都能順利進行吧。

和紙紙膠帶
橫樑圖案的時尚膠帶
適合DIY。
`630日圓`
B

GOAT原創／Masco印章
`小 900日圓`
`大 1200日圓`
可蓋在信紙或筆記本上的原創印章。 A

右手迴紋針
固定文件的造型迴紋針。
`455日圓`
D

素描本（多種尺寸）
`270日圓～`
共6色6種尺寸，還能挑選紙張種類。
D

信封袋（10封入）
`各280日圓`
捨不得送人的信封袋。 C

GOAT原創／
新型標記貼紙by Masukoeri
經過抗UV、防水處理，可貼在手機、行李袋上。
`各350日圓`
A

明信片
`各150日圓`
從法國及德國等地進口。
D
C

迷你肩背包
共3色。皮製喇叭商標相當可愛。
`3550日圓`
D

千代紙筆記本
可以180度打開的線裝本使用順手。
`1400日圓`
B

A
每週營業3天的小型文具店
GOAT

2012年開幕。店內都是老闆精挑細選，以"Made in Tokyo"為主的高功能高質感日本製文具用品。營業時間每天不定，請先上網查清楚。

🏠 台東區東上野1-11-5-301　☎ 03-5817-4891　🕐 13：00～19：00　🈺 週日～三　🚇 地鐵仲御徒町站步行約4分鐘
`上野` ▶MAP P.23 E-3

B
開業超過200年的和紙舖
榛原

自200年前就在日本橋開業的和紙專賣店。販售使用來自日本各地優質和紙製成的高級品。不只賣紙，還有信紙組及紙膠帶等多種紙製品。

🏠 中央區日本橋2-7-1東京日本橋塔　☎ 03-3272-3801　🕐 10：00～18：30（週六、日～17：30）　🈺 假日　🚇 地鐵日本橋站B6出口步行約1分鐘
`日本橋` ▶MAP P.7 D-2

商品僅接受現金付款。

店面位於大樓3樓。

架上陳列的商品就像展示品般整齊。

掛著摩登暖簾的門口。

SHOPPING

尋找彩繪生活逸品

挑選梳妝台各式好物

選購文具用品

搶購熱門伴手禮

尋找美味伴手禮

HIGH QUALITY

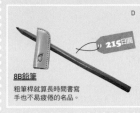

幽默小卡

每張手繪卡片上寫有短詩。

90日圓　D

江戶古地圖信紙紙組

別緻的江戶時代木版印刷地圖圖案。

900日圓　B

三菱鉛筆／證券細字用

連細小文字也能輕鬆書寫。

2500日圓　80日圓　A

atelier65／秋刀魚筆袋

外觀新奇或許會嚇到朋友。

GOAT原創／Masuko紙膠帶

插畫家Masukoeri小姐特別設計的和紙膠帶。

各460日圓　A

8B鉛筆

粗筆桿就算長時間書寫手也不易疲倦的名品。

215日圓　D

生日賀卡

在特別日子送給重要的人。

420日圓　C

一筆箋（20張）

生動的手沖咖啡或咖哩醬圖案。

各300日圓　C

千代紙筆記本

適合放入手提包的A6尺寸。

1400日圓　B

折疊式便箋

可依文章長度裁切的現代紙卷。

500日圓　B

C 擁有7000張世界各地的卡片

Tout le monde

明信片及賀卡專賣店。集結3D卡或毛茸茸造型卡等種類齊全豐富的卡片。還有多項國外進口的文具。

🏠 澀谷區神宮前5-45-9 LEGEND表參道1F　☎ 03-5469-1050
🕚 11：00～19：00　㊡ 週二　Ⓧ 地鐵表參道站A1出口步行約5分鐘

青山　▶MAP P.12 C-3

D 喇叭標誌畫具店

月光莊畫具店

1917年（大正6年）開業的老字號畫具店。1樓主要陳列畫具或素描本等畫用品。另外，地下室除了販售幽默小卡及文具外，還附設咖啡館。

🏠 中央區銀座8-7-2永壽大樓1、B1F　☎ 03-3572-5605　🕚
11：00～19：00　㊡ 週三（若遇假日照常營業※B1開放）
Ⓧ 地鐵銀座站A2出口步行約7分鐘

銀座　▶MAP P.8 B-3

整座牆面擺滿從世界各國進口的卡片。

鮮豔的藍色外牆。

1樓右後方是整排畫具。

吸睛的花窗玻璃。

有效率地選定目標

搶購熱門伴手禮

當買到只在店面販售或須預定的超搶手商品時，一定很開心。請事先調查清楚以免向隅。
這絕對會是頂級伴手禮。

日式

不曾改變的講究滋味是再辛苦也值得的好味道。

空也最中餅

數量有限

10個裝（紙盒裝）1046日圓

訂購方法	保存期限
盡量提早電話預訂。不能寄送。不能調貨。	7天

葫蘆形最中餅。據說放2～3天等內餡和餅皮融合後最好吃。

超熱門的最中餅是全手工的優雅滋味

名人也愛的人氣老店

空也

位於銀座並木通，1884年（明治17年）開業的日式點心舖。最中餅是用焦香餅皮包豆沙餡的日式糕餅。不量產，全部在銀座手工製作。

🏠 中央區銀座6-7-19　☎ 03-3571-3304　🕙 10：00～17：00（週六～16：00）　🈺 週日、假日　🚇 地鐵銀座站B5出口步行約3分鐘

銀座 ▶ MAP P.8 C-2

店面位於大樓1樓。在同樓大樓內製作。

銀座Kazuya的Kazuya煉餅

數量有限・預定制

6個裝2150日圓

不能調貨
冷藏保存2天（隔天）

訂購方法
取貨日前1個月起預定。

在上選本蕨粉中加入高級抹茶揉成口感絕妙的點心。

反覆揉製的醇厚柔軟口感

獨一無二的好伴道

銀座Kazuya

曾是大廚的老闆挑戰頂級練菓子（揉製日式點心）。老闆一人包辦所有事務常常沒空接電話，請別氣餒多打幾通吧。

🏠 千代田區有樂町1-6-8松田大樓1F　☎ 03-3503-0080　🕙 11：30～15：00　🈺 週日、假日、其他不固定日　🚇 地鐵日比谷站A2出口步行約1分鐘

銀座 ▶ MAP P.8 B-1

位居大樓一隅。一坪大的店面。

日式 × 西式

沉浸在日西融合而生的現代日式甜點世界。

六雁白色馬卡龍

數量有限・預定制

10個裝2700日圓

不能調貨
冷藏保存2天

日式口味的白色馬卡龍。廣受各年齡層喜愛。

訂購方法
須預訂。在指定時間內到店取貨。

入口即化的新時尚馬卡龍

以「超級日式料理店」為概念

六雁

在開放式廚房享用日本料理的新形態日式餐廳。總主廚研發的白色馬卡龍顏受好評。在白味噌餅皮中夾入當季餡料。

餐廳主要提供套餐菜色。

🏠 中央區銀座5-5-19銀座Pony Group大樓6、7樓　☎ 03-5568-6266　🕙 17：30～23：00　🈺 週日、假日　🚇 地鐵銀座站B5出口步行約1分鐘

銀座 ▶ MAP P.8 C-2

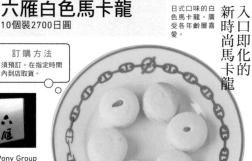

SHOPPING

尋找彩繪生活逸品

挑選梳妝台各式好物

選購文具用品

搶購熱門伴手禮

尋找美味伴手禮

外帶須排隊2小時，數量有限的高門檻也是魅力之一。

ÉCHIRÉ MAISON DU BEURRE
的Gâteau Échiré Nature
1塊4000日圓

ÉCHIRÉ費南雪
300日圓
保存期限3天，
不可調貨。

水果蛋糕
2500日圓
保存期限2週
內，不可調貨。

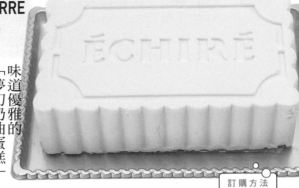

味道優雅的「夢幻奶油蛋糕」

西式

使用上等材料做成的西式點心。幸福滋味在口中蔓延。

吃一次就上癮的迷人奶油蛋糕
ÉCHIRÉ MAISON DU BEURRE

| 不可調貨 |
| 保存期限2天 |

傳統發酵奶油「艾許」（ÉCHIRÉ）的全球首家專賣店。半數奶油食材採用艾許奶油製成的生蛋糕是數量限定商品。

🏠 千代田區丸之內2-6-1丸之內 BRICK SQUARE 1F ☎ 03-6269-9840 🕙 10：00～20：00 不固定 🚉 JR東京車站丸之內南口步行約約6分鐘

東京・丸之內 ▶MAP P.6 B-2

位於時尚的丸之內BRICK SQUARE內。

訂購方法
因為數量有限請在開店前到現場排隊。

濃郁奶油與葡萄乾交織成的好味道

訂購方法
到代官山店面直接購買。

用洋酒醃漬的濕軟葡萄乾和奶油相當對味。

代官山小川軒的
葡萄乾夾心餅
10個裝 1200日圓

| 不可調貨 |
| 冷藏保存6天 |

葡萄乾夾心餅創始店
代官山小川軒

高級法式餐廳＆甜點店製作的葡萄乾夾心餅。口感輕柔的酥餅和奶油、葡萄乾搭配出絕妙滋味。不接受通訊訂購，請到店購買。

🏠 澀谷區代官山町10-13 ☎ 03-3463-3660 🕙 10：00～18：00 🚫 週日、假日 🚉 東急東橫線代官山站西口步行約6分鐘

代官山 ▶MAP P.16 C-1

位於代官山閑靜的街道上。

入口即化的巧克力蛋糕
KEN'S CAFÉ TOKYO

| 不可調貨 |
| 常溫保存3天、 |
| 冷藏2週內 |

以店內自有品牌巧克力為主，添加奶油、雞蛋、砂糖等4種嚴選食材烤出的巧克力蛋糕最受歡迎。

🏠 新宿區新宿1-23-3御苑 Kōpohianēzu 1F ☎ 03-3354-6206 🕙 10：00～20：00 🚫 週六、日、假日 🚉 地鐵新宿御苑前站2號出口步行約3分鐘

新宿御苑 ▶MAP P.28 ⑩

KEN'S CAFÉ TOKYO的
特製巧克力蛋糕
1條（280g）2778日圓

只能外帶不可內用。

訂購方法
在網路上預訂，必須到店取貨。

特色是香氣馥郁的絕品巧克力蛋糕

吸飽濃醇入口即化，口感酷似生巧克力的巧克力蛋糕。

在美食街
尋找美味伴手禮

將東京「美味」分送給親朋好友及對自己照顧有加的人。
以下是可在知名百貨或話題名店購得的東京必買逸品精選。

最新流行甜點大集合！

名品齊聚的老字號百貨公司
伊勢丹新宿店

日本的代表性百貨公司。在人氣西點店和老字號日式點心舖林立的美食街，擺滿採購人員嚴選的高級品。

🏠 >>> P.94

新宿 ▶MAP P.19 E-2

地下1樓
美食街

極 抹茶大福
204日圓
包了紅豆餡和抹茶奶油的抹茶大福是限定商品。

調貨 不可
保存期限 2天

Fika
果醬餅乾（草莓）
10片裝 1000日圓
填滿草莓果醬口感鬆脆的餅乾。

調貨 可
保存期限 製造日起
45天

Fika
伊勢丹新宿店限定品牌。北歐風紙盒最適合送禮。

上野車站前
岡埜榮泉總本家
1873年（明治6年）開業。販售銅鑼燒和最中餅等，但大福最受歡迎。

Li Pore
Li Pore水果果凍
491日圓
放了口感新奇「SOSA球」（水果粒與珍珠）的果凍。

調貨 不可
保存期限 1天

Li Pore
以「在亞洲旅行的甜點」為主題。生菓子（含水量高的包餡日式點心，如麻糬、羊羹等）外還有多種烘焙點心。

御笠山麵包乾
10片裝 1000日圓
有原味和白巧克力2種口味。

調貨 不可
保存期限 30天

御笠山
傳統老店「文明堂東京」在伊勢丹新宿店設立的獨家品牌。

**網羅多家
第一分店&唯一商店！**

眾多高質感商品
NEWoMan

世界各國知名品牌的嚴選頂級商品齊聚於此。要找領先潮流的日本首家分店或高質感限定商品，就在這裡。

🏠 >>> P.95

新宿 ▶MAP P.19 D-3

結
創業380多年的「兩口屋是清」成立的品牌。有多款新穎日式甜點。
☎ 03-3353-5521

Fuyujon 6個裝
1200日圓
外表淋上巧克力的包餡烘焙點心。

調貨 不可
保存期限 14天

喜願糖
1盒2000日圓
以和三盆糖做成精緻金魚的美麗糖品。

調貨 不可
保存期限 90天

SHOPPING

尋找彩繪生活逸品

挑選梳妝台各式好物

選購文具用品

搶購熱門伴手禮

尋找美味伴手禮

連結東京車站非常方便！

**1樓・地下1樓
美食街**

採買限定口味

大丸東京店

跨越2層樓的「HoppeTown」
是美食寶庫，從甜點到熟
食等應有盡有。除了日本
僅此一家的店面外，還有
許多店舖限定商品。

🏠 千代田區丸之內1-9-1
☎ 03-3212-8011 🕙 10：00～
21：00（週六、日、假日～
20：00）🅿 全年無休 🚇
JR東京車站八重北口出站直
達

`東京・丸之內` ▶ MAP P.6 C-2

列日鬆餅
5個裝 1482日圓
造型可愛的紙盒包裝。
是頗受歡迎的伴手禮。

調貨 不可
保存期限 3天

MAISON DANDOY
比利時布魯塞爾傳統點心舖
進駐日本的首家分店。

調貨 不可
保存期限 自製造日
起30天

餅乾禮盒
6片裝1000日圓
包括焦糖脆餅等5種
人氣烘焙點心的綜合
禮盒。

調貨 不可
保存期限 2個月

**招牌法式
千層酥**
4個裝 1000日圓
有巧克力和香草2種
奶油夾餡。

Mille Feuille Maison
首度在松屋銀座開店的法式
千層酥專賣店。

調貨 不可
保存期限 製造日起
30天

甜甜圈
6個裝1000日圓
撒上華麗配料的環狀
酥派。

洋溢銀座品味

**地下1樓
美食街**

集結嚴選商品

松屋銀座

以銀座才有的優質商品陣容而自
居。跨越地下1、2樓的寬敞美
食街，是能悠哉購物的空間。

🏠 中央區銀座3-6-1 ☎ 03-3567-
1211 🕙 10：00～20：00 🅿 不
固定 🚇 地鐵銀座站A12號出口出
站直達

`銀座` ▶ MAP P.9 D-2

調貨 可
保存期限 2週左右

Rusu Rusu菓子工房
總店位於東麻布的西
點店。精心製作的點
心最適合送禮。

小鳥餅乾
1600日圓
保證送到心坎上的糖
霜餅乾！

埃及鹽數麥脆片
S（80g）610日圓
M（180g）1380日圓、紙盒100日圓
使用料理家高橋良子
引進的埃及鹽。

調貨 可
保存期限 未開封下
製造日起4個月

**2樓
站內商場**

FRUCTUS

奶油費南雪
8個裝1500日圓
使用瑞士奶油添加少
許蓋朗德鹽製成。

調貨 可
保存期限 製造日起
30天

Butter Butler
以全世界高級奶油為
主食材的甜點品牌。
在日本的首家分店。
☎ 03-6380-1082

奶油焦糖罐
整顆 2400日圓
以3種奶油層層疊起
的罐狀派餅。

調貨 不可
保存期限 冷藏3天
（包含解凍日）

FRUCTUS
穀麥專賣店「FRUCTUS」
在東京開設的唯一定
點商店。

🐾 半生菓子（如最中餅、銅鑼燒等）和須冷藏的點心，保存期限通常只有幾天。再加上手提行李的重量，最好在回程時購買。

貓刑警Hare太朗
走遍天涯海角也要逮到鼠輩Tabi阿吉。性格上是家貓特有的虎頭蛇尾！？

鼠輩Tabi阿吉
活躍於日本各地的起司小偷。起司小偷逃到哪了！？

貓刑警
Hare的
追捕之旅

④

這次收到Tabi阿吉在谷根千的目擊諜報便趕來了…

不會是假消息吧！

不知為何這座城市有好多我的同伴！

喵？

哈哈哈

有看到老鼠小子嗎？

不知道

蛤？

…是嗎…

嗯嗯嗯

焦躁不安

什麼啊？這座城市的貓舉止好沒禮貌喔！

喀擦

喀擦

小貓咪

呵呵呵

轉圈～喵

以為自己是偶像！

太討厭了！！

呀！好可愛！

哇～

咦？我嗎！

轉圈，喵！

喀擦 喀擦

好乖乖

谷根千的貓咪很多都不怕生，是愛貓人士流連忘返的地區。狹長的街道上設有貓咪擺飾，貓咪主題雜貨店或餐飲店散布其間，整座城市因貓咪而熱鬧不已。除此之外，位於羽田機場附近的大井埠頭中央濱海公園（▶MAP P.5 D-3）也是知名的貓咪勝地。

TOURISM

東京「觀光」事件簿

要放慢腳步仔細逛東京，2、3天絕對不夠！盡量在有限時間內充分利用每一刻，努力提高觀光效率吧。

事件 1

交通費、用餐、購物……
花費比想像中還高。
希望再節省一點！

解決 善用1日乘車券或折價券來省錢吧。

雖然有很多人都是決定好預算後才來東京玩，但像電車等零碎交通費或休息茶費，縱使金額低累積起來也是筆不小的費用。以下傳授大家小額省錢祕技。

每天都有鈔票飛走！

東京暢遊手冊2017

可用於79個設施！

ぐるっとパス Grutto Pass 2016
美術館·博物館等共通入場券&割引券
¥2,000（大人券全84A）
有效期間 Date of Validity

集結東京都內79個美術館、博物館等入場券、優惠券的省錢手冊。加上東京Metro 24小時車票（2張）的「Metro&暢遊手冊」套票，或都營完全票（2張）的「都營de暢遊手冊」套票，各2700日圓（含稅）。

東京暢遊手冊2017
Ⓟ 2000日圓（含稅） Ⓑ「東京暢遊手冊」79個設施對象所有購票窗口等處 Ⓘ 東京暢遊手冊2017事務局
☎ 03-5610-3500

CHIA TOKU

超過400個優惠景點！

只要出示東京Metro與東京都交通局發行的一日乘車通票，就能在東京都內博物館及美術館、水族館、動物園、餐飲店等處享有折扣或好禮贈送等服務。優惠景點超過400處！

CHIKA TOKU
Ⓘ 東京都營交通客服中心
☎ 03-3816-5700

出示通票就有優惠！

extra value ちかとく CHIKA TOKU

一日乘車券

不用儲值！

要去多處觀光地區時，就利用各公司發行的在固定金額內可多次上下車的特別車票吧。不用儲值輕鬆又快速。

東京Metro、都營地鐵一日乘車券（成人1000日圓）。

可搭乘東京Metro地鐵全線的24小時車票（預售制，成人600日圓）。

免費傳單

獲得即時訊息！

在地鐵車站有各種免費傳單可取閱。提供當月應景景點、食物、各種折價券等，讓人覺得只要拿了就有便宜可撿。

MetroWalker
專為大人設計的東京Metro地鐵沿線指南。

交流窗口
都營交通的宣傳雜誌。介紹沿線的城市美食或新資訊。

事件 2

希望全家大小一起到東京觀光！

家族全員一起
悠哉逛東京！！

解決 搭計程車既省時移動也輕鬆。可請司機安排路線！

司機會安排路線！

一聽到搭計程車觀光就會覺得很貴，但若是多人共乘的話，絕對會降低交通費用。尤其是觀光計程車司機，還身兼導遊，對各區瞭若指掌，可為大家介紹觀光景點或人氣名店等。

 希望有趟精實之旅的人

約5小時 24630日圓～

東京觀光計程車・吃到飽行程

到飯店接了旅客就出發，日本橋→江戶東京博物館→淺草寺→東京晴空塔→上野寬永寺→靖國神社→歌舞伎座等網羅全區景點的特別行程。

希望盡情購物的人

約4小時 19790日圓～

東京觀光購物行程

推薦給想盡情購物的人，在4～5小時內一口氣逛遍銀座及日本橋、原宿與表參道的行程。就算行李增加也可放在車內，可以輕鬆在各地接連血拚。也可依個人喜好安排路線。

 甜點愛好者

約3小時 14950日圓～

利用計程車安排甜點路線

甜點導遊司機帶領大家一口氣走遍江東、墨田、台東等下町老字號甜品店的甜點行程。另外，也可要求前往口袋名單中的甜品店（需事先徵詢）。

日本交通　☎03-6265-6360

事件 3

雖然很期待夜遊東京，但都是女性同伴有點擔心……

參加團體旅遊安心又輕鬆。

解決 搭乘哈多巴士，就算都是女性同伴也放心。

雖說以環遊東京景點的東京觀光一日遊最有名，但也有觀賞人氣模仿秀、人妖秀、夜總會或傳統高級日式餐廳等夜間娛樂行程。因為有巴士接送就算女性成員也能安心參加。

推薦給女性旅客的 **夜間行程**

遊覽雙橋與六本木新城的夜景行程

約4小時30分鐘 7980日圓（含稅）

附東京灣舞濱飯店自助餐的人氣行程。從海拔250m的六本木新城東京City View開放式觀景台看到的夜景，令人永生難忘。搭乘日本率先導入的新型雙層巴士。

東京晴空塔夜景路線

約3小時30分鐘 4980日圓（含稅）

搭乘Hello Kitty雙層巴士的夜遊行程。可同時遊覽東京晴空塔天望甲板與東京晴空街道的實惠行程。在車上也能欣賞到日本橋和銀座的美麗夜景。

夜遊行程・觀賞人妖秀

約4小時 7600日圓（含稅）～

在六本木名店「香和」觀賞人妖秀。從東京車站出發到香和，有人妖美女隨行炒熱車上氣氛。附輕食與酒精、非酒精飲料喝到飽套餐（90分鐘）。

哈多巴士預約中心　☎03-3761-1100

多重樂趣
令人興奮的大都會絕景

高聳入雲的摩天大樓獨占東京視野。以下介紹能達成心願的最佳地點。
晚上前往就能看見東京美景。

永恆不變的東京地標

東京鐵塔&東京航海王塔

東京知名地標，高333m的電波塔。以360度的超廣角瞭望台為首，餐廳、商店及娛樂區一應俱全。

東京鐵塔 🏠 港區芝公園4-2-8　☎ 03-3433-5111　⏰ 9：00～22：30　🗓 全年無休　💰 成人（高中生以上）大瞭望台900日圓、特別瞭望台700日圓、兒童（中小學生）大瞭望台500日圓、特別瞭望台500日圓、幼兒（4歲以上）大瞭望台400日圓、特別瞭望台400日圓　🚃 地鐵赤羽橋站赤羽橋口步行約5分鐘

〔東京全圖〕 ▶MAP P.4 C-2

東京航海王鐵塔 🏠 Foot Town 1F、3～5F　☎ 03-5777-5308　⏰ 10：00～21：00　🗓 全年無休　💰〔預售票〕成人（19歲以上）3000日圓、青少年（13～18歲）2600日圓、兒童（4～12歲）1500日圓；〔當日票〕成人（19歲以上）3200日圓、青少年（13～18歲）2700日圓、兒童（4～12歲）1600日圓　🚃 地鐵赤羽橋站赤羽橋口步行約5分鐘

〔東京全圖〕 ▶MAP P.4 C-2　　　　　※價格含稅

333m

250m 特別瞭望台

從深具科幻空間感的特別瞭望台飽覽夜景。

+α

Foot Town
1F、3～5F

東京航海王塔

熟悉的角色人物登場表演，顏具看頭。

©尾田榮一郎／集英社・富士電視台・東映動畫
©Amusequest Tokyo Tower LLP

150m

大瞭望台2樓

2樓有免費租借的望遠鏡，美景近在眼前！

大瞭望台1樓

腳下觀景窗的玻璃地板，可俯瞰高145m的正下方。

※關於瞭望台的開放資訊請事先上官網查詢。

5 F
4 F
3 F
2 F
1 F
B1F

What is
Foot Town

從地下1樓到屋頂共7層樓的商業設施。在1樓、3～5樓有超受歡迎的東京航海王塔，2016年夏天並推出360度記錄劇場。

View Point

從上俯瞰？
還是由下仰望？

試著從各個地方欣賞東京鐵塔，就能發現不同風貌。近距離感受東京鐵塔的震撼畫面固然不錯，但聳立在大都會中的點燈姿態也很美麗。

俯瞰

六本木新城觀景台
東京City View

六本木 ▶MAP P.22 B-3

仰望

東京鐵塔正下方

俯瞰

世界貿易中心大樓
Seaside Top瞭望台

東京全圖 ▶MAP P.5 D-2

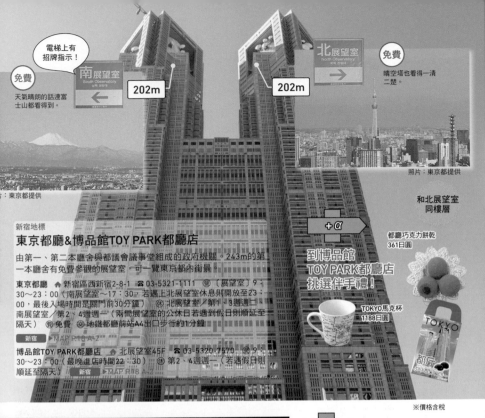

TOURISM

大都會絕景

能量景點

3大博物館

特色美術館

社會參觀行程

歌舞伎初體驗

落語・相撲

電梯上有招牌指示！

免費
天氣晴朗的話連富士山都看得到。

南展望室
South Observatory

202m

北展望室
North Observatory

202m

免費
晴空塔也看得一清二楚。

照片：東京都提供

：東京都提供

和北展望室同樓層

都廳巧克力餅乾
361日圓

TOKYO馬克杯
1188日圓

+α　到博品館
TOY PARK都廳店
挑選件手禮！

新宿地標
東京都廳&博品館TOY PARK都廳店

由第一、第二本廳舍與都議會議事堂組成的政府機關。243m的第一本廳舍有免費參觀的展望室，可一覽東京都內街景。

東京都廳　新宿區西新宿2-8-1　☎03-5321-1111　〔展望室〕9：30～23：00（南展望室～17：30，若遇上北展望室休息則開放至23：00，最後入場時間是閉門前30分鐘）　北展望室／第1、3週週二南展望室／第2、4週週一（兩間展望室的公休日若遇到假日則順延至隔天）　免費　地鐵都廳前站A4出口步行約1分鐘
新宿　▶MAP P.10 A-2

博品館TOY PARK都廳店　北展望室45F　03-5320-7570　9：30～23：00（最晚進店時間22：30）　第2、4週週一（若遇假日則順延至隔天）
新宿　▶MAP P.10 B-

※價格含稅

+α　東京巨蛋城樂園

從80m高度飽覽東京美景。

摩天輪Big O

玩一整天才盡興！
東京巨蛋城& Spa LaQua &
東京巨蛋城樂園

以東京巨蛋為首，結合遊樂園、後樂園會館、Spa、宇宙博物館、飯店等於一處的都會型綜合娛樂設施。

東京巨蛋城　文京區後樂1-3-61　03-5800-9999　依設施而異　全年無休　依設施而異　地鐵水道橋站

宇宙博物館TeNQ
以巨大圓形銀幕與光雕投影等最新技術呈現宇宙面貌。

+α　Spa LaQua
忘卻置身市區的喧擾，度過奢侈美好時光。

A7出口步行約1分鐘　後樂園　▶MAP P.27 ①

東京巨蛋天然溫泉Spa LaQua　☎03-3817-4173　11：00～隔天9：00　不固定（設備保養維修日則休館）　2634日圓　後樂園　▶MAP P.27 ①

東京巨蛋城樂園　03-3817-6001　依設施而異　全年無休　免費（遊樂設施另行收費）　後樂園　▶MAP P.27 ①

宇宙博物館TeNQ　東京巨蛋城內黃色大樓6F　☎03-3814-0109　11：00～20：00（週六、日、假日、特定日10：00～）　全年無休　一般1600日圓（事先預約）、1800日圓（當日票）※未滿4歲禁止入館　後樂園　▶MAP P.27 ①

※價格含稅

提升運勢增強精神
在能量景點祈求庇佑！

枝葉扶疏綠意盎然的神社，傳聞聚集了來自神明的神祕力量與大自然能量。
不妨前往擁有這些力量的景點療癒身心吧。

最強而有力的能量！

療癒
＋
淨化

遠離都市紛擾的莊嚴氣氛，彷彿不在原宿內。

備受矚目的3大區就在這裡！

注目焦點

淨化

清正井
江戶時代武將加藤清正挖掘的水井。望著湧泉或許會顯露出本心吧。

姻緣

大鳥居
從原宿站穿過大鳥居前往南參道，據說就能得到良緣。

姻緣

夫妻楠樹
據說這兩棵神木（夫妻楠樹）象徵婚姻美滿。

只要散步其間就覺得神清氣爽
明治神宮

東京數一數二的知名能量景點。境內擁有數萬棵茂密林木，各色植物種類繁多，十分賞心悅目。根據記載，歷年來的新年首次參拜人數都是日本第一。請預留30分鐘慢慢參拜。

♠ 澀谷區代代木神園町1-1　☎ 03-3379-5511　㉑ 日出～日落（每月不同）　㉺ 全年無休　㉰ 免費參拜　㉯ JR原宿站表參道口步行約1分鐘

原宿　▶MAP P.12 A-1

What is　明治神宮

· 供奉明治天皇與昭憲皇太后的神社
1920年（大正2年）興建，坐落於和兩位祭神緣分深厚的代代木。

· 以蓊鬱森林著稱的面積多達70萬m²
種植日本各地進獻的10萬棵樹木，是座人造林。也是訪客的休憩場所。

· 日本第一的新年首次參拜人數
或許受惠於交通方便，新年首次參拜人數是日本第一，超過300萬人。

· 籤詩沒有吉凶
「大御心」是明治天皇和昭憲皇太后做的30首和歌附上解說文的籤詩。

大御心
寫上和歌的明治神宮籤詩。

香油錢 100日圓

上漆
開運木鈴
「こだま」
用神木製成。

香油錢 2000日圓

旅遊平安護身符
守護旅途身心平安。

香油錢 1000日圓

※價格含稅

TOURISM

大都會絕景

能量景點

3大博物館

特色美術館

社會參觀行程

歌舞伎初體驗

落語・相撲

姻緣

祭祀伊勢神宮諸神的「東京伊勢神明」

東京大神宮是傳統神前結婚儀式的發源地。

戀愛籤
寫上有助於戀愛的建言。

香油錢
200日圓

香油錢
700日圓

鈴蘭姻緣護身符
鈴蘭的花語是「幸福來臨」。

深受新求良緣的女性歡迎
東京大神宮

1880年（明治13年）興建做為伊勢神宮的遙拜殿。據說很多人參拜後如願求得良緣，被譽為姻緣神社，因此至今仍有眾多女性到訪。

🏠 千代田區富士見2-4-1 ☎ 03-3262-3566 🕐 6：00～21：00（護身符授予處8：00～19：00）休 全年無休 免費參拜 地鐵飯田橋站B2a出口步行約5分鐘

飯田橋 ▶ MAP P.24 C-1

帶來好運的神明使者猿猴
日枝神社

位於永田町，有很多政治財經界人士到訪，傳聞能提升工作運與事業運。另外，和猿猴結緣的猿結與日文姻緣（緣結）發音相同，也是知名的求姻緣神社。

🏠 千代田區永田町2-10-5 ☎ 03-3581-2471 🕐 5：00～18：00（10～3月6：00～17：00）休 全年無休 免費參拜 地鐵赤坂站2號出口步行約3分鐘

赤坂 ▶ MAP P.27 ④

香油錢
500日圓

小猴護身符
據說可以除魔（日文中猴子和除去的發音相同），是頗受歡迎的護身符。

香油錢
300日圓

神猿籤
可愛的猿猴靈籤。

走遠一點

米其林三星聖地

充飽能量

三福丸子
（多福、幸福、富裕）

在大自然中積蓄力量
高尾山

號稱至今每年有270萬人到訪，是世界數一數二的觀光勝地。據說藥王院擁有結合大自然與神明力量的神奇能量。

🏠 八王子高尾町 ☎ 042-661-1115（高尾山藥王院）🕐 9：00～16：00（每月不同）休 全年無休 免費參拜 纜車高尾山站步行約20分鐘

八王子 ▶ MAP P.4 A-1都外

提升運勢的夫妻

工作運＋戀愛運

※價格含稅

取得御朱印！

據說在女性間，有越來越多參拜完神社寺院後，在御朱印帳上收集御朱印的「御朱印女孩」。以下說明何謂御朱印。

● 御朱印

御朱印是神社或寺院提供給參拜者蓋好章的章印及墨筆。做為參拜過該神社寺院的證明。有別於單純蓋章，是尊敬神佛的貴重物品。

奉拜 明治神宮 義 年 月 日

● 購買御朱印帳

在神社或寺院的御朱印所或授予所求取取御朱印帳。另外，也可在文具店或網路上購得。可放入女性小皮包內的隨身尺寸和女性化圖案，頗受歡迎。

深受女性歡迎的御朱印帳

御朱印帳
800日圓

東京大神宮
蝴蝶花紋洋溢華麗女人味。

1000日圓

日枝神社
單獨印上猿猴圖案。

1000日圓

日枝神社
不見、不聞、不言的猿猴圖案。

🌿 收集御朱印不是蓋觀光戳章。親自參拜後求取蓋印期間也需安靜等候。

就算路程較遠也想去
前往期待不已的**3**大博物館！

有別於美術館展示手法的人氣博物館。雖然距離東京都心有點遠，但可以充分感受到該館才有的世界觀。有些地方採完全預約制請事先查詢清楚。

沉醉於吉卜力世界
三鷹之森
吉卜力美術館

宮崎駿大師擔任館主的吉卜力工作室美術館。在宛如迷宮般的館內有可看到動畫電影製作過程的展覽室。

🏠 三鷹市下連雀1-1-83 ☎ 0570-055777 ⏰ 10：00～18：00（預約制） 🈺 週二以外還有長期休館日 💰 成人、大學生1000日圓、國高中學生700日圓、小學生400日圓、幼兒（4歲以上）100日圓 🚉 JR三鷹站南口步行約15分鐘

三鷹 ▶MAP P.4 A-1

在庭院草木扶疏的寬敞屋頂上，約5m高的美術館守護神機器人靜立於此。

門票採指定時間預約制
★入場採指定時間的完全預約制。只在LAWSON售票。
★請注意美術館窗口沒有售票。
★入場時間為10：00、12：00、14：00、16：00，一天4次。
★每月10日（10：00～）開始預售下個月的門票。
★不可更改日期及退款。

預約請洽此處	①URL http://l-tike.com/ ②☎ 0570-084-633（售票日10日當天） ☎ 0570-084-003（售票日隔天以後） ③在超商「LAWSON」的終端機Loppi購票

暢遊路線
Go to吉卜力的森林世界
START

龍貓櫃台
位於正面的櫃台是假櫃台。龍貓會告訴大家真正的櫃台地點。

開心區
可以和龍貓一起照相喔。

中央大廳
從地下1樓到2樓是光線自挑高天花板灑下的大空間。
BIF

土星座
可觀賞動畫短片的小型電影院。明明是電影院卻有開窗。
BIF

電影製作場所
展示電影製作過程的展覽室。可一窺見創作的辛苦與歡樂。
1F

空中花園

開心區
天空之城拉普達中出現的「爽石」！

圖書館
可讀到宮崎駿先生和吉卜力美術館嚴選推薦的繪本及童書的圖書閱覽室。
2F

選哪本好呢？

開心區
體驗軟綿綿的龍貓公車。

鬆軟輕飄！

「草帽」咖啡館
可以品嘗到吉卜力溫馨風味的家庭料理。橘色外牆搭配紅色窗框的外觀相當醒目。

美術館禮品店
「MAMMA AIUTO」
GOAL
2F

原創水彩號套件
7020日圓（含稅）

原創灰塵精靈
1836日圓（含稅）

龍貓公車室
小朋友最喜歡的龍貓公車在2F。可以在此盡情地觸摸打滾（僅限小學生以下）。
2F

貪吃鬼的三明治
1100日圓

樸實的懷舊口味。

不整齊草莓蛋糕800日圓

©Museo d'Arte Ghibli ©Studio Ghibli

© Fujiko-Pro

TOURISM

大都會絕景

能量景點

3 大博物館

特色美術館

社會參觀行程

歌舞伎初體驗

落語・相撲

去看藤子・Ｆ・不二雄的漫畫人物

川崎市 藤子・Ｆ・不二雄博物館

館內設有藤子・Ｆ・不二雄畫的原稿、漫畫閱讀區及主
角人物現身的咖啡館等，是到處充滿Ｆ氛圍的世界。

🏠 神奈川縣川崎市多摩區長尾2-8-1 ☎ 0570-055-245 🕐
10：00～18：00 🚫 週二 💰 成人、大學生1000日圓、國
高中生700日圓、兒童（4歲以上）500日圓 🚃 JR宿河原
站步行約15分鐘

川崎 ▶ MAP P.4 A-2

1F

F劇場
2F

展覽室I

老師的工作室

陳列漫畫原稿的展覽室與展出
Ｆ先生愛用工具的老師工作
室。

門票採指定時間預約制

★入場採指定時間的完全預約制。
★請注意博物館窗口沒有售票。
★入場時間為10：00、12：00、14：00、16：00，一天4次。
★每月30日開始預售下下個月的門票。

| 預約
請洽此處 | ①URL http://l-tike.com/fujiko-m/
②☎ 0570-084-245（售票日當天）
☎ 0570-084-003（售票日隔天以後）
③在超商「LAWSON」的終端機Loppi購票 |

漫畫區

2樓設有多種大小孩都喜歡的遊戲。Ｆ劇
場會播放原創作品。

閱讀普及全世界的漫畫

開心區
終於見到
哆啦Ａ夢！

遍植草皮的屋頂廣場是絕佳拍照地點。

銅鑼燒6個裝
1380日圓

記憶土司餅乾 12片裝
1650日圓

注意!! 人氣伴手禮＋美食

可羅培根蛋麵
1200日圓

記憶土司之法國土司款
930日圓

※價格含稅

真實呈現江戶到東京的風貌

江戶東京博物館

認識江戶到東京的變遷、江戶文化及
風俗的博物館。採用許多實物資料與
復原模型做淺顯易懂的說明。

🏠 墨田區橫網1-4-1 ☎ 03-3626-9974
🕐 9：30～17：00（週六～19：00）
🚫 週一（若遇假日則順延至隔天）💰
一般600日圓、大學生、專科生480日
圓、國高中生（東京都外）、65歲以
上300日圓※特展參觀費另計 🚃 地鐵
兩國站A3、A4出口步行約1分鐘

兩國 ▶ MAP P.5 D-1

透過精巧重現
的模型觀賞江
戶城與江戶街
景。

日本橋彼端是江戶街頭實景

開心區
走過日本橋
前進江戶吧。

櫻花便當
2700日圓
（含稅）

販售原創商品的博
物館禮品店。

© 江戶東京博物館

注意!! 從江戶時代到現在 認識江戶・東京的常設展

回到江戶時代
在等比例大的分租長屋（譯
註：江戶時期的集合民宅）一
窺江戶庶民生活。

文明開化
認識從江戶到東京的蛻變過
程。

現代東京
展示大正到昭和時期的生活型
態。

🌱 常設展覽室內的博物館體驗區，有重現1954年（昭和29年）生活的住家模型，可以脫鞋走上去。 175

都會綠洲
尋找特色美術館

東京從以前就是許多藝術家和作家進京的地方。因此有很多能近距離觀賞他們作品的美術館，飽覽充滿當代懷舊特色的作品。

工作室實景

紀念太郎生活的地方
岡本太郎紀念館

太郎自1954年起直到84歲過世時居住的工作室兼住家，成為紀念館對外開放。工作室與庭園等，盡量如實保留太郎在世時的模樣，並在裡面展示雕刻品及紀念物品。

♠ 港區南青山6-1-19　☎ 03-3406-0801　◉ 10：00～17：30　⊗ 週二（若遇假日則開館）、保養檢查日　⊜ 一般620日圓（含稅）、小學生310日圓（含稅）　◉ 地鐵表參道站A5出口步行約8分鐘

表參道　▶MAP P.13 E-3

Who is

岡本太郎
1911-1996年

日本20世紀的代表性藝術家，是漫畫家岡本一平、作家岡本迦納子的兒子。自19歲起旅居法國11年。

上面的臉代表未來，身體上是現在的容顏，背面畫有過去的樣貌。

1970年
〈太陽之塔〉1/50
岡本太郎製作的巨大作品，在1970年3月舉辦的日本萬國博覽會矗立於地標區中央。包含「母之塔」、「青春之塔」的主題館完成後，擔任主題館館長。紀念館展示的是1/50模型。

太郎的獨創作品與植物同居

〈少女像〉
〈1988年〉
在柔和的外形中閃耀著獨特感性光芒。令人不由得想抱緊。

〈年輕太陽〉
充分展現太郎風格的作品之一。靈動的線條中藏有細膩風格的作品。

1972年 水彩
〈綠風中的少女〉
將透明水彩顏料溶於大量水中，利用色彩濃淡與渲染，呈現出少女背後的整片樹蔭及風吹拂過的感覺。

📷 TOURISM

大都會絕景

能量景點

3大博物館

特色美術館

社會參觀行程

歌舞伎初體驗

落語・相撲

岩崎千尋
1918-1974年

以兒童為畢生主題持續作畫的畫家。善用渲染與模糊技巧的特殊水彩畫顏具特色，帶給觀賞者溫柔情感。

想帶孩子一起來
千尋美術館・東京

建於千尋度過晚年的住處兼工作室舊址。在館內，有可坐在千尋喜愛的沙發上觀賞繪畫的展覽室，以及復原的工作室等，可貼身感受到千尋的世界。

🏠 練馬區石神井4-7-2
☎ 03-3995-0612 🕙 10：00～16：30 🈺 週一（若遇假日則延至次一上班日）、其他臨時休館日 💴 800日圓（含稅）（高中生以下免費） 🚇 西武新宿線上井草站步行約7分鐘

石神井 ▶MAP P.4 A-1

多款原創商品。

復原1972年左右的工作室 👉

書套
各1100日圓（含稅）

磁鐵
各450日圓（含稅）

被譽為晚年傑作的水竹居

1933年
〈水竹居〉
夢二晚年旅居柏林期間所畫，模特兒是德國女人。描繪竹林與畫面留白的構圖，被視為夢二畫作的頂尖傑作，結合西洋與東洋之美。

1926年
〈婦女畫報〉四月號
描繪咖啡館的女服務員，充滿大正浪漫情趣的封面插圖。

平面設計師始祖

1918年（初版）
Senoo樂譜〈宵待草〉
在夢二多達280幅封面畫中頗有名的Senoo樂譜。

大正浪漫代表畫家
竹久夢二美術館

唯一能在東京都內欣賞到夢二作品的美術館。從令人回想起古老美好時代的〈夢二式美人圖〉到現代感作品，經常展出200～250件畫作，充分領略到範圍廣泛的夢二世界。

竹久夢二
1884-1934年

早稻田實業學校就學期間就投稿雜誌社，1905年底出道。發表多款明信片畫與插畫，夢二式美人圖相當受歡迎。

🏠 文京區彌生2-4-2 ☎ 03-5689-0462 🕙 10：00～16：30 🈺 週一（若遇假日則延至次一上班日）、換展期間 💴 一般900日圓（含稅）、大學生、高中生800日圓（含稅）、國中小學生400日圓（含稅） 🚇 地鐵根津站1號出口步行約7分鐘

根津 ▶MAP P.5 D-1

江戶東京
美食文化

世界第一的美食城市 源自江戶時代

世界上以星級評分餐廳最有名的是米其林指南。在最新版中，世界上獲得星級數最多的城市不是巴黎也不是紐約，而是東京。從這項數據即可得知東京外食產業質量之高，但世界第一美食城市的歷史則從江戶時代就展開了。

江戶時代中期約有100萬人口，可說是世界上最大的城市。德川幕府的家臣號稱有「旗本八萬騎」之多，有三百位諸侯擁有上千位武士，他們在江戶生活沒有從事生產活動，只管消費度日。尤其是因參勤交代留任江戶的武士皆為男性，江戶成為男性極多的城市。因此以路邊攤為主的外食產業相當興盛。此時流通制度已臻完善，不僅是江戶近郊，全日本也供應各種食材到江戶，使得料理種類日益增多。另外不光是路邊攤的簡單菜色，還能端出精心烹飪的料理，相當於現在高級日式餐廳的「料理茶屋」就在此時出現。以財力雄厚的居民為主，上層階級人士在此品嘗高級食材料理。

為什麼不一樣？ Check!
東京與大阪的飲食文化

在大阪，說到「狐狸」（Kitsune）指的是「放了豆皮的烏龍麵」，「狸貓」（Tanuki）則是指「放了豆皮的蕎麥麵」。而在東京蕎麥麵店點「狐狸」，居然沒人問「是蕎麥麵還是烏龍麵？」同樣地，在東京說到「狸貓」，則是指「放了天婦羅油渣的蕎麥或烏龍麵」。這只是其中一例，東京（關東圈）和大阪（關西圈）的飲食文化差異多到數不清。日本境內當然存有不同的飲食文化，但同樣是大都市，東京和大阪的差異讓人更想一探究竟。

江戶時代初期，在生產方法與物流尚未完備的江戶，會從關西運來優質食材，稱作「下物」。（另外，江戶周邊生產的劣質食材則名為「無用物」。）中期以後，關東地區也能產出優質食材，就不需要「下物」，發展出江戶特有的飲食文化。因氣候或地區不同，當然會形成不同料理，但或許是「江戶vs大阪」這種充滿敵對意識的觀念也減弱了吧。

TOURISM

大都會絕景

能量景點

3大博物館

特色美術館

社會參觀行程

歌舞伎初體驗

落語‧相撲

江戶前壽司

以江戶城前面，也就是現在的佃（中央區）捕獲的海鮮做壽司料。目前泛指東京灣撈到的漁獲。

在現代東京品嘗江戶人愛吃的食物

以前正宗的江戶味是在路邊攤輕鬆用餐，現在從立食店到高級日式餐廳等各式餐館都能品嘗到。

蕎麥麵

蕎麥麵也是江戶路邊攤的代表。有不少老字號蕎麥麵店於江戶時代開業。

鰻魚

以前在附近河川能捉到許多鰻魚。據說鰻魚丼飯的雛型出現在18世紀末。

天婦羅

18世紀中登場。江戶前漁獲或近郊生產的根菜類裹上麵衣油炸而成的小吃。

文字燒

由來眾說紛紜，但「文字燒」的名稱源自在鐵板上用鍋鏟像寫字般翻炒。

©朝日新聞社（所有照片）

重視品牌的江戶人

　　練馬蘿蔔、谷中生薑、小松菜（原產地在現今江戶川區小松川周圍）、早稻田茗荷、駒込茄子等，冠上產地名稱的「品牌蔬菜」也是在江戶時代出現。在和平的江戶時代，致力於提升栽培技術及品種改良等農業技術，種出許多質量兼備的蔬菜。在江戶城前方海域捕撈的新鮮漁獲名為「江戶前」，相當受歡迎。現在有很多餐廳會在菜單上標示產地，但堅持食材這點從江戶時代就開始了。

有種說法是獻給8代將軍吉宗時以產地來命名。

從元祿年間栽培至今的傳統蔬菜近年來產量銳減。

江戶味是醬油味

　　到江戶初期為止所謂的醬油是「溜醬油」（譯註：釀製時沉澱在桶內的醬油，色深味鮮）。產地主要在關西，因此當江戶人口增加時產量便趕不上需求。在當時的水運動脈利根川與江戶川沿岸的銚子與野田，便釀製出「濃口醬油」（譯註：味道濃郁）。可大量生產再加上有運輸管道，大批醬油被送往江戶，用於各式料理。

源自路邊攤的江戶美食

　　壽司、天婦羅及鰻魚等現代高級日式料理，到江戶中期都還只是路邊攤賣的速食。壽司的配料有限，僅在醋飯上放生魚片。壽司料和醋飯都很大，吃一個就飽了。天婦羅因為怕引起火災，長期以來只在路邊攤賣。蕎麥麵則是在路邊攤、店面都有販售。

和江戶前壽司同時出現的豆皮壽司，在關西是捏成三角形，江戶則是圓筒狀。

營業形態維持300年以上的路邊攤。無論在江戶時代或現代都是平民的好夥伴。

TOURISM 05

大人的原來如此

有趣的社會參觀行程

不僅是小孩，大人也會去工廠或紀念館，以下介紹寓教於樂的參觀&體驗景點。

可在飛機看板前拍紀念照。

好像在當空服員。

只有這裡才有的體驗！

變身成嚮往的空服員

可近距離參觀真正飛機的機棚行程

飛板近在眼前！

滿足好奇心！

參觀

一窺平常無法進入的國家機關與企業內部

日本政治中心

平日開放大眾參觀。

全方位認識惠比壽啤酒的娛樂設施

美味啤酒的祕訣在於泡沫。

Premium YEBISU

傳授喝到美味啤酒的方法

可試飲各款惠比壽啤酒的酒吧（收費）

可接觸飛行員工作的機會　　　**事先預約**

JAL觀光工廠
A 〜SKY MUSEUM〜

可以在1小時40分鐘內體驗展示區、飛行教室、參觀機棚的免費充實行程。

🏠 大田區羽田機場3-5-1 JAL機體保養中心1 🕐 每天4場（10：00〜、11：30〜、13：00〜、14：30〜）※網路預約制 🈺 全年無休 💴 免費 🚉 東京單軌電車新整備場站步行約2分鐘

羽田機場 ▶MAP P.5 D-3

推薦惠比壽之旅（500日圓）　　**可當天進場**

惠比壽啤酒
B 紀念館

從惠比壽啤酒的誕生到現在，以淺顯易懂的說明介紹惠比壽啤酒大小事。

🏠 澀谷區惠比壽4-20-1 ☎ 03-5423-7255 🕐 11：00〜17：10（週六、日、假日〜17：30）🈺 週一（若遇假日則順延至隔天）、臨時休館日 💴 免費 🚉 JR、地鐵惠比壽站步行約7分鐘

惠比壽 ▶MAP P.17 F-3

也可旁聽正式會議　　**可當天進場**

國會議事堂
C （參議院）

平日共有8場團體導覽，需時約1小時。參議院參觀大堂、休息室、中央大廳等都可參觀。

🏠 千代田區永田町1-7-1 ☎ 03-5521-7445 🕐 9：00〜16：00每個整點（共8場）🈺 週六、日、假日 💴 免費 🚉 地鐵永田町站1號出口步行約3分鐘

永田町 ▶MAP P.27 ④

TOURISM

大都會絕景

能量景點

3大博物館

特色美術館

社會參觀行程

歌舞伎初體驗

落語・相撲

挑戰新聞節目！

我是新聞播報員！

我是主播！

來看我吧！

工藝之國、日本
體驗
從最新電視業界到江戶時代
工藝品等各種大人體驗

可挑選喜歡的角色製作新聞。

現場氣氛融洽，一起開心做菜？！

這也是挑戰世界的日本傳統文化！

製作自己專屬的創意切子玻璃。

遙想
江戶時代

做得很像真品吧？！

體驗節目製作　　　　　　　**當天可入場**

NHK
⑩ 攝影棚公園

參觀製作現場後台、化身主播等，進行各種體驗的娛樂公園。

▲ 澀谷區神南2-2-1　☎ 03-3485-8034　🕙 10：00～17：30　🅗 第四週週一　💴 一般200日圓（含稅）、兒童免費　🚇 JR、地鐵澀谷站忠犬八公口步行約12分鐘

澀谷　▶MAP P.14 B-1

試過一次就上癮？！　　　**事先預約**

元祖
⑥ 食品樣品屋

體驗用傳統蠟製作食物樣品。1天3場，1次60～75分鐘的體驗行程。

▲ 台東區西淺草3-7-6　☎ 0120-17-1839　🕙 11：00～14：00、16：00～（共3場）　🅗 全年無休　💴 2160日圓（含稅）（天婦羅&生菜）　🚇 筑波快線淺草站A2出口步行約5分鐘

淺草　▶MAP P.10 A-1

在開業100年的老店進行體驗　**事先預約**

墨田
⑪ 江戶切子館

利用有色玻璃製作雕花玻璃品的體驗。約1小時30分鐘就能完成創意雕花玻璃。

▲ 墨田區太平2-10-9　☎ 03-3623-4148　🕙 10：00～18：00　🅗 週日、假日、夏季長假　💴 4320日圓（含稅）　🚇 JR錦系町站北口步行約6分鐘

永田町　▶MAP P.28 ③

歌舞伎觀賞入門

說到歌舞伎，應該有很多人覺得難懂高不可攀。但是，完全沒這回事。
尤其是歌舞伎座，有讓入門者就愛上歌舞伎的祕密絕招。

精采舞動鬃毛

勇猛的親子雙獅

豪華亮眼的服裝
也是歌舞伎看頭
之一。

©松竹株式會社

「幼獅」
左衛門孫子片岡千之助扮
演。天真浪漫活力充沛的
舞姿值得一看。

「母獅」
片岡二左衛門扮演的母
獅，動作俐落端莊，姿態
大氣俊美

連獅子

敘述母獅將幼獅推落萬丈深淵，只能撫
養爬上來的幼獅，而見到勇敢的幼獅
平安上來後，雙獅雀躍無比的傳說。精
采甩毛舞是必看重頭戲。

How to
START

歌舞伎觀賞入門

歌舞伎是江戶時代的代表性傳統文化之一。是貼近庶民的
大眾娛樂。正因為這樣，觀賞歌舞伎就該放輕鬆，不需正
襟危坐。放寬心進場看吧！

©朝日新聞社

一、購票

和古典音樂會一樣，可事先上網或打電話訂票。也
可在劇場售票處購票。有空位的話，當天開演前都
還買得到票。票價依座位區而異。

關於表演時間　　重點提醒

基本上分成午間場次和夜晚場次兩場，演出時間長
達4～5小時。因為中場會有幾次30分鐘左右的休息
時間，讓觀眾休息或用餐，因此可在歌舞伎座內選
購伴手禮或用餐，做自己想做的事。

二、服裝穿著平日外出服即可

不需盛裝出席，只要做假日外出打扮即可。當然要
符合時間、地點、場合的最低標準，因此盡量不要
穿牛仔褲或夾腳拖鞋。機會難得也可以穿和服看
戲，極具風情。

▶ 若想仔細觀賞

因為時間很長，至少選個
觀賞角度好的座位吧。

TOCHIRI座位	出場通道附近	看台區
位於1樓座位中央的前排好位置。以日文伊呂波歌（IROHA）依序排列的「TOCHIRI」位於前面算來第7～9排。	出場通道（舞台左邊）附近的座位能近距離感受演員氣息，很受歡迎。	位於1樓左右兩邊的特別座。每個雙人座備有一個暖爐桌、坐墊及茶水。

▶ 若想輕鬆看戲

一幕見席
因為如果只看喜歡的幕次，推
薦給歌舞伎新手。全部是自由
席，共150個座位。價格依演出
幕次而異，一幕500日圓～就能
觀賞到。售票處位於歌舞伎
座正面玄關左邊。

TOURISM

大都會絕景

能量景點

3大博物館

特色美術館

社會參觀行程

歌舞伎初體驗

落語・相撲

擁有125年歷史的歌舞伎座，是棟地下2層地上5層樓的建築。

認識歌舞伎的最佳地點

歌舞伎座

1889年（昭和22年）落成。現在的歌舞伎座是第五代建築物。擁有歌舞伎專屬的字幕導覽及台詞解說，因此就算是第一次觀賞歌舞伎也能樂在其中。

⌂ 中央區銀座4-12-15　☎ 03-3545-6800　∅
㉺ 依上映時間、設施、店舖而異　🚇 地鐵東銀座站3號出口出站直達

日本橋　▶MAP P.9 E-2

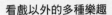
看戲以外的多種樂趣

歌舞伎座法蘭酥
因為是歌舞伎座限定商品，最適合當伴手禮。
Kaomise禮品店
☎ 03-3545-6563

1300日圓

鳳凰膳食
2樓餐廳「鳳」1天限定50組的鳳凰膳食。
「鳳」餐廳
☎ 03-3545-6820
※須預約
（看戲2天前預約）

※價格含稅

3500日圓

900日圓

面膜
市川染五郎監製的面膜。
一心堂總店

購物

美食

1500日圓

抹茶套餐
一邊眺望5樓的庭園景致，一邊喝抹茶休息片刻。
壽月堂 銀座歌舞伎座店
☎ 03-6278-7626
∅ 10：00～10：30

當天

700日圓

初次觀賞歌舞伎者可善用同步語音耳機導覽。

三｜抵達歌舞伎座！先取得節目大綱和語音導覽
在劇場購買現場販售的節目大綱，可先了解故事內容、精采看頭、演員角色等。另外，記得租借（付費）同步解說古文的語音耳機導覽。

©朝日新聞社

四｜好戲上演
座位前面設有歌舞伎座獨家字幕導覽。可透過文字確認台詞或劇情梗概。

1～3樓座位付1000日圓即可使用。

五｜中場休息
因為演出時間長，會有數次休息時間，可以買便當在位子上慢慢吃。禮品店的商品種類齊全，也可在中場休息時間去選購。

近距離感受歌舞伎
歌舞伎座展覽館

人人都可進入展覽館！
（收費）

依主題展示舞台上使用的服裝或道具等貴重物品，就算沒碰觸過歌舞伎也能樂在其中的展覽館。也有能碰觸各種物品，樂在其中的體驗型展覽，能體驗不同於欣賞歌舞伎的另一種樂趣。展覽館附設的「木挽町大廳」舞台，是用第四期歌舞伎座使用多年的檜木鋪設而成。

∅ 10：00～17：00　💴 一般600日圓（僅售當日票）　㉺ 換展期間

無比點麗又豪華絢爛的歌舞伎世界就在眼前展開。

傳統文化×娛樂

開心體驗下町文化精華

到了東京下町，至少要體驗一下江戶娛樂氣息。到兩國附近看看相撲力士，到曲藝場聽逗笑藝術……
不妨來趟時光之旅回到江戶時代。

相撲

日本傳統文化相撲是國民運動。相撲源自古事記（712年）及日本書紀（720年）中記載的競力神話。原本是占卜該年農作物收成所舉辦的祭典儀式。之後，成為宮廷活動傳承300年。到了江戶時代出現以相撲為職業的大力士，成為全民觀賞的運動比賽。

可到此處觀賞

相撲聖地
兩國國技館

相撲比賽一年舉辦6次，1月（初賽場）和5月（夏季賽場）、9月（秋季賽場）這3次在該國技館進行。一個賽程連續進行15天。門票可事先上網或打電話預訂。

🏠 墨田區橫綱1-3-28　☎ 03-3623-5111
🕐 8：00～18：00（依日期、賽事而異）　🚃 JR總武線兩國站西口步行約2分鐘

兩國　▶MAP P.5 D-1

沒有喘息空間的白熱化賽事

日馬富士
第70代橫綱。雖然是體重偏輕的力士，以「認真比賽」為信念。

初次觀賞大相撲比賽

START

※右列行程是範例之一。只看相撲比賽的話在14：30左右到達國技館即可。

🕐 12：00
從正面入口進場
場內立有各色旗幟。國技館正面有驗票口，從這裡進入。相撲總教練會在此幫觀眾剪票。

寫上力士或道場名稱的相撲旗幟。

🕐 12：30
午餐享用國技館的相撲火鍋
道場膳食人員監製的相撲道場特製相撲火鍋。每個地方的道場不同，因此味道和配料也會跟著改變。

大啖正宗相撲火鍋。

🕐 13：30
到國技館探險尋找伴手禮
禮品店以日本相撲官方代言人關取君的原創商品為首，販售種類豐富的力士商品。

名產！

©朝日新聞社

名產烤雞肉串
650日圓（含稅）
在館內1天要烤6萬根！

遵守秩序的開心時刻。

TOURISM

大都會絕景

能量景點

3大博物館

特色美術館

社會參觀行程

自

落語·相撲

若是可隨時進出的曲藝場就能輕鬆觀賞落語。

最後一場比賽是期待已久的橫綱壓軸賽。

白鵬
第69代橫綱。在過去完成63連勝的光榮事蹟，名列昭和有史以來第2名。

©朝日新聞社

©朝日新聞社

落語

落語始於室町時代末期到安土桃山時代，服侍戰國大名的說書人或傳達地方民情，名為「御伽眾」的人們。其中一人在豐臣秀吉面前以笑料為故事畫下句點，成為落語的由來。落語中會有搞笑橋段，因此是以身姿手勢來說故事，一人扮演多種角色的單純表演。

知名 落語家

柳家 小三治
1959年（昭和34年），拜入柳家小san大師門下。1969年（昭和44年）成為晉升真打（譯注：最高等級的落語家，通常是最後出場的壓軸演員）。繼承師名為第十代「柳家小三治」。2010年（平成22年）擔任落語協會會長。2014年（平成26年）獲頒旭日小綬章。興趣是滑雪、攝影等相當廣泛。

林家 正藏
場內燈光明亮只能看到舞台上落語家身影的少數表演者之一。祖父是第七代林家正藏，和父親林家三平，成為史上第一家三代同為真打的家族。古典落語的造詣高深，承襲祖父「正藏」之名。經常上電視表演。

柳家 權太樓
1970年（昭和45年），拜入故柳家つばめに門下。修業時名為「ほたる」。1975年（昭和50年）晉升為二等演員，改名「さん光」。35歲時繼承師名成為第三代「柳家權太樓」。是巨人隊的忠實粉絲，興趣是聲援巨人隊。

柳家 喬太郎
1989年（昭和64年），拜入柳家さん喬大師門下。修業時名為「さん坊」。1998年（平成10年）獲得NHK新人演藝大賽落語組優勝。2000年（平成12年）晉升真打。2007年（平成19年）獲得國立演藝場花形演藝大賽優勝。

15:00

力士進入國技館
可以近距離看到力士的絕佳時機（橫綱或大關除外）。會遇見未來的橫綱嗎？請注意不可以觸碰力士。

14:30

相撲比賽開始！
從15：00到18：00觀賞白熱化的對戰比賽。比賽結束後會有橫綱的拉弓儀式，請勿錯過！

 可到此處觀賞

老字號曲藝場
新宿末廣亭
位於新宿三丁目的人氣曲藝場。東京都內的落語曲藝場之一，除了落語外，還有對口相聲、小曲等其他文藝表演。眾多落語名人在此表演，是名副其實的首號曲藝場。

🏠 新宿區新宿3-6-12 ☎ 03-3351-2974 ⏰ 12：00～21：00 全年無休 依節目而異 地鐵新宿三丁目站C4出口步行約1分鐘

新宿 ▶MAP P.19 F-2

新潮表演場
澀谷落語
有6種落語會的表演形式。從3～4位實力派真打到二等落語家，每人30分鐘內容豐富的「澀谷落語」最受歡迎。

🏠 澀谷區圓山町1-5 KINOHAUS 2F ☎ 03-3461-0211 、不固定 依節目而異 JR澀谷站忠犬八公口步行約5分鐘

澀谷 ▶MAP P.14 A-2

鼠輩Tabi阿吉
活躍於日本各地的起司小偷。
起司小偷逃到哪了！？

貓刑警Hare太朗
走遍天涯海角也要逮到鼠輩Tabi阿吉。性格上是
家貓特有的虎頭蛇尾！？

貓刑警

Hare的追捕之旅

⑤

在新宿的新南口車站大樓
發現Tabi阿吉！！

這次的行動
要謹慎！

總部嗎？
請求增援部隊！

地點在…
NEWoMan！

好像用完餐了！

啊，搭電梯
上樓了！？

咻！

上面好像
是飯店？

嗯

算了，不用著
急就在這裡等
待援軍吧。

貓刑警Hare
還不知道

這棟建築4F
設有公車總站…

踏上新旅程
GO！！

嗯？
援軍還沒到嗎？

因此，載著Tabi阿吉的
夜間巴士出發了！

2016年春天，新宿站新南口開幕的NEWoMan，是有話題餐飲店和店舖進駐的複合商業設施。同棟建築的4樓和3樓部分區域是名為Busta新宿的巴士和計程車站，全日本的長途巴士都在此處發車。將容易搞混的新宿站周邊巴士發車站整合在一起，讓旅行更舒適。

TOKYO DISNEY RESORT

東京迪士尼度假區®

歡迎來到夢幻世界

暢遊東京迪士尼度假區®

行前準備

選擇門票

門票種類豐富，選擇適合自己的票券吧。
最好能事先購買。

	成人 （18歲以上）	青少年 （12～17歲）	兒童 （4～11歲）	
一日護照	7400日圓	6400日圓	4800日圓	東京迪士尼樂園、東京迪士尼海洋擇一入園的普通一日暢遊券。
兩日護照	13200日圓	11600日圓	8600日圓	一天各玩一個樂園的連續二日暢遊券。也有可玩3天、4天的魔法護照。第3天以後可自由進出兩座樂園。
星光護照	5400日圓	4700日圓	3500日圓	可於週六、日、假日15點以後在東京迪士尼樂園或東京迪士尼海洋之間擇一入園。※有限定適用日期。請事先確認清楚。
傍晚六點後 護照	4200日圓	4200日圓	4200日圓	可於平日18點以後在東京迪士尼樂園或東京迪士尼海洋之間擇一入園。※有限定適用日期。請事先確認清楚。

票券種類

當日票
可到園區現場購買。實施入園管制時則無法購票。

預售票
預售票有2種：指定入園日的指定日期票，就算實施入園管制也一定能進場；沒有指定日期，自售票日起一年內有效的無特定日期票。實施入園管制時則無法進場。

網路購票

可在網路上結帳，取得迪士尼電子票自行列印帶至現場直接入園。當日票也可在閉園前1小時購買。

※以上價格皆含稅
※2016年4月1日售價

TOKYO DISNEY RESORT

暢遊東京迪士尼度假區

遊樂設施

表演

美食＆購物

遊樂設施＆表演

和達菲在一起

美食＆購物

迪士尼飯店

「東京迪士尼樂園」「東京迪士尼樂園」「東京迪士尼樂園」「東京迪士尼海洋」「東京迪士尼海洋」「東京迪士尼海洋」

東京迪士尼度假區擁有2座主題樂園。一是東京迪士尼樂園，由7個主題園區組成；另一個是東京迪士尼海洋，在2016年歡度15周年，也有7個主題港口。除此之外還有餐廳、卡通人物禮品店及飯店等設施完善。

迪士尼度假區線
東京迪士尼海洋
東京迪士尼樂園
東京迪士尼海洋觀海景大飯店
東京迪士尼樂園®大飯店
迪士尼大使大飯店®
JR舞濱站
往東京迪士尼樂祥飯店

東京迪士尼度假區®

日本東京唯一的迪士尼樂園，有很多迪士尼粉絲連玩好幾天。樂園努力開發多項活動，不管去幾次都能遇見新鮮事。2016年，東京迪士尼樂祥飯店開幕。

東京迪士尼樂園®

🏠 千葉縣浦安市舞濱1-1
🕐 請上官網查詢　🈺 全年無休
▶MAP P.27 D-1〜E-1

東京迪士尼海洋®

🏠 千葉縣浦安市舞濱1-13
🕐 請上官網查詢　🈺 全年無休
▶MAP P.27 E-1、D-2〜E-2

●綜合服務專線
　東京迪士尼度假區諮詢中心
　☎ 0570-00-8632（9：00〜19：00）※部分使用PHS、IP電話者請撥045-330-5211
●住宿、餐廳預約
　東京迪士尼度假區綜合預約中心
　☎ 0570-05-1118（9：00〜18：00）
●東京迪士尼度假區官方網站
　URL www.tokyodisneyresort.jp

總是給人歡樂活力的迪士尼夥伴們，全都笑臉相迎！記得和自己喜歡的角色一起拍張紀念照喔！

ACCESS

可搭電車、巴士或自行開車前往。從羽田機場或新宿有不需轉乘的直達巴士，交通方便。

🚃 電車

最近的車站是JR京葉線、武藏野線的舞濱站南口，也可自東京Metro東西線浦安站搭巴士（需時約25分鐘）前往，相當方便。

🚌 巴士

從新宿、東京、秋葉原、東京晴空塔等地有直達巴士前往。雖然班次較少，但時間配合得上就很方便。

🚌 直達巴士

羽田機場	新宿站新南口
約45分鐘／830日圓	約50分鐘／820日圓

東京迪士尼度假區

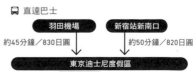

東京迪士尼度假區內的交通就搭東京迪士尼度假區線！
連接東京迪士尼樂園、東京迪士尼海洋、與JR舞濱站相鄰的度假區總站等的單軌電車。

©Disney

東京
茅場町
八丁堀
西葛西
浦安
新木場
路線巴士
舞浜
西船橋
二俁新町
南船橋
市川塩浜

東京迪士尼度假區

－－－ JR京葉線
－－－ 東京Metro東西線
──── 迪士尼度假區線

從主要車站出發的需時
不含轉車時間

東京車站	約18分鐘	新宿站	約31分鐘	池袋站	約38分鐘
上野站	約26分鐘	橫濱站	約43分鐘	羽田機場	約35分鐘

PLAY 02

東京迪士尼樂園
征服人氣遊樂設施

從激起遊客冒險心和好奇心的驚險好玩遊樂設施，到沉浸在迪士尼明星們的夢幻王國，
接觸全方位的迪士尼世界。

從瀑布俯衝而下
飛濺山

動物天地
DISNEY FASTPASS

坐圓木舟遊覽迪士尼電影「南方之歌」的世界。旅程中最驚險的是從傾斜45度的瀑布頂端俯衝而下！

需時
約**10**分鐘

尖叫類

從16m的高度掉下來！

一起前往百爾兔的歡樂王國探險吧。

激起水花豪邁地直衝而下！

小心瘋狂列車！
巨雷山

西部樂園
DISNEY FASTPASS

目前已空無一人的廢棄礦坑所遺留的採礦列車，突然啟動！順著岩山蜿蜒的路線，一口氣往下衝。

需時
約**4**分鐘

橫衝直撞的
瘋狂列車
刺激無比

尖叫類

1 在老舊的鐵軌上，有很多如間歇泉積水、恐龍化石等驚險機關。
2 列車走在軌道上的聲音和搖晃感更添恐怖氣氛。是愛尖叫者必玩的遊樂設施。

TOKYO DISNEY RESORT

暢遊東京迪士尼度假區

遊樂設施〔東京迪士尼樂園〕

表演〔東京迪士尼樂園〕

美食＆購物〔東京迪士尼樂園〕

遊樂設施＆表演〔東京迪士尼海洋〕

和達菲在一起〔東京迪士尼海洋〕

美食＆購物〔東京迪士尼海洋〕

迪士尼飯店

What is

DISNEY FASTPASS®（迪士尼快速通行）

不需大排長龍即可通行的便利系統。透過設置在可使用遊樂設施附近的發券機領票。只要在票上記載的時間前回來即可。超過指定時間則無效。

一大早入園，趕在坐遊樂設施前拿票吧。拿到1張後再去下個FAST-PASS處拿。

坐著蜂蜜罐 任意前進吧！

前往童話世界

一邊乘著風一邊尋找蜂蜜的小熊維尼實在是太可愛了。

＼注意／
目標是巨型小熊維尼繪本

出門找蜂蜜吧
小熊維尼獵蜜記

坐著隨意前進的蜂蜜罐，和小熊維尼一起去找蜂蜜。途中森林裡的朋友們一一現身，眼前的溫馨世界充滿純真氣息。

夢幻樂園

DISNEY FASTPASS

需時 約4分30秒

可以和史迪奇對話喔

史迪奇的實況轉播中心
幸會史迪奇

和出現在銀幕的史迪奇進行即時對話。史迪奇的幽默回話讓大人小孩都樂開懷。是闔家同歡的參與類遊樂設施。

明日世界

需時 約12分鐘

1 跟史迪奇聊天他會回話喔。
2 地球的設施螢幕上出現史迪奇是好孩子嗎。
3 大廳中可以看到出現在各處的史迪奇。

PLAY
03
超多驚奇裝置
令人陶醉的娛樂表演

影像、音樂及舞蹈交織成內容精采豐富的表演&遊行。從繪本中現身的主角們動作栩栩如生。
一起來感受色彩鮮豔的日間世界與浪漫的夜晚時刻吧。

1天1次
約**45分鐘**

精采絕倫的45分鐘表演
東京迪士尼樂園
電子大遊行・夢之光

以燈光和音樂重現電影世界的夢幻
表演。集結約100位迪士尼明星。
是絕對不能錯過的頂級演出

開場

藍仙子的美麗羽翼令
人驚豔。光騎士騎著
飛馬為藍仙子開路。

小飛俠彼得潘
船帆變身銀幕,映出彼得潘的剪
影。

©Disney / Pixar

玩具總動員
玩具總動員的角色全員集合。

愛麗絲夢遊仙境
可愛的愛麗絲坐在巨型笑臉貓
背上。

阿拉丁
阿拉丁和茉莉公主站在豪華絢爛的宮廷
花車上。

TOKYO DISNEY RESORT

暢遊東京迪士尼度假區

「東京迪士尼樂園」遊樂設施

「東京迪士尼樂園」表演

「東京迪士尼樂園」美食＆購物

「東京迪士尼海洋」遊樂設施＆表演

「東京迪士尼海洋」和達菲在一起

「東京迪士尼海洋」美食＆購物

迪士尼飯店

必看日間遊行

幸福在這裡

主題是多采多姿的幸福感。以米奇玩具為元素的花車隊伍全長500m，繽紛的遊行帶來歡樂氣氛。

1天1次
約45分鐘

光看就覺得很幸福。

阿布變身成可愛的大象。

眼前是感動的夜間娛樂世界

邀請你進入童話世界

變成繪本的灰姑娘城堡！

1天1～2次
約20分鐘

童話之夜

以光雕投影展現迪士尼童話世界的壯觀夜間表演。利用音樂、煙火等特效妝點璀璨星空。

雨天備案

夜幕彩輝

就算下雨也不失望！改成雨天限定遊行「夜幕彩輝」。米奇和米妮、公主們站在4台花車上現身。點亮夜間絢麗樂園。

米奇或公主們站在4台花車上進場。

觀賞方法 ▶ 在灰姑娘城堡前的中央觀賞區觀看時，必須出示抽選的劃位入場券（全區採指定座位）。以智慧型手機或在明日樂園大廳進行抽選。抽選時間、次數請到現場查詢。

※表演內容與舉辦時間因現場狀況時有變動。也會因天氣不佳而取消。

PLAY 04

帶著回憶踏上歸途

在卡通人物美食和商品的包圍下

光看就開心的迪士尼主題商品與美食。每項種類都多到令人眼花撩亂。
喜歡就買吧，以免後悔莫及。

經典美食

絕對不可錯過人氣經典美食！卡通造型商品必買。

卡通造型

還是米奇最受歡迎！

米奇鬆餅
（楓糖漿）410日圓
〔最佳美國鬆餅公司／世界市集〕

米妮饅頭
（草莓&牛奶口味）
450日圓
〔蒸氣鍋爐房小吃／探險樂園〕

米奇漢堡
（雞蛋&牛肉排）
600日圓
〔明日樂園舞台餐廳／明日樂園〕

米奇冰棒
（熱帶水果）310日圓
〔冰淇淋車亭〕

三眼怪饅頭
（附造型收納盒）880日圓
〔汎銀河披薩港／明日樂園〕
©Disney / Pixar

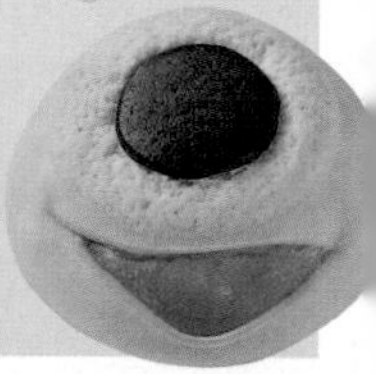

大眼仔波羅麵包
270日圓
〔甜心咖啡餐館／世界市集〕
©Disney / Pixar

爆米花

超受歡迎的焦糖口味！

爆米花
（附造型桶）
1850日圓
【爆米花車亭】

米奇

小飛象
東京迪士尼樂園獨家限定

爆米花
（一般紙盒裝）
310日圓
【爆米花車亭】

爆米花（附造型桶）
2300日圓
【爆米花車亭】

※價格皆含稅

須事先預約的餐廳&表演

探險樂園

波里尼西亞草壇餐廳

午餐：可品嘗到波里尼西亞菜。莉蘿會與大家同樂跳舞。

莉蘿的歡樂夏威夷聚餐
演出次數：一天3場（預計）
演出時間：約75分鐘（表演約60分鐘）

晚餐秀：獻上波里尼西亞島的歌曲和舞蹈以慶祝各個紀念日。

米奇七彩
演出次數：一天4場（預計）
演出時間：約65分鐘（表演約50分鐘）

西部樂園

鑽石馬蹄餐廳

午餐：和胡迪、翠絲一起度過歡樂午餐時光。

馬蹄大會串
演出次數：一天3場（預計）
演出時間：約60分鐘（表演約45分鐘）

晚餐秀：米奇率領的娛樂團隊帶來必看華麗舞蹈！

鑽石馬蹄餐廳呈獻「米奇劇團」
演出次數：一天4場（預計）
演出時間：約80分鐘（表演約60分鐘）

表演會依當天情況有所變動。

What is 優先入席

不用在餐廳排隊享有優先帶位服務

在事先指定的時間前往就能享有優先帶位的系統。可先上網或打電話預約。餐廳也接受現場預約，但僅限於有空位時。

【適用餐廳】
- 中央大道咖啡餐館
- 北齋餐廳
- 東街咖啡餐館
- 藍海灣餐廳
- 水晶宮餐廳（吃到飽自助餐）
- 水晶宮餐廳（迪士尼明星早餐）

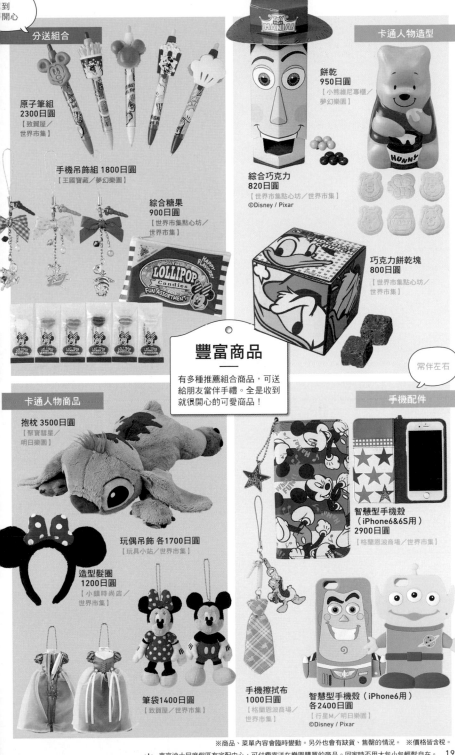

TOKYO DISNEY RESORT

暢遊東京迪士尼度假區

遊樂設施

表演

美食＆購物

「東京迪士尼樂園」

「東京迪士尼樂園」

「東京迪士尼樂園」

遊樂設施＆表演

和達菲在一起

美食＆購物

「東京迪士尼海洋」

「東京迪士尼海洋」

「東京迪士尼海洋」

迪士尼飯店

到開心

分送組合

原子筆組
2300日圓
【致賀屋／
世界市集】

手機吊飾組 1800日圓
【王國寶藏／夢幻樂園】

綜合糖果
900日圓
【世界市集點心坊／
世界市集】

餅乾 950日圓
【小熊維尼專櫃／
夢幻樂園】

卡通人物造型

綜合巧克力
820日圓
【世界市集點心坊／世界市集】
©Disney / Pixar

巧克力餅乾塊
800日圓
【世界市集點心坊／
世界市集】

常伴左右

豐富商品

有多種推薦組合商品，可送
給朋友當伴手禮。全是收到
就很開心的可愛商品！

卡通人物商品

抱枕 3500日圓
【聚寶慧星／
明日樂園】

玩偶吊飾 各1700日圓
【玩具小站／世界市集】

造型髮圈
1200日圓
【小鎮時尚店／
世界市集】

筆袋1400日圓
【致賀屋／世界市集】

手機配件

智慧型手機殼
（iPhone6&6S用）
2900日圓
【格蘭恩波商場／世界市集】

手機擦拭布
1000日圓
【格蘭恩波商場／
世界市集】

智慧型手機殼（iPhone6用）
各2400日圓
【行星M／明日樂園】
©Disney / Pixar

東京迪士尼度假區有宅配中心，可付費寄送在樂園購買的商品。回家時不用大包小包輕鬆自在。

PLAY
05

全家同樂！
前往驚奇與感動的世界！

夜間娛樂表演
Fantasmic!
表演舞台位於地中海港灣，米奇成為魔法師學徒後，透過想像力創造出壯麗的迪士尼夢幻世界。利用火焰和燈光上演震撼十足的場景。

1天1次
約**20**分鐘

迪士尼明星眾星雲集，帶來變幻莫測的必看表演！豪華璀璨的歌舞秀不容錯過。既然機會難得就選個好位子欣賞吧。

前往奇幻世界！

開場
在煙火和水花交錯相映的同時，米奇站在高15m的駁船上施展魔法帶領大家進入奇幻世界。

艾莉兒和小比目魚登場！
感情很好的兩位在海上游泳的幻想畫面，令人感動。

精靈登場！
精靈一邊用魔法變身一邊上演獨腳戲。

灰姑娘現身！
灰姑娘在駁船頂上一現身，場景便轉換成公主世界。

迪士尼反派角色登場！
魔鏡一出現，危險的氣氛開始在港灣四周流竄。

米奇的命運會怎樣呢？
米奇和魔龍開戰，港灣陷入火海。

觀賞點

餐廳須預約

東京迪士尼海洋觀海景大飯店餐廳「海洋宮」露天座位區
觀賞方法 在餐廳營業時間內，從海洋宮的露天座位區觀賞。

適用餐廳 海洋宮（限點吃到飽自助餐或套餐菜色的顧客）
絲路園（限點套餐菜色的顧客）

米奇廣場

里多島

和艾莉兒當朋友

連續演出
約 **14** 分鐘

欣賞
海底音樂劇

美人魚
礁湖劇場

在宛如電影場景的美麗海底，欣賞結合美妙歌曲與影像的全新型動感音樂劇。

人氣角色
炒熱表演氣氛！

賽巴斯丁

小比目魚

川頓國王

藏著米奇

＆艾莉兒

和卡通人物見面！

很開心能和大家見面

米奇＆好友的
迎賓小徑

和調查古代文明遺跡和昆蟲的迪士尼好友們打招呼，拍照留念。也有提供專業攝影師付費拍照服務。

米妮

高飛

和米奇、米妮及高飛見面！

和迪士尼明星們拍張紀念照

現場提供「迪士尼快照」服務，
由專業攝影師拍攝付費紀念照。

登場明星：米奇、米妮、高飛
圆1540日圓（含税）（每組）※加洗費用相同
紀念照內容：合照1張、迪士尼明星照1張、「米奇＆好友的迎賓小徑」獨家紀念紙框
拍照後約60～90分鐘取件（園區閉園前60分鐘完成拍攝，當天可在現場或上網購買、加洗）。詳情請洽當日攝影師。

TOKYO DISNEY RESORT

暢遊東京迪士尼度假區

遊樂設施「東京迪士尼樂園」

表演「東京迪士尼樂園」

美食＆購物「東京迪士尼樂園」

遊樂設施＆表演「東京迪士尼海洋」

和達菲在一起「東京迪士尼海洋」

美食＆購物「東京迪士尼海洋」

迪士尼飯店

PLAY
06

I LOVE Duffy
和達菲共度一整天

先和達菲與雪莉玫在他們出現的表演及迎賓會上做朋友吧。
之後再去找可愛的主題美食與商品。
有喜歡的就帶回家。

百看不厭的溫馨故事

重點提示
可以邊用餐，邊慢慢
觀賞2齣短劇。

和米奇一起踏上
冒險之旅！

美國海濱

欣賞2齣短劇
摯友達菲

達菲主演的歌舞秀。交替演出2個故事。米奇、米妮、
唐老鴨及黛西也會上台表演的溫馨劇。

連續演出
約10分鐘

觀賞
方法
需用餐或點飲料。
在餐廳門口集合（名額有限）。
有2段故事，每段約10分鐘
（中場休息5分鐘）。

故事1
對於初次旅行感到惶惶不安
的達菲，米奇告訴他旅行的
樂趣，以及一起出發冒險之
前的故事。

雪莉玫誕生！

故事2
旅行回來後，達菲很想有個
朋友。米妮知道後帶來一位
新朋友當禮物！

有2齡觀眾看了就開心的達菲歌舞秀。

TOKYO DISNEY RESORT

暢遊東京迪士尼度假區

「東京迪士尼樂園」遊樂設施

「東京迪士尼樂園」表演

「東京迪士尼樂園」美食&購物

「東京迪士尼海洋」遊樂設施&表演

「東京迪士尼海洋」和達菲在一起

「東京迪士尼海洋」美食&購物

迪士尼飯店

美國海濱

擁抱達菲！
漁村迎賓小屋

可以和達菲近距離接觸。小屋中還有各式各樣達菲相關展示品。

和達菲一起拍照吧！

東京迪士尼海洋才有的歡樂時光。

達菲主題裝飾。

| 觀賞方法 | 在設施內依序排隊前進。先和達菲擁抱再照相。自備相機的遊客每組可和達菲合照1張。 |

全部都是達菲

綜合莓果奶茶（冰）
390日圓
鱈魚岬甜品／美國海濱

歡樂朋友
（巧克力&藍莓）
430日圓
鱈魚岬甜品／美國海濱

布偶（S）
3900日圓
史高治百貨公司／美國海濱

後面也有米奇！

斜背包　3900日圓
史高治百貨公司／美國海濱

雪莉玫

小方巾
各1000日圓
史高治百貨公司／美國海濱

達菲

達菲的朋友傑拉多尼

手機吊飾
1300日圓
史高治百貨公司／美國海濱

達菲拍照點

在地中海港灣威尼斯貢多拉遊船的乘船處附近
園區內設有放置達菲拍紀念照的地點。

※商品、菜單內容會臨時變動。另外也會有缺貨、售罄的情況。　※價格皆含稅。

PLAY
07

暢遊後
尋找限定散步美食&商品

東京迪士尼海洋才有的必買限定美食&商品。尤其推薦吃完後還能留作紀念的特殊餐點。
帶著歡樂回憶踏上歸途吧。

發現港

可見到米奇等人

水平線
海灣餐廳
迪士尼明星們會來打招呼的迪士尼明星餐最受歡迎。

東京迪士尼海洋限定美食

只在東京迪士尼海洋才吃得到的必點收藏美食!

泳圈包子(鮮蝦)
450日圓
海邊小吃/發現港

小虎尾巴
(奶油雞肉)
450日圓
蘇丹綠洲/阿拉伯海岸

豬肉飯捲
500日圓/個
自由碼頭小吃/美國海濱

比薩碼頭小吃/美國海濱

東京迪士尼海洋境內可喝酒
迪士尼海洋園區可以喝酒。一邊眺望美麗的園內景色,一邊度過悠哉時光吧。

※價格皆含稅

TOKYO DISNEY RESORT

暢遊東京迪士尼度假區

遊樂設施「東京迪士尼樂園」

表演「東京迪士尼樂園」

美食&購物「東京迪士尼樂園」

遊樂設施&表演「東京迪士尼海洋」

和達菲在一起「東京迪士尼海洋」

美食&購物「東京迪士尼海洋」

迪士尼飯店

東京迪士尼海洋販售的商品

東京迪士尼海洋也有多款卡通商品。找到喜歡的就帶回家吧！

達菲

抱枕
3100日圓
史高治百貨公司／
美國海濱

手偶
2570日圓
史高治百貨公司／
美國海濱

達菲包
3400日圓
史高治百貨公司／
美國海濱

雪莉玫

抱枕
3100日圓
史高治百貨公司／
美國海濱

換裝服飾組
1300日圓
（布偶〔S〕3900日圓）
史高治百貨公司／美國海濱

海鷗信差
TippyBlue

布偶吊飾
1500日圓
史高治百貨公司／
美國海濱

※價格皆含稅

東京迪士尼海洋販售的點心紀念組

帶回去後也可在家使用的點心紀念組很受歡迎。
可吃又可用的雙重樂趣！

送這個！

送這個！

焦糖核桃堅果，附贈小零食盒
880日圓
水平線海灣餐廳露天座位區／發現港

送這個！

扇貝奶油可麗餅組，
附贈紀念盤
1760日圓
賽巴斯丁加力騷廚房／美人魚礁湖

送這個！

芒果優格慕斯，附贈紀念杯
880日圓
賽巴斯丁加力騷廚房／美人魚礁湖

※商品、菜單內容會臨時變動。另外也會有缺貨、售罄的情況。

東京迪士尼海洋擁有不少頗受好評的散步美食。從甜點、零嘴到份量十足的小吃，種類廣泛。

PLAY
08

留宿童話世界
入住迪士尼飯店

房間內處處藏有卡通主題人物，宛如夢幻仙境！
機會難得就住在迪士尼飯店的主題客房吧。

米奇客房
1晚
58700日圓～

壁紙上
全是米奇。

和米奇的短褲圖案一樣。

地板有米奇
繞圈的腳印。

主題客房種類豐富
迪士尼大使大飯店®

以迪士尼明星們出生的1930年
代裝飾藝術風格來設計房間。米
奇和米妮的主題客房最受歡迎。

🏠 千葉縣浦安市舞濱2-11 ☎
0570-05-1118（東京迪士尼度假
區預約中心）IN 15：00 OUT
12：00 🛏 3萬日圓～ ⊗ JR舞濱
站南口步行約8分鐘

▶MAP P.27 E-1

米奇船長
精緻客房
1晚
52200日圓～

天花板的星座圖象
中藏有迪士尼明
星。

位於園區內的豪華飯店
東京迪士尼海洋觀海景大飯店®

位於迪士尼海洋園區內，暢遊海洋後的歡樂餘韻能直接延
續至客房成為美好回憶，是該飯店的最大特色。

🏠 千葉縣浦安市舞濱1-13 ☎ 0570-05-1118（東京迪士尼度
假區預約中心）IN 15：00 OUT 12：00 🛏 44200日圓～
⊗ 迪士尼度假區線東京迪士尼海洋站步行約1分鐘

▶MAP P.27 E-2

迪士尼
仙履奇緣客房
1晚
62600日圓～

客房呈現迪士尼電
影「仙履奇緣」的
場景。

好多最愛的迪士尼電影場景
東京迪士尼樂園大飯店®

離東京迪士尼樂園最近，宛如城堡般華麗的建築物，是造
型獨特優雅的豪華飯店。

🏠 千葉縣浦安市舞濱29-1 ☎ 0570-05-1118（東京迪士尼度
假區預約中心）IN 15：00 OUT 12：00 🛏 39000日圓～
⊗ JR舞濱站南口步行約8分鐘

▶MAP P.27 D-1

東京迪士尼
樂祥飯店：
心願館
1晚20800日圓

迪士尼明星們圖案
的壁面彩繪。

NEW

2016年開幕
東京迪士尼樂祥飯店®

第4間迪士尼飯店。以簡約的服務與設備提供輕鬆舒適的
休閒飯店。

🏠 千葉縣浦安市明海7-1-1 ☎ 0570-05-1118（東京迪士尼度
假區預約中心）IN 15：00 OUT 11：00 🛏 20800日圓～
⊗ 從東京迪士尼樂園巴士總站搭免費接駁車約20分鐘

▶MAP P.5 F-2

房客獨享優惠

●歡樂15優先入園
開園前15分鐘即可從東京迪士尼樂園、東京迪士尼海洋的專用入園
口進入（特別營業時間不適用。住房首日不適用。※東京迪士尼海洋
觀海景大飯店的房客可在住房首日使用歡樂15優先入園進入東京迪
士尼海洋園區）
●享有入園保證
就算在活動期間因人潮洶湧實施入園管制時，房客仍可進入園區。
●行李托運服務
（東京迪士尼樂翔飯店須到旅途愉快處付費）
●可購買特別票券的商品託運服務★
●「東京迪士尼度假區線」的周遊券◆★
●住宿紀念商品★
●迪士尼獨家客房用品
★記號：東京迪士尼樂祥飯店除外
◆記號：迪士尼大使大飯店除外

and more 🎵♪

迪士尼大使大飯店的客房用品。

STAY 01

一生必去一次
入住氣氛優雅的頂級飯店

在東京有多家國際級都市才有的一流飯店。
不妨稍微奢侈一下，在頂級飯店體驗非凡享受吧。

推薦

Luxury Room
夜晚變得異常浪漫。從客房窗外望出去是無限延伸的美麗街景。
文華瑰麗客房
64000日圓～

位於30～36層樓的文華瑰麗客房，是沉穩的日式現代風格。

榮獲最高5星級評價！融合傳統與現代
東京文華東方酒店

以傳統和品味自居的香港頂級飯店品牌。不經意流露出日式風情的優雅舒適空間盡善盡美。座落於日本橋，地理位置優越。直達地鐵三越前站，交通無比順暢。

🏨 中央區日本橋室町2-1-1 ☎
03-3270-8800 ㊞ Ⓢ Ⓣ
46000日圓～ [IN] 15：00
[OUT] 12：00 ⊗ 地鐵三越前站
A7出口出站直達

日本橋 ▶MAP P.7 D-1

a

EXCELLENT
POINT

浮在半空中的
頂樓宴會廳

宴會廳位於視野絕佳的頂樓38樓。設計理念是將最美的景色呈現給所有房客。

b

a. 水瘵中心窗外是一望無際的全景視野（37樓）。
b. 在美景的陪伴下享用美食（廣東餐廳「SENCE」）

🍃 東京東方文華酒店的設計主題是森林和水。想像其建築物本體是棵巨木，客房位於樹葉位置。 203

氣派的外觀。

既雅致又時尚，
交通也方便的頂級飯店

東京半島酒店

面向皇居外苑與日比谷公園，
視野絕佳。名為「半島款待」
（Peninsula Hospitality）的魅
力在於貼心服務和先進設施，
打造舒適住宿體驗。緊鄰有樂
町站，銀座也在步行範圍的優
越位置也是魅力之一。

🏠 千代田區有樂町1-8-1　☎ 03-
6270-2888　💴 Ⓢ Ⓣ 84000日
圓～　[IN] 15：00　[OUT] 12：00
🚇 地鐵日比谷站A6／A7出口出
站直達

日比谷　▶MAP P.8 B-1

推薦

Luxury Room

54m²的寬敞客房，可欣賞到
皇居外苑或日比谷公園的景
色。

豪華公園景觀客房
105000日圓～

以房間寬敞聞名東京。是融合日式風格的溫暖空間。

EXCELLENT POINT

品嘗英式三層下午茶度過
優雅的午茶時光

大堂茶座
（下午茶）

沿襲發源地香港才有的道
地傳統形式。令人忘卻時
光流逝的美好午茶。

隔絕都會喧囂的療癒空間
半島水療中心

融合東方、西方與印度草藥概念的護理
療程。

恬靜的自然光從3m高的窗戶灑落室內，腳下是一望無
際的東京灣絕景。

推薦

Luxury Room

3m高的落地窗面是彩虹大橋
及台場的遼闊景色。

海灣景觀客房
57000日圓～

a

b

c

知名飯店希爾頓集團的頂級品牌

東京港麗飯店

飯店位於市區和港灣間，因此客房有街景和海景
兩種可選。浴室寬敞，分別設有浴缸和淋浴間。
結合日西優點的設施十分舒適。

🏠 港區東新橋1-9-1　☎ 03-6388-8000　💴 Ⓢ 52000
日圓～、Ⓣ 67000日圓～　[IN] 15：00　[OUT] 12：00
🚇 地鐵汐留站9號出口步行約1分鐘

汐留　▶MAP P.25 D-1

EXCELLENT POINT

1400m²寬敞無比的奢侈空間
水月SPA & 健身房

「水月」（Mizuki）之名，概念
來自人體也和漲退潮一樣，擁有
自然的規則變化。

a. 蘊含淨化大廳之意的紅色作品演繹出藝術空
間。
b. 共有5間餐廳&酒吧，每間都獨具特色。
c. 正對美麗的濱離宮恩賜庭園。

What is 旅館櫃台人員（concierge）？

聆聽房客各種需求與諮詢的飯店職員。
高級飯店必備的常駐職員。

櫃台人員
活用法
CHOICE

🍴 幫忙預定餐廳

提供點餐諮詢服務，諸如想在怎樣的氣氛下享用美食、用餐喜好或過敏食物等餐點相關需求。有時也可優先保留飯店餐廳的好位置。

🎁 安排驚喜禮物

在重要紀念日，不知該如何安排才好時也可以和旅館櫃台人員討論。從各種提議到籌備等細節都能幫忙。有時還會有專家才想得到的驚喜點子。

頂級飯店 · 特色飯店 · 新奇飯店 · 經濟旅館

推薦

Luxury Room
位於塔樓館30、31樓，提供全新裝潢、服務的塔樓尊貴樓層。
塔樓尊貴樓層豪華套房13萬日圓～

在豪華套房從高樓層欣賞銀座的璀璨夜景，度過優雅時光。

國外名人也到訪
1890年開業的經典飯店
東京帝國飯店

為款待國外賓客而興建的迎賓館。自那時傳承至今的飯店個性化服務，讓到訪的旅客備感溫馨尊榮。鄰近銀座和丸之內，購物觀光都方便。

🏠 千代田區內幸町1-1-1 ☎ 03-3504-1111 ⑫ ⑤ 42000日圓～、T 45000日圓～ IN 14：00 OUT 12：00 ⊗ 地鐵日比谷站A13出口步行約3分鐘
日比谷 ▶ MAP P.8 A-2

EXCELLENT POINT

融合日本與西洋飲食文化
鐵板燒「嘉門」
由專門鑑定肉品的主廚挑好肉後，以純熟的技法為顧客提供桌邊烹飪。

在家也能品嘗到帝國飯店的美味
館內商店「Gargantua」
以帝國飯店自家烘焙的精選美食麵包和甜點為主，還有季節限定商品等，是頗受歡迎的東京伴手禮。

讓人感受到規矩與傳統的大廳

頂級飯店陸續開幕

在暱稱為「赤王了」的舊飯店原址開幕
東京紀尾井町王子畫廊豪華精選飯店

2016.7.27
OPEN

在與高度超過140m的廣闊視野相得益彰的藝術空間中，體驗優質服務。

🏠 千代田區紀尾井町1-2 ☎ 03-3234-1111 IN 15：00 OUT 12：00 ⊗ 地鐵永田町站9a出口出站直達 永田町 ▶ MAP P.27 ④

凱悅飯店集團的新品牌登場
Hyatt Centric Ginza Tokyo

預計2018
年初OPEN

飯店主題是傳遞東京銀座的精采魅力。

🏠 中央區銀座6-6-7 ⊗ 地鐵銀座站步行約3分鐘
銀座 ▶ MAP P.8 C-2

2016.7.20
OPEN

所有客房皆採用以自然素材製成的榻榻米地板（虹夕諾雅東京）。

坐落都會市區的高級日本旅館
虹夕諾雅東京

在玄關脫鞋、走入鋪著榻榻米的房間放鬆身心、泡湯及品嘗當季料理，享受極致奢華的日本文化。

大浴池居然是天然溫泉。

🏠 千代田區大手町1-9-1 ☎ 0570-073-066 ⑫ ⑤ Ⓣ 78000日圓～（用餐另計） IN 15：00 OUT 12：00 ⊗ 地鐵大手町站A1／C1出口步行約2分鐘
大手町 ▶ MAP P.6 B-1

踏入異世界

投宿特色飯店 留下旅程回憶

跟住宿設施截然不同的獨特概念飯店。不妨下榻於讓投宿本身也成為旅程目的之一，令人回味無窮的飯店吧。

a. 面向目黑通的獨特外觀令人驚豔。
b. 大廳附設時髦咖啡館。

舒適寬敞的客房採用日式現代風格。

推薦

特色客房
榻榻米×床鋪的日式現代風格撫慰旅途的疲憊。
Room 606
27000日圓

建築師與創意人聯手打造出獨一無二的客房
日本知名建築師和藝術家打造的21間客房，分成5個設計主題系列。

全館營造特殊的藝術氣氛
CLASKA
翻修舊飯店，打造成除了客房、咖啡廳外，還設有工作室、藝廊及商店的藝術複合設施。附近也有多間時尚家飾店。

🏠 目黑區中央町1-3-18 ☎ 03-3719-8121 💰 ⑤ 9000日圓～ T 24000日圓 IN 15：00 OUT 12：00 ⓧ 東急東橫線學藝大學站東口步行約12分鐘

學藝大學 ▶MAP P.4 C-2

a　　　b　　　c

明治32年創業的老字號旅館
重生為日式客房
龍名館飯店 御茶之水 總店
館內裝潢與設施洋溢日式風情，兼具商務飯店優點獨樹一格的旅館。雖然只有9間客房，更能貼心關懷每位旅客。離御茶之水站步行僅3分鐘，地理位置優越也是特點之一。

🏠 千代田區神田駿河台3-4 ☎ 03-3251-1135 💰 ⑤ T 65000日圓～ IN 15：00 OUT 12：00 ⓧ JR御茶之水站聖橋口步行約3分鐘

御茶之水 ▶MAP P.27 ②

以風呂巾包覆款待賓客的各項客房用品
依旅客需求準備數種用品，因顧受好評也在館內當禮品販售。

推薦

主題客房
坐擁可忘卻東京塵囂的寧靜與綠意。
牡丹
65000日圓～

a. 選用今治毛巾。　b. 早餐也提供名為玉手箱的便當。
c. 以小倉浴衣增添舒適氛圍。　d. 雖然是西式客房卻蘊含日式風情。

What is　飯店選擇訣竅

飯店是決定旅程是否完美的關鍵要素。
配合自己的計畫選擇適合的地方吧。

實用的
飯店挑
選法則
CHOICE

決定區域

東京比想像中還大。如果只取決於價格，花在交通上的時間會比預估還多，因此選擇目的地多的區域比較輕鬆。另外，若是安排早到晚回的行程，住在車站或機場附近較為方便。

決定客房類型與大小

雖然客房類型以西式居多，但最近增加不少結合日西優點的日式現代客房。另外，在東京客房大小也很重要。尤其是3人同住一房時務必確認房間大小。

明亮寬敞的12榻榻米大和式房。

寬敞舒適的空間。

推薦
主題客房
Room 603
36540日圓〜

隱身六本木西麻布巷弄的飯店
ROPPONGI HOTEL S

充滿特色的客房，每間設計主題都不同，當中也有建築師精心設計，風格獨特的房間。

🏠 港區西麻布1-11-6　☎ 03-5771-2469　💴 Ⓢ 13300日圓〜 Ｔ 21850日圓〜　IN 15：00　OUT 11：00　Ⓧ 地鐵六本木站2號出口步行約6分鐘

六本木　▶MAP P.22 A-3

ORIGINAL POINT

數間設有茶室的
主題客房
取名為禪的客房設置了3榻榻米大的茶室，做為沉澱心情的空間。

頗具特色的日式裝潢。

推薦
主題客房
Comfort雙床房
26000日圓〜44906日圓

以「美麗時尚和風」為概念
東京庭之飯店

綠意盎然的飯店入口及中庭，能欣賞到四季遞嬗的美景。館內散發濃厚的日式情懷，房客中有半數以上是外國旅人。

🏠 千代田區三崎町1-1-16　☎ 03-3293-0028　💴 Ⓢ 13000日圓〜 Ｔ 18900日圓〜　IN 15：00　OUT 11：00　Ⓧ JR水道橋站東出口步行約3分鐘

水道橋　▶MAP P.27 ①

ORIGINAL POINT

庭之飯店的特色是
養護宜人的中庭
以小河流經樹叢為設計概念，泉水從石頭上涓涓流出。

明亮寬敞的12榻榻米大和式房。

推薦
主題客房
12榻榻米大和式房
26800日圓〜

洋溢江戶情懷的珍貴觀光旅館
助六之宿 貞千代

全館採用和式房的純日式旅館。以客房為首，館內四處裝飾著版畫及骨董，可感受到下町的古老美好風情。

🏠 台東區淺草2-20-1　☎ 03-3842-6431　💴 Ⓢ 14100日圓〜 Ｔ 19600日圓〜　IN 16：00 OUT 10：00　Ⓧ 筑波快線淺草站北駐輪場出口步行約3分鐘

淺草　▶MAP P.10 B-1

ORIGINAL POINT

江戶風情濃厚的
大澡堂
擁有2間澡堂，飄散木頭香氣的檜木浴池和黑御影石砌成的石頭浴池。

所有客房備有按摩椅。

推薦
主題客房
單人房
1萬〜21800日圓

以舒眠為概念
Remm日比谷

床墊品質極為講究，除了常備的2種枕頭外還準備了4種供租借。飯店地點佳，從JR有樂町站步行只要4分鐘。

🏠 千代田區有樂町1-2-1東寶Theatre Creation大樓　☎ 03-3507-0606　💴 Ⓢ 21800日圓 Ｔ 36040日圓　IN 14：00 OUT 12：00　Ⓧ 地鐵有樂町站日比谷出口步行約4分鐘

日比谷　▶MAP P.8 B-1

ORIGINAL POINT

在喜歡的香氛包圍下
撫慰一天的疲勞
香氛空氣清淨機（女性樓層專屬）
可從5種精選香氛中選出喜愛的味道。

興奮體驗
投宿
新奇飯店

以下介紹令人躍躍欲試的青年旅館或小而美旅店等，走遍日本全國也只在東京才有的新奇古怪飯店。
要不要嘗鮮試住一下？

a

b c

a. 書架深處即是房間。　b. 也有休息的服務可利用。　c. 一路進入口，眼前便是一大片書的世界。

在書堆中入眠
BOOK AND BED TOKYO

以可入住的書店為概念，床鋪隱身在整面大書櫃後的獨特小巧旅店。在交誼廳輕鬆休息時一邊看書，是愛書者的天堂。

🏠 豐島區西池袋1-17-7　☎ 未公開　💰 ⑤ 3500日圓～　IN 16：00　OUT 11：00　🚇 JR池袋站西口步行約1分鐘

池袋 ▶MAP P.26 A-1

新奇

POINT

設於書櫃內的隔間雖然沒有鬆軟床墊，但設有閱讀燈和免費Wi-Fi。

推薦

特色客房
Compact
3500日圓～

位於羽田機場的小巧旅店
First Cabin羽田機場
第一航廈

想像自己住在飛機頭等艙內。雖然迷你卻很有型。位於羽田機場第一航廈內，方便搭乘早班機出發。可依時間計費，在登機前小睡片刻。

🏠 大田區羽田機場3-3-2羽田機場第一航廈1樓　☎ 03-5757-8755　💰 ⑤ 5000日圓～　IN 19：00　OUT 10：00　🚇 京急羽田機場國內線航廈站下車

羽田機場 ▶MAP P.5 D-3

新奇

POINT

體驗地上的頭等艙
比商務艙更大的頭等艙。有120cm寬的小型雙人床和電視等，設備齊全。

推薦

特色客房
商務艙
5000日圓～

公寓式飯店

住宿期間彷彿定居於市區
東京橡木高級飯店

緊鄰東京車站，地理位置優越。所有客房提供整組家具、全套廚具及洗烘衣機，設備齊全。中長期住宿也很方便。

🏠 千代田區丸之內1-8-2　☎ 03-6631-6800　💰 ⑤ ① 4萬日圓～※也可依月計費　IN 15：00　OUT 11：00　🚇 JR東京車站八重洲北口步行約2分鐘　丸之內 ▶MAP P.6 C-2

推薦

特色客房
單床房
53000日圓～

附全套廚具！

（一例）

STAY 04 善待錢包
精選
經濟旅館

便宜且功能齊全的商務旅館也是旅行好夥伴。有些旅館有女性專用客房或設備服務周到，仔細考慮挑選吧。

西新宿摩天大樓就在眼前

新宿華盛頓飯店

有2016年4月重新開幕的本館和面向甲州街道的新館。緊鄰都廳與新宿中央公園。

🏠 新宿區西新宿3-2-9　☎ 03-3343-3111　ⓟ 11093日圓～　ⓣ 18000日圓～　IN 14：00　OUT 11：00　Ⓜ JR新宿站步行約8分鐘

> 館內附設20間以上的餐飲店及超商。

新宿　▶MAP P.18 B-3

方便前往海濱區或東京迪士尼度假區®

有明燦路都飯店

除了前往東京迪士尼度假區外，也有自羽田機場出發的利木津巴士、臨海線、百合海鷗號直達巴士經過，交通便利。

🏠 江東區有明3-6-6　☎ 03-5530-3610　ⓟ 6482日圓～　ⓣ 7408日圓～　IN 15：00　OUT 11：00　Ⓜ 臨海線國際展示場站步行約3分鐘

> 雖然附近沒有鬧區很安靜，但有附設超商很方便。

台場　▶MAP P.21 E-2

便宜住在市區

日本橋三越前微笑飯店

飯店設備齊全而且件宿費便宜，是CP值佳的好住處。設有投幣式洗衣機，是連住旅客的便利福音。

🏠 中央區日本橋本町1-4-14　☎ 03-3231-1070　ⓢ 8889日圓～　ⓣ 14075日圓～　IN 14：00　OUT 11：00　Ⓜ 地鐵二越前站步行約5分鐘

> 官網上提供訂房優惠。也有最低價保證或限定優惠。

日本橋　▶MAP P.7 E-1

「口之戀人」樂天公司經營

錦糸町樂天城市飯店

有女性樓層、以書房為裝潢主題頗受男性歡迎的客房等，可依不同需求做選擇。

🏠 墨田區錦系4-6-1　☎ 03-5619-1066　ⓢ 9288日圓～　ⓣ 15660日圓～　IN 15：00　OUT 11：00　Ⓜ 地鐵錦系町站5號出口出站直達

> 以樂天小熊餅乾為主題的特色客房頗受歡迎。

錦糸町　▶MAP P.28 ③

更超值！

2800日圓起就可入住的民宿旅舍

> 國際色彩濃厚！

Room Type　3200日圓～

●男女混住的8人宿舍房 ●客房（單人、雙人、3人、4人、5人）

位於淺草地點方便

東京考山摺紙旅館

車站和超商都在步行範圍內，地理位置佳。

🏠 台東區淺草3-4-12　☎ 03-3871-6678　ⓟ 多人混住房型3200日圓～　IN 15：00　OUT 11：00　Ⓜ 地鐵淺草站A2出口步行約9分鐘　淺草　▶MAP P.10 C-1

回住率佳

Grids Hostel Lounge東日本橋

設有體貼女性的女士專用樓層。

🏠 中央區日本橋久松町4-7　☎ 03-6667-6236　ⓟ POD（上下舖宿舍）3300日圓～　IN 16：00　OUT 11：00　Ⓜ 馬喰橫山站A3出口步行約2分鐘

馬喰町　▶MAP P.27 ⑤

Room Type　3300日圓～

●男性（女性）專用上下舖宿舍 ●多人宿舍房・家庭獨立房

1樓備有廚房和地爐

IRORI HOSTEL and KITCHEN

1樓設有廚房。

🏠 中央區日本橋橫山町5-13　☎ 03-6661-0351　ⓟ 宿舍房2800日圓～　IN 16：00　OUT 11：00　Ⓜ JR馬喰町站1號出口步行約3分鐘

馬喰町　▶MAP P.27 ⑤

Room Type

●男女共住宿舍（小型雙人床、單人床）●女性宿舍（單人床）

附設可輕鬆用餐的居酒屋

BUNKA HOSTEL TOKYO

以團體旅客為對象的個人房頗受歡迎。

🏠 台東區淺草1-13-5　☎ 03-5806-3444　ⓟ 宿舍房3000日圓～　IN 16：00　OUT 10：00　Ⓜ 筑波快線淺草站步行約1分鐘　淺草　▶MAP P.10 B-2

Room Type

●男女共住宿舍（上下舖／單人床）●女性宿舍（只有上下舖）等

對擬定計畫大有幫助！
迅速認識東京交通的地圖

從各地前往東京可搭飛機、新幹線、國道巴士等各種工具。
決定好時間、便捷性或價格等優先條件後，搭配旅遊型態選擇最適合的交通工具吧。

大阪出發

✈ **飛機**　關西國際機場 ➡ 羽田機場
1小時10分鐘　23490日圓～
JAL／ANA／SFJ

伊丹機場 ➡ 羽田機場
1小時10分鐘　25490日圓～
JAL／ANA

🚄 **新幹線**　新大阪站 ➡ 東京車站
2小時30分鐘　13620日圓～
東海道新幹線「希望號」（Nozomi）

🚌 **巴士**　大阪 ➡ 東京
8小時～　1800日圓～

廣島出發

✈ **飛機**　廣島機場 ➡ 羽田機場
1小時20分鐘　34890日圓～
JAL／ANA

🚄 **新幹線**　廣島車站 ➡ 東京車站
4小時～　18040日圓～
東海道・山陽新幹線「希望號」

🚌 **巴士**　廣島 ➡ 東京
12小時～　6500日圓～

福岡出發

✈ **飛機**　福岡機場 ➡ 羽田機場
1小時40分鐘　22190日圓～
JAL／ANA／SKY／SFJ

🚄 **新幹線**　博多車站 ➡ 東京車站
5小時1分鐘～　21810日圓～
東海道・山陽新幹線「希望號」

🚌 **巴士**　福岡 ➡ 東京
15小時～　8900日圓～

高松出發

✈ **飛機**　高松機場 ➡ 羽田機場
1小時15分鐘　33390日圓～
JAL／ANA

🚄 **新幹線**　高松車站（JR快速）➡ 岡山車站 ➡ 東京車站
4小時23分鐘～　17130日圓～
東海道・山陽新幹線「希望號」

🚌 **巴士**　高松 ➡ 東京
10小時～　5900日圓～

能登
金沢
小松✈
米子
出雲✈
萩・石見✈　鳥取
岡山✈　伊丹✈
廣島✈　京都
山口宇部　高松✈　神戶✈　新大阪
北九州✈　岩國✈　✈關西
福岡✈　✈　徳島✈
佐賀✈　博多　大分✈　松山✈　✈南紀白
長崎✈　✈　高知
✈熊本
鹿児島✈　✈宮崎
○鹿児島中央

國道巴士的
行駛路線

國道巴士有從本州、四國各地及
九州福岡出發的班次。行經各條路
線，抵達新宿、東京、池袋、澀谷
等地。參考P.213「實用網站推
薦」，找出最適合自己的行駛路線
吧。

稚内

✈紋別

旭川✈ ✈女満別
✈中標津

札幌○
新千歳✈ 帯広✈ ✈釧路

新函館北斗
✈函館

札幌出發

✈ 飛機	新千歳機場 ➡ 羽田機場
	1小時40分鐘　21190日圓～ JAL／ANA／SKY／ADO
🚅 新幹線	新函館北斗車站 ➡ 東京車站
	4小時15分鐘～　22690日圓～ 北海道新幹線「隼號」（Hayabusa）

新青森
青森✈ ✈三沢

能代✈ 盛岡

秋田○
田✈

新庄

○
✈

山形
仙台
✈仙台
潟 ○
福島

仙台出發

🚅 新幹線	仙台車站 ➡ 東京車站
	1小時31分鐘～　10370日圓～ 東北新幹線「隼號」、「山彥號」（Yamabiko）
🚌 巴士	仙台 ➡ 東京
	5小時30分鐘～　2100日圓～

東京✈成田
○羽田

✈大島
（降落調布機場）

✈三宅島
（降落調布機場）

✈八丈島

名古屋出發

✈ 飛機	中部國際機場 ➡ 羽田機場
	1小時　20900日圓～ JAL／ANA
🚅 新幹線	名古屋車站 ➡ 東京車站
	1小時39分鐘～　10360日圓～ 東海道新幹線「希望號」
🚌 巴士	名古屋➡東京
	6小時～　1800日圓～

✈奄美

久米島 ✈那覇

✈宮古

✈石垣

沖繩出發

✈ 飛機	那霸機場 ➡ 羽田機場
	1小時20分鐘～　24190日圓～ JAL／ANA／SKY

✈　飛往東京國內班機的航站

○　新幹線主要停靠站

※以上價格是一般費用（折扣價除外）
※JAL=日本航空、ANA=全日空、SKY=天馬航空、ADO=AIR DO、SFJ=星悅航空
※飛往成田機場的LCC（廉價航空公司）相關航班請看P.212。

東京之旅 Info

訂到前往東京的優惠票！

設法訂到前往東京的優惠票是每個人最先想到的事吧。
像是提早訂票或是搭配套票等，以下介紹可買到低價票的方法。

✈ 飛機

各家航空公司都有早鳥票或配套行程等優惠措施。另外，LCC（廉價航空公司）的低價票也頗具魅力。

1 提早訂票

大型航空公司JAL或ANA提供各種折扣票價。最多降價80%左右的早鳥折扣，越早預約越便宜。75天前訂票最划算。另外，就算是出發前1週起，也會有便宜70%左右的指定航班優惠價，不用擔心。持有會員卡的話，還可買到會員獨享的商務票。

劃算度		航空公司	票價種類	折扣率	訂票期限
★★★	指定航班優惠價 就算出發當前訂也OK相當方便	JAL	指定航班優惠	最高約74%	搭乘日前1、3、7、21天
		ANA	獨享優惠	最高約69%	搭乘日前3天為止（部分航線到前一天為止）
			白金獨享優惠	最高約52%	搭乘日前3天為止
★★★	早鳥優惠 行程確定後越早訂票越便宜	JAL	搶先優惠	最高約83%	搭乘日前28、45、55、75天
		ANA	旅行折扣	最高約86%	搭乘日前21、28、45、55、75天
★	商務優惠 可當天訂票、改票，適合臨時出發者	JAL	商務票 （JAL會員卡獨享）	最高約47%	直到搭乘當天皆可訂票、改票
		ANA	商務票 （ANA會員卡獨享）	最高約43%	直到搭乘當天皆可訂票、改票

JAL=日本航空、ANA=全日空　　　　　　　　　　　　　※2016年5月資料

2 利用套裝行程

對於一手包辦所有內容的自助旅行者，建議預定包括來回機票加住宿、租車、觀光行程等同時規畫完成的便利套裝行程。比分項購買還便宜，又省事方便。

機票＋飯店的優惠套裝行程

JAL精選行程 還有優惠方案可選！

來回機票 ＋ 🏨飯店 ＝21600 日圓～

■羽田⇔伊丹／關西
■入住品川王子大飯店的價格
※價格依時期而異。
※出發前一天為止還可在網路上預訂。
※可自由搭配租車、巴士、各種票券等選項。

ANA旅行計畫 提供900個航班×日本各地4000家飯店自由搭配

來回機票 ＋ 🏨飯店 ＝21600 日圓～

■羽田⇔伊丹／關西／神戶
■入住東京灣舞濱度假村俱樂部的價格
※價格依時期而異。
※出發前一天為止還可在網路上預訂。
※可自由搭配租車、巴士選項。

3 選搭LCC（廉價航空公司）

LCC是取消各種服務費用以提供便宜機票的航空公司。廉航大部分在2015年4月開幕的成田機場第3航廈登機。雖然和羽田機場比起來離市區較遠，但價格便宜吸引很多旅客搭乘。

也有從成田出發的廉價巴士

從成田機場第3航廈到東京可搭乘廉價巴士。詳情請看P.215。

在成田機場起降的LCC

航空公司	目的地	價格
樂桃	新千歲	4490日圓～
	福岡	4790日圓～
	那霸	5890日圓～
香草	新千歲	4390日圓～
	奄美大島	5890日圓～
	那霸	5990日圓～
春秋日本	廣島	5690日圓～
	佐賀	5690日圓～

航空公司	目的地	價格
捷星日本	新千歲	4490日圓～
	福岡	4690日圓～
	關西	3950日圓～
	高松	3990日圓～
	松山	4990日圓～
	大分	4190日圓～
	鹿兒島	4590日圓～
	那霸	5690日圓～

※樂桃航空在成田機場第1航廈登機

📞 航空公司詢問處

JAL	（日本航空）	0570-025-071
ANA	（全日空）	0570-029-222
SKY	（天馬航空）	0570-039-283
ADO	（AIR DO）	0120-057-333
SFJ	（星悅航空）	0570-07-3200
SNJ	（亞洲天網航空）	0570-037-283
JJP	（捷星日本）	0570-550-538
VNL	（香草航空）	0570-6666-03
APJ	（樂桃航空）	0570-200-489
SJO	（春秋日本）	0570-666-118

新幹線

搭乘新幹線可輕鬆遊走於市區和各都市間，JR售有各種優惠票，請務必查詢清楚！

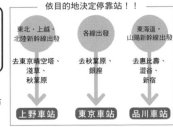

依目的地決定停靠站！！

東北・上越・北陸新幹線出發	各線出發	東海道・山陽新幹線出發
去東京晴空塔、淺草、秋葉原	去秋葉原、銀座	去惠比壽、澀谷、新宿
上野車站	**東京車站**	**品川車站**

利用各種折扣票

和飛機一樣，新幹線也是提早訂票可享優惠，還有搭配住宿的方便套裝行程。因為折扣率頗高，購票前請仔細查詢清楚。

 早鳥優惠價　13天前訂票超划算！

特急券 乘車券 ＝13010日圓　單程　　省4340日圓！

■隼號・疾風號（Hayate）　新青森⇒東京
※發車站為東北、山形、秋田、上越、北海道、北路新幹線和部分特急列車
※在JR東日本網站「eki-net」登錄會員（免費），可於乘車前13天前購票　※價格依時期而異

☎050-2016-1600（JR東日本）

東京迪士尼度假區來回票　去迪士尼玩就要訂這個！

特急券 乘車券 ＋ 東京、舞濱 乘車券 ＋ 入園預約票 ＝34840日圓　來回　　門票

■希望號、光號（Hikari）、回音號　新大阪⇒東京
※發車站為JR東海地區及JR西日本地區內的主要車站
※中途可上下車

☎050-3772-3910（JR東海）　☎0570-00-2486（JR西日本）

悠遊回音號（Kodama）　新大阪→東京間單程便宜3840日圓！

特急券 乘車券 ＋ 🥤 ＝10300日圓　單程　飲料1杯　　省3840日圓！

■回音號 新大阪⇒東京
※發車站為JR東海地區的主要車站　※價格依時期而異
※中途不可上下車　※售票至出發前一天為止（當天不可訂票）

☎03-6865-5255（JR東海TOURS）

TYO東京橫濱經濟行　搭新幹線來回＋飯店的套票既划算又省事！

特急券 乘車券 ＋ 🏢 ＝18900日圓～　來回　飯店

■山彥號　仙台⇒東京
※訂票至出發前一天為止　※訂票人數須為2人以上
※須為相同起訖站

☎03-3843-2001（View預約中心）

 # 國道巴士

日本各地有各家客運公司的巴士開往東京。
到集結多家公司的國道巴士訂票入口網站預訂最方便。

實用網站推薦（便利なおすすめサイト）

夜間巴士比較網
夜行バス比較なび

可比較整理包含日班車、夜班車約2萬筆資料，是日本最大的比較網站。

巴士實驗室
バスラボ

便宜訂到國道巴士的方法或專欄等訊息豐富的資訊網站。

國道巴士.com
高速バスドットコム

網羅全日本各地超過130家公司的國道巴士，可進行比對整理的訂票網站。

舒適巴士悠哉行

「COCOON」
採用貝殼型包覆完全與鄰座隔離，可調整椅背斜度的獨立座椅，頗具吸引力。設備完善，備有電視、插座和閱讀燈等。
在獨立包廂座椅享受VIP待遇！

費用●7040日圓～
（大阪→東京間/2016年7月期間）
☎0570-200-770（WILLER TRAVEL）

「Plumeria Grande」
3排獨立座位，裝有個人窗簾。最棒的是到站後還可免費使用設有化妝室的VIP休息室。
舒適的女性專用車

費用●5800日圓～
（大阪→東京間/2016年6月期間）
☎049-268-5430（VIP LINER預約中心）

各車站的主要巴士總站

東京車站
●JR國道巴士總站
●八重洲口鍛冶橋停車場

除了JR外各家國道巴士也會在八重洲口停車。設有候車室及投幣式置物櫃等。

新宿車站
●Busta新宿

車站周邊19處的國道巴士集中在2016年4月開幕的Busta新宿內，增添便利性。也可輕鬆轉乘JR。

澀谷車站
●澀谷Mark City 國道巴士站

在京王井之頭線車站澀谷Mark City的5樓就是巴士站。設有候車室和投幣式置物櫃。

池袋站
●池袋太陽城巴士總站
●西口國道巴士站

從池袋站步行約12分鐘的太陽城文化會館1樓，有多家客運公司的巴士在此發車。

當個聰明掌握機場、車站設施的旅客

羽田、成田機場和東京車站是東京的玄關。聰明掌握這些每天有眾多人潮來往的大型交通總站，讓旅行更有意義吧。

✈ 羽田機場

方便進出東京市區的羽田機場，除了咖啡館和餐廳外，也有商店或休息室等完善設施。

從機場進入市區的交通

從羽田機場進入東京市區除了京急電鐵外，也可搭乘東京單軌電車。分別銜接JR山手線的品川站及濱松町站，方便前往各地。要去新宿或澀谷的可在品川轉乘，要去東京或上野的可在濱松町轉乘，縮短交通時間。還有開往東京迪士尼度假區®的利木津巴士。

羽田機場	東京單軌電車機場快速 約18分鐘／490日圓	→	濱松町站
	機場利木津巴士 約25～30分鐘／830日圓 ※東京迪士尼樂園（到東京迪士尼海洋再多5分鐘）	→	舞濱站
	京急・機場快特 約16分鐘／410日圓	→	品川站

利用術①
羽田獨家伴手禮

第1、第2航廈擁有琳瑯滿目的商店可滿足購物樂趣，頗受好評。當中還有多家販售羽田機場獨家限定商品的店舖。

羽田飛機布丁
432日圓／Pastel
滑嫩的布丁加上鮮奶油，頗受歡迎。上面畫有飛機圖案。限定週五～週日販售的商品。Ⓐ

小形羊羹 天空之旅
260日圓／虎屋
少數使用白花豆製成的紅豆羊羹。體積小方便食用。成田機場也有賣。Ⓑ

旅行化妝包（M）
972日圓／紀伊國屋
中間畫有飛機圖案的限定商品。還有化妝包等其他商品。Ⓒ

肩背包
3996日圓／紀伊國屋

巧克力脆餅 9個裝
1080日圓／Samantha Thavasa SWEETS
人氣時尚品牌經營的甜點店。有巧克力香蕉、草莓等3種口味。Ⓓ

Marcolini達克瓦茲餅
2916日圓／Pierre Marcolini 羽田店
榛果做的達克瓦茲餅夾上巧克力甘納許。Ⓔ

📞 詢問處

Ⓐ 特選洋菓子館‥‥‥‥‥‥‥‥‥‥‥‥（第1航廈）03-5757-8127
　東京食賓館3號大時鐘前‥‥‥‥‥‥‥‥（第2航廈）03-6428-8716
Ⓑ 虎屋（Toraya）‥‥‥‥‥‥‥‥‥‥‥（第1航廈）03-5756-0122
Ⓒ KINOKUNIYA entrée‥‥‥‥‥‥‥‥‥（第1航廈）03-5757-9068
Ⓓ Samantha Thavasa SWEETS & TRAVEL‥‥（第2航廈）03-5757-8164
　（僅供乘客選購）‥‥‥‥‥‥‥‥‥‥（第2航廈）03-6428-8755
Ⓔ Pierre Marcolini羽田店‥‥‥‥‥‥‥‥（第2航廈）03-5757-6220

利用術②
愉快消磨等待時間

舒緩旅途疲憊的沙龍或休息室，以及各家嚴選餐廳等，機場內有各項愉快消磨等待時間的設施。

舒緩旅途疲憊　Grand Raffine

位於第1航廈3樓的芳療美容沙龍。消除搭機疲憊容光煥發地進行東京之旅吧。

📞 03-5756-0040
🕐 9:00～20:00（最晚預約時間19：30）

飽覽飛機起降景觀！　露天觀景區

露天觀景區位於第1航廈6樓和屋頂及第2航廈5樓。是眺望飛機排隊起飛的最佳觀景區。

🕐 第1第2航廈都是6：30～22：00
※視天氣時有變動

人氣商店齊聚一堂　各家餐廳

在國內線旅客航廈網羅了壽司、義大利菜、牛舌、咖哩、中菜、土耳其菜等多家種類豐富的餐廳，每家都是好評名店！

早班次 趕不上首班機時⋯
First Cabin羽田廈第1航廈

位於羽田機場第一航廈的小巧旅店。備有大澡堂、淋浴間和交誼廳，適合在此養精蓄銳。

📞 03-5757-8755
🕐 1晚（頭等艙）6000日圓～

客房模仿飛機頭等艙裝潢。盥洗用品齊全。

✈ 成田機場

LCC（廉價航空）在成田機場第3航廈起降。有開往東京市區的廉價巴士，造福想省錢的旅客。

從機場進入市區的交通

| | | Tokyo Shuttle　900日圓（早班及夜班車2000日圓） | → 東京車站‧銀座車站 |

The Access Narita　1000日圓（可當天買票，預約優先制）

第3航廈 → 第1、2航廈（步行或搭免費巴士）

利木津巴士　到新宿3100日圓
成田特快列車N'EX　到新宿3190日圓　→ 東京各地

※Tokyo Shuttle、The Access Narita從第3航廈發車，停靠第2、第1航廈後，開往東京市區。

成田機場第3航廈

2015年4月，LCC進駐的第3航廈開幕。2016年5月至今在第3航廈起飛的日本國內線LCC有捷星日本、春秋日本、香草航空3家公司（樂桃航空在第1航廈）。和第1、第2航廈間有免費接駁巴士可搭，也可步行至第2航廈。前往東京市區可搭乘Tokyo Shuttle、The Access Narita等廉價巴士。

🚃 東京車站

東京車站是新幹線和各級列車的大型發車總站。認清車站的大致格局後，善加利用各項設施。

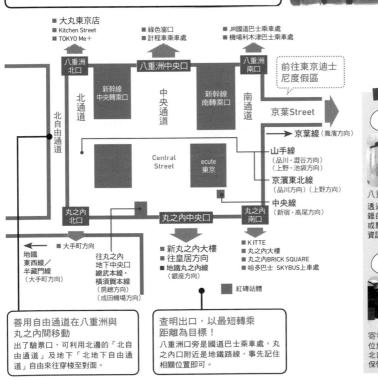

前往東京迪士尼度假區

■ 大丸東京店
■ Kitchen Street
■ TOKYO Me＋

■ 綠色窗口
■ 計程車乘車處

■ JR國道巴士乘車處
■ 機場利木津巴士乘車處

八重洲北口　八重洲中央口　八重洲南口

新幹線中央轉乘口　中央通道　新幹線南轉乘口　南通道

京葉Street

北自由通道　北通道

Central Street　ecute東京

→ 京葉線（舞濱方向）

山手線（品川‧澀谷方向）（上野‧池袋方向）
京濱東北線（品川方向）（上野方向）
中央線（新宿‧高尾方向）

丸之內北口　丸之內中央口　丸之內南口

← 地鐵東西線／半藏門線（大手町方向）

■ 大手町方向

往丸之內地下中央口　總武本線‧橫須賀本線（房總方向）（成田機場方向）

■ 新丸之內大樓
■ 往皇居方向
■ 地鐵丸之內線（銀座方向）

■ KITTE
■ 丸之內大樓
■ 丸之內BRICK SQUARE
■ 哈多巴士 SKYBUS上車處

🟥 紅磚站體

善用自由通道在八重洲與丸之內間移動
出了驗票口，可利用北邊的「北自由通道」及地下「北地下自由通道」自由來往穿梭至對面。

查明出口，以最短轉乘距離為目標！
八重洲口旁是國道巴士乘車處，丸之內口附近是地鐵路線，事先記住相關位置即可。

便利設施

迷路了！

八重洲觸控螢幕指南
透過觸控式螢幕了解複雜的東京車站站內結構或驗票口外的商業設施資訊。

想寄放行李！

寄物櫃台
位於GRANSTA和丸之內北口附近，每件行李的保管費是500日圓。

東京車站也有美術館和東京車站畫廊等多處藝術設施。也不要錯過充滿歷史風情的紅磚建築站體。　215

東京之旅 Info

利用各種交通工具讓東京觀光行更舒適順暢！

要在市區移動搭電車最方便。多條路線如網狀般圍繞東京運行。網羅主要觀光區的觀光巴士，或欣賞怡然美景的觀光船也很推薦。

電車

JR山手線搭配地鐵就能涵蓋大部分市區主要觀光景點。在東京也能使用其他地區發行的交通IC卡，相當方便。另外，務必善用各項優惠票。製作目的地列表，購買最適合最划算的車票吧。

JR搭配地鐵

在市區最方便的JR是山手線和中央線。地鐵有東京Metro和都營地鐵2家公司，路線複雜。利用網路或APP的路線指南提高移動效率吧。

都營地鐵
●4條路線 ●起跳價180日圓～ ※刷IC票卡174日圓

大江戶線是環狀和放射線組成的6字形路線。其餘3條路線各自可和其他公司的路線相互轉乘。

Ⓐ Ⓘ Ⓢ Ⓔ
淺草線 三田線 新宿線 大江戶線

東京Metro
●9條路線 ●起跳價170日圓～ ※刷IC票卡165日圓

銀座線和丸之內線以外的路線可與其他公司的路線相互轉乘。和都營地鐵間的轉乘享有優惠價。

Ⓖ Ⓜ Ⓗ Ⓣ Ⓒ
銀座線 丸之內線 日比谷線 東西線 千代田線

Ⓨ Ⓩ Ⓝ Ⓕ
有樂町線 半藏門線 南北線 副都心線

電車注意事項

☑ **轉乘須知**
用車票在驗票口外轉乘時，須走轉乘專用驗票口。如果不這麼做，驗票口會收走車票。

☑ **就算直達也要留意目的地**
不同路線走在同一鐵道的直達車。有可能從路線切換的主要車站到目的地是分開的兩條線。

☑ **持有當地IC票卡**
「ICOCA」、「manaca」等地方鐵路發行的10種交通IC卡，都可在東京地區使用。

☑ **轉乘時須確認出口**
尤其是地鐵擁有多個出口。未必所有轉乘電車的月台都相連，須留意這點。

善用優惠車票

 600日圓

自由搭乘東京Metro
東京Metro地鐵24小時車票

一天內可自由搭乘東京Metro地鐵全線。使用越多次越划算。

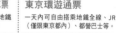 1590日圓

遊走多處景點就買這張
東京環遊通票

一天內可自由搭乘地鐵全線、JR（僅限東京都內）、都營巴士等。

 500日圓

靈活使用！
都營巴士一日券

一天內可自由搭乘行駛於東京23區內的都營巴士。一般車票的起跳價為210日圓，因此此一日票相當划算。

※票面設計時有變更。

 1000日圓

網羅地鐵全線
東京Metro地鐵與都營地鐵通用的一日通票

一天內可自由進出東京Metro地鐵、都營地鐵全線各站。

利用一日乘車券享優惠！「CHIKA TOKU」是？

在東京Metro及都營交通沿線400多個景點享有獨家優惠。除了上述4種車票外，還有超過20種以上的優惠對象。有美術館等處的門票折扣、招待一份甜點等多項優惠內容。詳情請查詢地鐵各站放置的旅遊指南或官網！

☎ 03-3816-5700
（東京都營交通客服中心）

計程車

雖然鐵路已經涵蓋各區域，但還是以計程車的機動性最高。可以和電車或公車互相搭配使用。另外，當有大件行李時，計程車就顯得格外重要了。近年來也有方便的計程車叫車APP可下載，請多加利用。

計程車參考車資

東京出發 ➡ 皇居	820日圓
➡ 築地	1180日圓
➡ 上野	1270日圓
➡ 新宿	2530日圓
➡ 池袋	3250日圓
➡ 舞濱	5410日圓

東京計程車運費表

	起跳	跳表價
距離制	2.0km內730日圓	每280m增加90日圓
時間距離併計	時速10km以下每1分45秒增加90日圓	
時間制	1小時4560日圓	每30分鐘增加2110日圓
回程費	各家業者自行設定金額	
指定時間預約費	各家業者自行設定金額	
深夜加成費	自22點起到凌晨5點增加2成	

好用APP推薦

用智慧型手機叫小黃
スマホdeタッくん

東京租賃計程車協會的官方APP。只要指定派車地點（地圖位置點、輸入地址）後發送即可。

日本交通

日本交通計程車派車APP。用GPS功能從日本交通關係企業的3000台計程車中為乘客調度計程車。

觀光巴士

集中前往主要人氣景點的觀光巴士相當方便。最大賣點在於可以配合目的地從多種選項中挑選適合自己的路線。有導遊隨行，講解讓乘客聽了頻頻點頭稱是的東京相關常識。

■哈多巴士

主要景點就交給我

☎03-3761-1100（預約中心）

主要乘車處●東京車站丸之內南口、新宿站東口、西口、上野站淺草口、池袋站東口、銀座首都飯店新館前等地。

人氣行程

遊覽東京鐵塔和淺草隅田川

遊覽東京鐵塔和淺草的經典觀光行程。最棒的是還附中餐。
💰7600日圓
出發日：每天　需時：約6小時

■SKYBUS東京

雙層露天巴士！

☎03-3215-0008

人氣行程

台場夜景路線

行經皇居、東京鐵塔，可眺望彩虹大橋的夜景。
💰2100日圓
出發日：每天（冬天只有周末才出發）
需時：約2小時（依季節而異。在台場AQUA CITY有60分鐘的自由休息時間）

觀光路線巴士「夢之下町」

不需預約也可搭乘

從東京車站行經上野、淺草、東京晴空塔等地抵達錦系町的觀光路線巴士。採典麗色復古風設計的車內放有觀光便利手冊。

☎03-3816-5700（都營交通客服中心）

觀光船

結合觀光和移動的觀光船，是鮮有人知的私房活動&交通方式。利用隅田川從台場移動到淺草，坐在涼風輕拂的舒適船上慢慢欣賞隅田川的景色。船內也有販售輕食和飲料。

■水上巴士

路線

巡遊隅田川，晴空塔一覽無遺！

連結淺草和日之出棧橋。可同時眺望下町和晴空塔的觀光船。所需時間約40分鐘。

☎0120-977-311（東京都觀光汽船）

淺草➡濱離宮➡日之出棧橋、淺草➡台場海濱公園、日之出棧橋➡台場海濱公園等地

日之出棧橋→淺草　成人780日圓（入園費另計）等

觀光船

路線

如太空船般的未來造型水上巴士

漫畫家松本零士設計的觀光船HOTALUNA。船頂設有步行甲板，可走出船艙欣賞美景。

☎0120-977-311（東京都觀光汽船）

淺草➡日之出棧橋➡台場海濱公園

淺草→日之出　成人1080日圓、淺草→台場　成人1560日圓

社區巴士

由各團體自行經營，使大眾運輸系統更臻完善的巴士。車資都是免費～100日圓，花費少許金額就可搭乘，因此格外令人珍惜。特色是像熊貓巴士或八公巴士等小巧可愛的彩繪車體。

免費

丸之內接駁車

連結東京市區的免費繞行巴士。

☎03-3955-1188（日之丸汽車實業）
10：00～20：00，每15分鐘一班

路線

新丸之內大樓➡大手町塔➡日經大樓➡日比谷➡新國際大樓➡三菱大樓

100日圓

■八公巴士

繞行澀谷區內的惠比壽及代官山。

免費

■熊貓巴士

免費繞行淺草～晴空塔（只有週六、日）。

100日圓

■Chii Bus

方便往來六本木～麻布地區。

各種實用APP！
用智慧型手機輕鬆收集資訊

轉乘指南APP或匯集多項觀光訊息的實用APP，先在旅行前下載備用吧。

JR東日本APP

不僅是JR還有私鐵的列車動態、車站平面圖、設施資訊等都查得到。

東京攜帶指南手冊（Tokyo Handy Guide）

分區介紹東京市區的觀光資訊。是功能齊全的逛街幫手。

漫步下町天空（SORA Walker）

輸入目的地或時間等條件，就會規畫出逛街行程。

東京之旅 SUPER INDEX

營業時間或公休日、地圖位置等，只要一眼就能在各類別中找到想查詢的資料！
善加利用旅行必備的超級索引，是縮短時間的好訣竅。

地區	店家	公休日	營業時間	類別	價格帶	頁碼	MAP
表參道	Ice Monster表參道店	不固定	11：00～20：30	剉冰店	★★	147	P.12 B-2
青山	Island Vintage Coffee青山店	全年無休	9：00～18：00及其他	咖啡館	★★	135	P.12 C-3
淺草	葵丸進	第二、四週週一	11：00～20：00	天婦羅店	★★	49	P.10 B-2
淺草	淺草 梅園	週三（月休2次）	10：00～19：45	日式點心	★★	49	P.10 B-2
東京晴空塔城	蟻月	比照東京晴空塔城	11：00～16：00、17：00～22：30	天婦羅店	★★	39	P.11.F-2
銀座	ARMANI/RISTORANTE WINE LOUGE	不固定	11：30～22：30	下午茶店	★★	139	P.8 C-2
代代木	吳哥窟	全年無休	11：00～14：00、17：00～22：00	柬埔寨餐廳	★★	137	P.28 ②
惠比壽	國際自助餐廳「THE TERRACE」	全年無休	6：30～21：30	西餐廳	★★★	117	P.17 F-3
上野	上野精養軒	全年無休	11：00～21：00及其他	西餐廳	★★	109	P.23 D-2
上野	上野之森PARK SIDE CAFE	全年無休	10：00～20：00及其他	咖啡館	★★	109	P.23 E-2
銀座	VOMERO	全年無休	11：00～14：30、18：00～22：00及其他	義大利餐廳	★★	54	P.9 E-2
六本木	ukafe	全年無休	11：00～22：00	咖啡館	★★	63	P.22 B-2
上野	兔屋café	週三	9：00～18：00	日式點心店	★★	147	P.23 D-3
澀谷	宇田川cafe suite	全年無休	11：00～凌晨4：00	咖啡館	★	91	P.14 B-2
台場	Eggs'n Things台場店	比照AQUA CITY	9：00～21：30	鬆餅店	★★	149	P.20 B-2
東京晴空塔城	江戶東京壽司常	比照東京晴空塔城	11：00～22：00	壽司店	★★	39	P.11 F-2
原宿	The Origimal PANCAKE HOUSE HARAJYUKU	比照Q Plaza 原宿	10：00～21：15及其他	鬆餅店	★★	83	P.12 B-2
淺草	尾張屋	週五	11：30～20：30	蕎麥麵店	★★	48	P.10 B-2
東京・丸之內	CACAO SAMPAKA	不固定	11：00～22：00	巧克力店	★★	33	P.6 B-2
銀座	CACAO MARKET BY MARIBELLE	比照東急Plaza銀座	11：00～21：00	巧克力店	★★	56	P.8 C-2
神樂坂	神樂坂 茶寮 總店	不固定	11：30～22：00及其他	咖啡館	★★	123	P.24 B-1
神樂坂	神樂坂 別亭 鳥茶屋	全年無休	11：30～14：00、17：00～21：30及其他	日式餐廳	★★	123	P.24 B-1
神樂坂	神樂坂y cucina	週日及其他	11：00～23：00	義式餐廳酒吧	★★	142	P.24 B-1
目黑	果實園Liber	全年無休	7：30～22：30	鮮果甜品店	★★	148	P.28 11
惠比壽	加藤商店 肉壽司	全年無休	17：00～凌晨5：00	肉壽司店	★★	140	P.17 E-2
東京・丸之內	Cafe 1894	不固定	11：00～22：00	咖啡館	★★	33	P.6 B-3
澀谷	Café 1886 at Bosch	不固定	8：00～22：00及其他	三明治店	★★	145	P.15 E-3
表參道	Café Kaila	不固定	9：00～19：20	鬆餅店	★★	149	P.12 B-2
澀谷	Cafe BOHEMIA	全年無休	12：00～凌晨4：00	咖啡館	★★	90	P.14 B-2
澀谷	Akarimado咖啡吧	比照澀谷MODI	11：00～23：00	日式茶屋	★★	86	P.14 C-2
上野	Kamakura 上野之森櫻花露台店	全年無休	11：00～22：30及其他	日式餐廳	★★	109	P.23 E-2
淺草	神谷酒吧	週二	11：30～21：30	酒吧	★	49	P.10 C-2
谷根千	Kayaba珈琲	全年無休	8：00～23：00及其他	咖啡館	★★	124	P.24 B-3
神樂坂	Calme Elan	週一	12：00～17：00及其他	甜點店	★★	123	P.24 A-1
台場	KING OF THE PIPATES	比照AQUA CITY	11：00～15：00、17：00～22：00	西餐廳	★★	72	P.20 B-2
小石川	QINO'S Manhattan New York	全年無休	10：00～15：00及其他	三明治店	★★	144	P.28 ⑧
神樂坂	紀之善	週一	11：00～19：30及其他	日式甜點店	★★	147	P.24 B-1
澀谷	CAMELBACK sandwich & espresso	週一	9：00～19：00	咖啡館	★★	91	P.14 A-1
新宿	Ushikatsuaona	全年無休	11：00～22：00	炸牛排店	★★	141	P.19 D-1
代官山	KING GEORGE	不固定	11：00～20：30及其他	三明治店	★★	144	P.16 C-1
銀座	銀座木村家	全年無休	10：00～21：30及其他	紅豆麵包店	★	53	P.9 D-2
銀座	銀座 天國	週日	11：30～21：00	天婦羅店	★★	53	P.8 B-3
銀座	Ginza Noodle小麥與橄欖	週日	11：30～21：45	拉麵店	★★	55	P.9 D-3
銀座	銀座Bouchon d'Or	週日及其他	11：45～14：00、18：00～22：00	法國餐廳	★★	54	P.9 D-2
台場	Queen's Bath Resotr	比照AQUA CITY	11：00～14：30、18：00～21：30	夏威夷餐廳	★★	72	P.20 B-2
東京晴空塔城	KUA`AINA	比照東京晴空塔城	10：00～22：00	漢堡店	★★	39	P.11 F-2
千馱谷	GOOD MORNING CAFE 千馱谷	比照東京體育館	7：00～22：30及其他	咖啡館	★★	135	P.28 ⑧
表參道	GLACIEL	全年無休	11：00～18：00	甜點店	★★	82	P.12 C-2
六本木	CRISP SALAD WORKS	全年無休	11：00～22：00	沙拉店	★★	62	P.22 B-3
表參道	CLINTON ST. BAKING COMPANY TOKYO	不固定	8：00～21：30	咖啡館	★★	135	P.13 E-3
代官山	CLEANSING CAFE Daikanyama	不固定	11：00～19：00	咖啡館	★★	116	P.16 B-1

地區	店家	公休日	營業時間	類別	價格帶	頁碼	MAP
自由之丘	古桑庵	週三	11：00～18：00	日式甜點店	★★	118	P.26 B-2
淺草	駒形DOZEU	全年無休	11：00～21：00	泥鰍專賣店	★★	48	P.10 B-3
月島	近Dou總店	全年無休	17：00～21：30及其他	文字燒店	★	129	P.25 D-3
原宿	THE GREAT BURGER	全年無休	11：30～22：00及其他	漢堡店	★★	145	P.12 B-2
澀谷	茶亭 然花抄院	全年無休	10：00～21：00	日式茶屋	★★	89	P.15 D-3
澀谷	THE MEAT & LABORATORY	全年無休	11：00～23：00及其他	肉類餐廳	★★	89	P.15 D-3
東京・丸之內	Siam Heritage TOKYO	比照新丸之內大樓	11：00～14：30、17：00～22：00	泰國餐廳	★★	32	P.6 B-2
上野	西湖春上海小籠包	全年無休	10：00～20：00	路邊攤	★	111	P.23 E-3
原宿	彩茶房 CASCADEHARAJUKU店	比照CASCADE原宿	11：00～21：30	台灣茶館	★★	147	P.12 B-1
淺草	茶寮 Tsubo市製茶本舖	比照MARUGOTO NIPPON	10：00～19：30	日式茶屋	★★	156	P.10 B-1
新宿	Salon de Te Musee Imadaminako	全年無休	11：00～22：00	下午茶店	★★	139	P.19 D-3
表參道	幸福鬆餅	不固定	9：00～	鬆餅店	★★	149	P.13 D-2
青山	Shake Shack外苑銀杏並木店	不固定	11：00～22：00	漢堡店	★★	144	P.13 E-1
四谷	Jasmine Thai	全年無休	11：30～14：30、17：00～22：00	泰國餐廳	★	136	P.28 ④
築地	秀德3號店	週一	11：00～14：30、17：00～22：00	壽司店	★★	128	P.25 F-1
六本木	SILIN火龍園	比照東京中城	11：00～14：30、17：00～22：00	中式餐廳	★★	63	P.22 B-2
日本橋	砂場	週日、假日	11：30～20：30及其他	蕎麥麵店	★	127	P.28 ⑥
代官山	SPRING VALLY BREWERY東京	全年無休	8：00～17：00	釀酒廠	★★	116	P.16 C-1
東京晴空塔城	世界啤酒博物館	比照東京晴空塔城	11：00～22：00	啤酒餐廳	★★	38	P.11 F-2
築地	瀨川	週三、日、假日及其他	8：00～賣完為止	鮪魚丼飯店	★★	128	P.25 F-1
東京・丸之內	soranoiro NIPPON	全年無休	10：30～22：30	拉麵店	★★	31	P.31
神田小川町	松記雞飯	週日、假日	11：30～13：30、18：00～22：00	新加坡餐廳	★★	137	P.27 ②
日本橋	泰明軒	1F全年無休、2F週四、假日及其他	1F 11：00～20：30及其他	西餐廳	★★	127	P.7 E-2
高田馬場	TAVERNA	週日、週一假日	17：00～23：00	義大利餐廳	★★	142	P.28 ①
惠比壽	DAY & NIGHT	週三	8：30～23：00	三明治店	★★	145	P.17 F-1
東京晴空塔城	天空Lounge Top of Tree	比照東京晴空塔城	11：00～22：00	創意西餐廳	★★	38	P.11 F-2
六本木	杜蘭朵臥龍居	全年無休	8：00～22：00及其他	中式餐廳	★★★	135	P.22 B 1
東京・丸之內	東京車站飯店大廳酒吧	全年無休	8：00～21：30及其他	咖啡館	★★	29	P.6 B-2
表參道	DOMINIQUE ANSEL BAKERY TOKYO	全年無休	10：00～19：00	咖啡館	★★	83	P.12 C-2
築地	Trattoria築地Paradiso	週三	11：00～14：00、17：30～21：00	義大利餐廳	★★	128	P.26 F 1
東京晴空塔城	新宿勝博殿日式豬排	比照東京晴空塔城	11：00～22：30	日式豬排店	★★	39	P.11 F-2
銀座	Nair's Restaurant	週二	11：30～21：30及其他	印度餐廳	★★	136	P.9 E-2
日本橋	日本橋高湯場	比照CORED0室町1	11：00～21：00	日式餐廳	★	127	P.7 E-1
表參道	BURN SIDE ST CAFE	全年無休	9：30～20：00	漢堡店	★★	149	P.12 B-2
谷根千	HAGI CAFE	不固定	8：00～10：00、12：00～20：00	咖啡館	★★	124	P.24 A-2
淺草	畑畑	比照MARUGOTO NIPPON	11：00～	日式餐廳	★★	156	P.10 B-1
六本木	pâtisserie Sadaharu AOKI paris	不固定	11：00～20：15	甜點店	★★	63	P.22 B-2
日本橋	哈洛德午茶餐廳日本橋三越總店	不固定	10：30～18：30	下午茶店	★★	138	P.7 D-1
銀座	PIERRE MARCOLINI銀座總店	全年無休	11：00～19：30及其他	巧克力店	★★	56	P.8 C-2
銀座	BbyB. Ginza	全年無休	11：00～19：30及其他	巧克力店	★★	57	P.9 D-1
銀座	HIGASHIYA GINZA	週一及其他	11：00～21：00	下午茶店	★★	139	P.9 E-1
谷根千	冰蜜堂	週一及其他	10：00～18：00左右	剉冰店	★★	147	P.24 A-2
六本木	Hills DAL-MATTO	比照六本木新城	11：00～22：00及其他	義大利餐廳	★★	62	P.22 B-3
表參道	bills表參道	全年無休	8：30～22：00	鬆餅店	★★	149	P.12 B-1
三田	Farmer's Chicken	週日、假日	11：30～14：00、17：30～21：00及其他	旋轉烤雞店	★★	141	P.28 ⑫
澀谷	Fuglen Tokyo	全年無休	8：00～22：00及其他	咖啡館	★★	90	P.14 A-1
六本木	Brasserie Paul Bocuse Le Musée	週二及其他	11：00～19：30及其他	法國餐廳	★★★	64	P.22 A-2
表參道	FRANZE & EVANS	不固定	9：00～22：00及其他	咖啡館	★★	82	P.13 D-2
淺草	Fruit Parlor GOTO	週三及其他	11：00～19：00	鮮果甜品店	★	147	P.10 B-1
青山	藍瓶咖啡青山店	全年無休	8：00～19：00	咖啡館	★★	82	P.13 E-2
自由之丘	古町糀製造所	全年無休	11：00～20：00	飲品店&商店	★	118	P.26 B-3
原宿	布丁狗咖啡館原宿店	全年無休	11：00～20：00	咖啡館	★	77	P.12 B-1
表參道	MAX BRENNER CHOCORATE BAR表參道之丘	不固定	11：00～22：00及其他	甜點店	★★	83	P.12 C-2
代官山	Matsunosuke N.Y.	週一	9：00～17：00	派、蛋糕店	★★	116	P.16 B-2
東京晴空塔城	Moomin House Café	比照東京晴空塔城	8：00～22：00	咖啡館	★★	148	P.11 F-2
市谷	Meson Cervantes	全年無休	11：30～14：00、00～21：30及其他	西班牙餐廳	★★	143	P.27 ③
上野	摩西先生的沙威瑪	全年無休	9：00～21：30	路邊攤	★	111	P.23 E-3
月島	文字燒 來實	週一	18：00～21：30及其他	文字燒店	★★	129	P.25 D-3

	地區	店家	公休日	營業時間	類別	價格帶	頁碼	MAP
	自由之丘	MONTBLANC	全年無休	10：00～18：40	甜點店	★★	118	P.26 B-3
	惠比壽	Hugo Desnoyer惠比壽店	週一	11：30～17：00、18：00～22：30及其他	肉類餐廳	★★	141	P.16 C-2
	淺草	Yoshikami	週四	11：45～22：00	西餐廳	★★	48	P.10 B-2
	大手町	La Pesquera-MARISQUERIA	週日	11：00～23：15及其他	西班牙餐廳	★★	143	P.6 B-1
	東京晴空塔城	LA SORA SEED FOOD RELATION RESTAURANT	比照東京晴空城	11：00～14：00、18：00～21：00	義大利餐廳	★★	38	P.11 F-2
	台場	酒館和香檳酒吧「Veranda」	全年無休	10：00～22：30	酒吧	★★	72	P.20 A-2
	銀座	Lindt Chocolat Cafe銀座店	全年無休	11：00～21：30及其他	巧克力店	★★	57	P.8 B-2
	神樂坂	LE BRETAGNE	週一	11：30～22：30及其他	法式煎餅店	★★	123	P.24 B-1
	芝公園	Le Pain Quotidien芝公園店	全年無休	7：30～21：00及其他	麵包餐廳	★★	134	P.28 ⑨
	原宿	LUKE'S 表參道	不固定	11：00～20：00	龍蝦堡店	★★	83	P.12 B-1
	銀座	煉瓦亭	週日	11：00～14：15、16：40～20：30及其他	西餐廳	★★	55	P.9 D-1
	新宿	ROSEMARY'S TOKYO	不固定	11：00～22：00	餐廳	★★	95	P.19 D-3
	原宿	World Project Kawaii Café	不固定	10：30～21：30	咖啡館	★★	76	P.12 B-1
	谷根千	和栗屋	週一	11：30～18：30	日式點心	★★	124	P.24 A-2

地區	店家	公休日	營業時間	類別	頁碼	MAP
淺草	淺草糯米丸子Azuma	全年無休	9：30～19：00	日式點心	47	P.10 B-2
淺草	淺草九重	全年無休	9：00～19：00左右	日式點心	46	P.10 B-2
淺草	淺草多慶屋	全年無休	9：30～19：00	日式雜貨	46	P.10 B-2
淺草	淺草燈籠最中	不固定	10：00～17：30	日式點心	47	P.10 B-2
淺草	淺草仲見世 評判堂	全年無休	9：30～18：30	日式點心	46	P.10 B-2
原宿	ASOKO	不固定	11：00～20：00	日用品	80	P.12 B-2
池袋	安利美特池袋總店	全年無休	10：00～21：00	動漫商品	102	P.26 B-1
東京晴空塔城	Afternoon Tea LIVING	比照東京晴空城	10：00～21：00	日用品	41	P.11 F-2
東京・丸之內	ARDEUR	全年無休	8：00～22：00	甜點	30	P.31
代官山	& STYLE STORE	全年無休	11：00～20：00	日用品	116	P.16 C-2
新宿	伊勢丹新宿店	全年無休	10：30～20：00及其他	百貨公司	94、164	P.19 E-2
東京	上野車站前 岡埜榮泉總本家	全年無休	10：00～20：00及其他	日式點心	164	P.6 C-2
澀谷	HMV & BOOKS TOKYO	比照澀谷MODI	11：00～23：00	複合式書店	86	P.14 C-2
池袋	EVANGELION STORE TOKYO-01	全年無休	11：00～21：00	動漫商品	103	P.26 B-1
原宿	ABC Cosme Store	全年無休	11：00～21：00	美妝	76	P.12 B-1
東京・丸之內	便當 祭	全年無休	5：30～23：00	便當	30	P.30
東京・丸之內	ÉCHIRÉ MAISON DU BEURRE	不固定	10：00～20：00	甜點	33、163	P.6 B-2
淺草	江戶趣味小玩具 仲見世助六	全年無休	10：00～18：00	日用品	47	P.10 B-2
銀座	Rusu Rusu菓子工房	不固定	11：00～20：00	甜點	165	P.9 D-2
自由之丘	katakana	不固定	11：00～20：00	日用品	157	P.26 B-3
上野	Canary美妝	全年無休	10：00～19：30	美妝	111	P.23 E-3
谷根千	Kayaba Bakery	週一	9：00～19：00	麵包	125	P.24 B-3
東京・丸之內	Calbee Plus東京車站店	全年無休	9：00～21：00	零食	31	P.31
東京晴空塔城	髮髻店wargo	比照東京晴空城	10：00～21：00	髮髻	40	P.11 F-2
淺草	木村家人形燒本店	全年無休	9：30～18：30及其他	日式點心	46	P.10 B-2
東京晴空塔城	CANDY SHOW TIME	比照東京晴空城	9：00～21：00	零食	40	P.11 F-2
東京晴空塔城	Q-pot.	比照東京晴空城	10：00～21：00	日用品	40	P.11 F-2
原宿	CUTE CUBE HARA JUKU	全年無休	10：00～20：00及其他	複合設施	77	P.12 B-1
銀座	銀座大野屋	週三、日	10：00～17：00	日式雜貨	53	P.9 D-2
銀座	銀座Kazuya	週日、假日及其他	11：30～15：00	日式點心	162	P.8 B-1
銀座	銀座千疋屋水果甜點店	全年無休	2F 11：00～19：30、B1F 11：00～17：00	鮮果甜品	55	P.8 C-2
東京晴空塔城	銀座夏野	比照東京晴空城	10：00～21：00	筷子、筷架	41	P.11 F-2
東京晴空塔城	銀座之童	比照東京晴空城	10：00～21：00	零食	40	P.11 F-2
銀座	空也	週日、假日	10：00～17：00及其他	日式點心	162	P.8 C-2
自由之丘	cuoca	全年無休	10：00～20：00	甜點、麵包原料	119	P.26 C-3
池袋	K-BOOKS池袋動漫館・生活館	全年無休	11：00～20：00	動漫商品	103	P.26 C-1
銀座	月光莊畫材店	週三及其他	11：00～19：00	畫具	161	P.8 B-3
新宿御苑	KEN'S CAFE TOKYO	週六、日、假日	11：00～19：00	甜點	163	P.28 ⑩
上野	GOAT	週日～三	13：00～19：00	文具	160	P.23 E-3
東京・丸之內	THE CONRAN SHOP丸之內店	全年無休	11：00～21：30	日用品	32	P.6 B-2
原宿	the Virgin Mary	全年無休	12：00～20：00	服飾	79	P.12 A-3
新宿	SABON GOURMET	不固定	11：00～22：00	美妝	95	P.19 D-3
表參道	SABON表參道總店	不固定	11：00～20：00	美妝	158	P.12 D-3
東京晴空塔城	Samantha Thavasa Anniversary	比照東京晴空城	9：00～22：00	甜點	40	P.11 F-2
銀座	G. Itoya	全年無休	10：00～20：00及其他	文具	52	P.9 E-1
原宿	G2？	全年無休	12：00～20：00及其他	服飾	78	P.12 C-1
澀谷	澀谷109	全年無休	10：00～21：00及其他	複合設施	87	P.14 C-2

地區	店家	公休日	營業時間	類別	頁碼	MAP
澀谷	澀谷Hikarie	全年無休	10：00～21：00及其他	複合設施	88	P.15 D-3
澀谷	澀谷MODI	不固定	11：00～21：00及其他	複合設施	86	P.14 C-2
上野	志村商店	全年無休	10：00～19：00	巧克力	110	P.23 E-2
惠比壽	JAPANESE ICE 櫻花	全年無休	11：00～23：00及其他	冰淇淋	117	P.17 E-2
自由之丘	自由之丘烘焙坊	全年無休	9：30～20：00	麵包	119	P.26 B-3
澀谷	ShinQs parts Joist	全年無休	10：00～21：00	日用品	89	P.15 D-3
六本木	SOUVENIR FROM TOKYO	週二及其他	10：00～18：00及其他	博物館禮品店	64	P.22 A-2
澀谷	STANDBY TOKYO	全年無休	10：00～21：00	日用品	89	P.15 D-3
東京・丸之內	SNOOPY TOWN mini	全年無休	10：00～20：30	卡通商品	31	P.31
表參道	Spiral Market	全年無休	11：00～20：00	日用品	81	P.13 D-3
淺草	染繪手巾 FUJI屋	週四	10：00～18：00	日式雜貨	47	P.10 C-2
代官山	代官山 蔦屋書店	不固定	7：00～凌晨2：00及其他	複合式書店	116	P.16 B-2
代官山	代官山小川軒	週日、假日	10：00～18：00	甜點	163	P.16 C-1
東京・丸之內	大丸東京店	不固定	10：00～21：00及其他	百貨公司	165	P.6 C-2
澀谷	dazzlin	比照澀谷109	10：00～21：00	服飾	87	P.14 C-2
原宿	Choco Choco by SWIMM	不固定	10：30～20：00	日用品	76	P.12 B-1
築地	築地紀文店	不固定	7：00～15：00左右	魚漿	129	P.25 F-1
築地	築地Sanokiya	週日、假日、休市日	8：00～15：00	鮪魚燒（鯛魚燒）	129	P.25 F-1
築地	築地山長	全年無休	6：00～15：30	玉子燒	129	P.25 F-1
世田谷區奧澤	D&DEPARTMENT TOKYO	週三	12：00～20：00及其他	日用品	157	P.26 A-3
原宿	迪士尼專賣店	不固定	10：30～20：00	卡通商品店	76	P.12 B-1
青山	Tout le monde	週二	11：00～19：00	卡片	161	P.12 C-3
東京・丸之內	TOKYO L'ATELIER DU SUCRE	全年無休	9：00～20：30	甜點	31	P.30
東京・丸之內	東京甜麵包 豆一豆	全年無休	8：00～22：00	紅豆麵包店	30	P.30
銀座	東京鳩居堂 銀座總店	不固定	10：00～19：00及其他	線香、和紙	52	P.9 D-2
原宿	Totti Candy Factory	不固定	10：30～20：00及其他	零食	77	P.12 B-1
東京晴空塔城	NATURAL KITCHEN	比照東京晴空塔城	10：00～21：00	日用品	41	P.11 F-2
日本橋	中川政七商店COREDO室町店	比照COREDO室町3	10：00～21：00	日用品	127	P.7 E-1
東京・丸之內	中川政七商店東京總店	不固定	11：00～21：00	日用品	33	P.6 B-2
上野	中田商店 阿美橫丁店	全年無休	10：00～20：00	軍用品	110	P.23 E-3
淺草	仲見世 杵屋	全年無休	9：00～18：30	米果	46	P.10 B-2
上野	肉之大山	全年無休	11：00～22：00	肉品	111	P.23 E-2
原宿	niko and …TOKYO	不固定	11：00～21：00	服飾用品	81	P.12 B-2
東京晴空塔城	日本市	比照東京晴空塔城	10：00～21：00	日用品	41	P.11 F-2
日本橋	日本橋高島屋	不固定	10：30～19：30及其他	百貨公司	126	P.7 D-2～E-2
日本橋	日本橋三越總店	不固定	10：30～19：30及其他	百貨公司	126	P.7 D-1～E-1
新宿	NEWoMan	不固定	11：00～22：00及其他	複合設施	95、164	P.19 D-3
東京晴空塔城	Neue	比照東京晴空塔城	10：00～21：00	文具	41	P.11 F-2
日本橋	榛原	假日	10：00～18：30及其他	和紙製品	160	P.7 D-2
澀谷	Pie face	比照澀谷MODI	9：00～22：00	派	86	P.14 C-2
新宿	博品館TOY PARK都廳店	第2、4週週一	9：30～23：00	禮品店	171	P.18 A-2
東京・丸之內	Hacoa DIRECT STORE	全年無休	11：00～21：00	日用品	33	P.6 B-2
新宿	Butter Butler	不固定	8：00～22：00	甜點	165	P.19 D-3
澀谷	BACKS	比照澀谷109	10：00～21：00	服飾	87	P.14 C-2
東京・丸之內	花朵巴伐利亞果凍havaro/PARADIS	全年無休	9：00～20：30	甜點	31	P.30
澀谷	Honey Cinnamon	比照澀谷109	10：00～21：00	服飾	87	P.14 C-2
原宿	原宿ALTA	不固定	10：30～20：00及其他	複合設施	76	P.12 B-1
原宿	Paris Kids	全年無休	11：00～19：30及其他	飾品	76	P.12 A-1
東京・丸之內	Pierre Marcolini	比照GRANSTA	8：00～22：00	巧克力	30	P.31
東京・丸之內	Hitotubu Kanro	全年無休	8：00～22：00	甜點	30	P.31
上野	百果園 上野第一號店	週三	10：00～19：00	水果	111	P.23 E-3
市谷	FACTORY	週日	8：00～22：00及其他	麵包	151	P.27 ③
六本木	Fiorentina Pastry Boutique	全年無休	9：00～22：00	甜點	62	P.22 B-3
新宿	Fika	比照伊勢丹新宿店	10：30～20：00及其他	甜點	164	P.19 E-2
東京・丸之內	Boulangerie Patisserie VIRON丸之內店	不固定	10：00～21：00	麵包	150	P.6 B-3
銀座	BOULANGERIE L'ecrin	不固定	10：30～21：00	甜點	55	P.9 D-2
東京晴空塔城	BOUL'M	比照東京晴空塔城	10：00～21：00	法式甜點	40	P.11 F-2
澀谷	Fève	全年無休	9：00～21：00	豆類甜點	88	P.15 D-3
表參道	Flying Tiger Copenhagen表參道店	不固定	11：00～20：00	日用品	80	P.13 D-2
銀座	FRUCTUS	比照松屋銀座	9：00～20：00	零食	165	P.9 D-2
青山	東京德國春天有機生活館	週二、日	11：00～19：00	美妝	159	P.12 C-2
原宿	Princess one Spoon東京	全年無休	11：00～20：00	服飾	79	P.12 C-1
表參道	Brooklyn Charm	不固定	11：00～20：00	飾品	159	P.12 C-2
東京・丸之內	fromage terra	全年無休	8：00～22：00	甜點	30	P.30
新宿	Bakery & Restaurant澤村	全年無休	7：00～凌晨3：00	麵包	151	P.19 D-3
池袋	東京寶可夢超進化中心	不固定	10：00～20：00	卡通商品	102	P.26 C-1

地區	店家	公休日	營業時間	類別	頁碼	MAP
谷根千	Bonjour mojo2	週一、二及其他	9：00～賣完為止	麵包	125	P.24 A-3
東京晴空塔城	Pompadour	比照東京晴空塔城	10：00～21：00	麵包	40	P.11 F-2
東京晴空塔城	MAKANAI化妝品	比照東京晴空塔城	10：00～21：00	美妝	41	P.11 F-2
銀座	松屋銀座	不固定	10：00～20：00	百貨公司	51、165	P.9 D-2
東京晴空塔城	Mamegui	比照東京晴空塔城	10：00～21：00	日式雜貨	41	P.11 F-2
原宿	Marion可麗餅	全年無休	10：30～20：00	可麗餅	77	P.12 B-1
淺草	MARUGOTO NIPPON	全年無休	10：00～20：00及其他	精選日用品	156	P.10 B-1
新宿	御笠山	比照伊勢丹新宿店	10：30～20：00及其他	日式點心	164	P.19 E-2
東京・丸之內	美噌元KITTE GRANCHE店	全年無休	10：00～21：00及其他	味噌湯專賣店	33	P.6 B-2
東京・丸之內	miffy style	全年無休	10：00～20：30	卡通商品	31	P.31
東京・丸之內	TRAINIART博物館禮品店	週一	10：00～18：00及其他	博物館禮品店	29	P.6 B-2
銀座	Mille Feuille Maison	比照松屋銀座	10：00～20：00	甜點	165	P.9 D-2
銀座	六雁	週日、假日	17：30～23：00	日式點心	162	P.8 C-2
代官山	MAISON DE REEFUR	不固定	11：00～20：00	日用品	158	P.16 B-2
東京・丸之內	MAISON DANDOY	全年無休	10：00～21：00及其他	甜點	165	P.6 C-2
東京晴空塔城	Merrifactury	比照東京晴空塔城	10：00～21：00	糖霜餅乾	40	P.11 F-2
東京・丸之內	森永奇妙點心店	全年無休	9：00～21：00	零食	31	P.31
東京晴空塔城	Morozoff	比照東京晴空塔城	10：00～21：00	甜點	40	P.11 F-2
原宿	MONKI	全年無休	10：00～20：00	服飾	77	P.12 B-1
自由之丘	MONT-BLANC	週三及其他	11：00～19：00	甜點	118	P.26 B-2
新宿	結	不固定	8：00～22：00	日式點心	164	P.19 D-3
新宿	Li Pore	比照伊勢丹新宿店	10：30～20：00及其他	甜點	164	P.19 E-2
自由之丘	RITUEL par Christophe Vasseur自由之丘	全年無休	8：00～19：00	麵包	119	P.26 B-3
澀谷	LIVING NATURE organics	比照澀谷MODI	11：00～21：00	美妝	86	P.14 C-2
澀谷	Libertable	全年無休	10：00～21：00	甜點	88	P.15 D-3
富谷	Levain富谷店	週一、第2週週二	8：00～19：30及其他	麵包	150	P.28 ⑤
新宿	LE PAIN de Joël Robuchon	不固定	8：00～22：00	麵包	95	P.19 D-3
原宿	6%DOKIDOKI	全年無休	12：00～20：00	服飾	78	P.12 B-2
澀谷	RODEO CROWNS	比照澀谷109	10：00～21	服飾	87	P.14 C-2

地區	景點	公休日	營業時間	類別	費用（成人）	頁碼	MAP
神樂坂	赤城神社	全年無休	9：00～17：00（社務所）	景點	免費	122	P.24 A-1
淺草	淺草演藝廳	全年無休	11：30～20：00	景點		45	P.10 B-2
淺草	淺草七變化	不固定	10：00～17：00	體驗		44	P.10 B-1
淺草	淺草花屋敷	維修保養日	10：00～17：30	娛樂設施		45	P.10 B-1
上野	阿美橫丁	依店家而異	依店家而異	街區		104	P.23 E-2～E-3
上野	上野動物園	週一（遇假日改休隔天）	9：30～16：00	娛樂設施	600日圓（含稅）	106	P.23 D-2
後樂園	宇宙博物館TeNQ	全年無休	11：00～20：00及其他	絕景	1800日圓（當日票）	171	P.4 C-1
兩國	江戶東京博物館	週一	9：30～17：00（週六～19：00）	博物館	600日圓	175	P.4 D-1
澀谷	NHK攝影棚公園	第4週週一	10：00～17：30	參觀	200日圓	181	P.14 A-1
惠比壽	惠比壽花園廣場	依店家而異	依店家而異	複合設施		117	P.17 E-3～F-3
惠比壽	惠比壽啤酒紀念館	週一（遇假日改休隔天）	11：00～17：10	參觀	免費	180	P.17 F-3
台場	大江戶溫泉物語	全年無休	11：00～凌晨7：00	泡湯設施	1780日圓～	73	P.20 A-1
表參道	岡本太郎紀念館	週二（假日除外）及其他	10：00～17：30	美術館	620日圓	176	P.13 E-3
台場	空中花園			庭園		69	P.20 B-2
台場	台場霓彩燈飾「YAKEI」	不固定	日落～24：00	景點	免費	73	P.20 B-2～C-2
台場	維納斯賭場	全年無休	14：00～22：00	娛樂設施	2000日圓～	73	P.20 B-2～C-2
淺草	合羽橋道具街	依店家而異	依店家而異	街區		45	P.10 A-1～A-2
銀座	歌舞伎座	依設施、店家而異	依設施、店家而異	娛樂設施	依設施、店家而異	51、183	P.9 C-2
川崎市	川崎市 藤子・F・不二雄博物館	週二	10：00～18：00	博物館	1000日圓	175	P.4 A-2
谷根千	寬永寺	全年無休	9：00～16：00	景點		125	P.24 B-3～C-3
淺草	元組食品樣品屋	全年無休	每天3場※預約制	體驗	2160日圓（天婦羅&生菜）	181	P.10 A-1
台場	東京鋼彈最前線	比照Diver City	10：00～21：00、收費區10：00～21：00	娛樂設施	1200日圓	70	P.20 B-2
東京・丸之內	KITTE	法定點檢日	11：00～21：00及其他	複合設施		33	P.6 B-2
台場	球體展望台「Hachitama」	週一（遇假日改休隔天）	10：00～17：30	景點	550日圓（含稅）	68	P.20 B-2
新宿	愛俱樂部總店	每月1、16日	19：00～凌晨0：45	夜店	前2小時5000日圓	97	P.19 E-1
六本木	聖誕燈光秀			景點		63	P.22 B-2
上野	國立科學博物館	週一（遇假日改休隔天）	9：00～16：30	博物館	620日圓（含稅）	108	P.23 E-1

地區	景點	公休日	營業時間	類別	費用（成人）	頁碼	MAP
六本木	國立新美術館	週二（遇假日改休次一上班日）	10：00～17：30及其他	美術館	費用依展場而異	61、64	P.22 A-2
上野	國立西洋美術館	週一（遇假日改休隔天）	9：00～17：00及其他	美術館	430日圓（含稅）	109	P.23 E-2
永田町	國會議事堂（參議院）	週六、日、假日	9：00～16：00每個整點	參觀	免費	180	P.27 ④
東京晴空塔城	柯尼卡美能達天文館「天空」in東京晴空塔城更換	更換作品期間	11：00～21：00及其他	天文館	依作品而異	37	P.11 F-2
池袋	柯尼卡美能達天文館「滿天」in太陽城	全年無休	11：00～20：00（依季節時有變動）	景點	依作品、座位而異	101	P.26 C-1
日本橋	COREDO室町	不固定	依店家而異	複合設施		127	P.7 E-1
池袋	陽光水族館	全年無休	10：00～19：00及其他	水族館	2000日圓	101	P.26 C-1
六本木	三得利美術館	週二、更換作品期間	10：00～17：30及其他	美術館	依展場而異	65	P.22 B-2
池袋	管家咖啡館Swallowtail	在HP上告知	10：30～21：10※預約制	主題咖啡館		103	P.26 C-1
澀谷	澀谷落語	不定期	不定期	表演	依節目而異	185	P.14 A-2
羽田機場	JAL觀光工廠～SKY MUSEUM～	全年無休	每天4場※網路預約制	參觀	免費	180	P.5 D-3
新宿	新宿末廣亭	不定期	不定期	表演	依節目而異	185	P.19 F-2
東京・丸之內	新丸之內大樓	不固定	11：00～21：00及其他	複合設施		32	P.6 B-2
池袋	SKY CIRCU陽光60觀景台	不固定	10：00～21：00	景點	1800日圓	19、100	P.26 C-1
六本木	史努比博物館	全年無休	10：00～19：30	美術館	1667日圓	65	P.22 C-3
錦系町	墨田江戶切子館	週日、假日及其他	10：00～18：00	體驗	4320日圓（含稅）	181	P.28 ③
東京晴空塔城	墨田水族館	全年無休	9：00～20：00	景點	2050日圓（含稅）	37	P.11 F-2
淺草	淺草寺	全年無休	6：00～17：00及其他	景點		44	P.10 B-1
八王子	高尾山	全年無休	每月不同	能量景點	免費參拜	173	地圖範圍外
根津	竹久夢二美術館	週一（遇假日改休隔天）及其他	10：00～16：30	美術館	900日圓	177	P.5 D-1
石神井	千尋美術館・東京	週一（遇假日改休次一上班日）及其他	10：00～16：30	美術館	800日圓	177	P.4 A-1
六本木	21_21DESIGN SIGHT	週二及其他	10：00～18：30	美術館	1100日圓	61、65	P.22 B-1
東京・丸之內	東京丸之內車站建築、南北圓頂	自由參觀	自由參觀	景點		28	P.6 B-2
上野	東京國立博物館	週一（遇假日改休隔天）及其他	9：30～16：30	博物館	620日圓（含稅）	109	P.23 E-1
東京晴空塔城	東京晴空塔	全年無休	8：00～22：00	景點	2570日圓（含稅）	36	P.11 E-2
後樂園	東京巨蛋天然溫泉Spa LaQua	不固定	11：00～隔天9：00	SPA	2634日圓	171	P.4 C-1
東京晴空塔城	晴空街道	不固定	10：00～21：00及其他	景點		41	P.11 F-2
飯田橋	東京大神宮	全年無休	6：00～21：00及其他	能量景點	免費參拜	173	P.24 C-1
御成門	東京鐵塔	全年無休	9：00～22：30	絕景	900日圓（大瞭望台）	170	P.4 C-2
舞濱	東京迪士尼海洋*	全年無休	上官網查詢	主題樂園		189	P.27 E-1、D-2～E-2
舞濱	東京迪士尼樂園*	全年無休	上官網查詢	主題樂園		189	P.27 D-1～E-1
舞濱	東京迪士尼度假區	全年無休	上官網查詢	主題樂園		188	P.27 D～F-1～2
後樂園	東京巨蛋城樂園	依設施而異	依設施而異	娛樂設施	依設施而異	171	P.4 C-1
新宿	東京都廳	以瞭望室為主	9：30～22：30及其他	景點	免費	114、171	P.18 A-2
六本木	東京中城	全年無休	依店家而異	複合設施		63	P.22 B-2
御成門	東京航海王鐵塔	全年無休	10：00～21：00	絕景	3200日圓	170	P.4 C-2
池袋	nico nico總公司		11：00～20：15	景點		102	P.26 B-1
台場	日本科學未來館	週二	10：00～16：30	景點	620日圓（含稅）	71	P.20 A-3～B-3
日本橋	日本銀行總行本館	週六、日、假日	上官網查詢	景點		126	P.7 D-1
台場	Palette Town大摩天輪	不固定	10：00～22：00及其他	摩天輪	920日圓	73	P.20 C-2
赤坂	日枝神社	全年無休	5：00～18：00（10～3月6：00～17：00）	能量景點	免費參拜	173	P.4 C-1
新宿	Hige Girl	週日（若週一放假則營業，改休隔天）	18：00～凌晨1：00	夜店	90分鐘6150日圓～	97	P.19 E-1
神樂坂	毘沙門天（善國寺）	全年無休	9：00～17：00	景點	免費	122	P.24 B-1
台場	富士電視台總部大樓	依設施而異	依設施而異	景點	依設施而異	68	P.20 B-2
新宿	PLATINUM	週日	20：00～凌晨5：00	夜店	2000日圓～	97	P.19 F-2
台場	東京杜莎夫人蠟像館	全年無休	10：00～20：00	娛樂設施	2200日圓（含稅）	70	P.20 B-2～C-2
東京・丸之內	丸之內BRICK SQUARE	全年無休	11：00～21：00及其他	複合設施		33	P.6 B-2
東京・丸之內	丸之內大樓	全年無休	11：00～21：00及其他	複合設施		32	P.6 B-2
三鷹	三鷹之森 吉卜力美術館	週二及其他	10：00～18：00※預約制	博物館	1000日圓	174	P.4 A-1
原宿	明治神宮	每月不同	依月而異	能量景點	免費參拜	172	P.12 A-1
六本木	森美術館	展覽期間無休	10：00～21：30及其他	美術館	依展場而異	64	P.22 B-3
谷根千	谷中靈園	全年無休	8：30～17：15	景點	免費	125	P.24 B-2～B-3
兩國	兩國國技館	依賽程、設施、店家而異	依賽程、設施、店家而異	參觀		184	P.5 D-1
台場	東京樂高樂園	不固定	10：00～19：00及其他	娛樂設施	2400日圓（含稅）	71	P.20 B-2～C-2
六本木	六本木新城	全年無休	依店家而異	複合設施		62	P.22 B-3
六本木	六本木新城觀景台東京City View	全年無休	10：00～22：30及其他	景點	1800日圓	62	P.22 B-3
新宿	機器人餐廳	不固定	16：00～23：00	夜店	8000日圓	96	P.19 E-1
台場	Wonder Street	週一（遇假日改休隔天）	10：00～16：30	景點		69	P.20 B-2

223

東京：最新・最前線・旅遊全攻略

作　　者	朝日新聞出版
譯　　者	郭欣惠、高詹燦
主　　編	曹　慧
封面設計	三人制創
內頁排版	思　思
社　　長	郭重興
發行人兼 出版總監	曾大福
總編輯	曹　慧
編輯出版	奇光出版／遠足文化事業股份有限公司 E-mail: lumieres@bookrep.com.tw 部落格：http://lumieresino.pixnet.net/blog 粉絲團：https://www.facebook.com/lumierespublishing
發　　行	遠足文化事業股份有限公司 http://www.bookrep.com.tw 23141新北市新店區民權路108-4號8樓 電話：(02) 22181417 客服專線：0800-221029　傳真：(02) 86671065 郵撥帳號：19504465 戶名：遠足文化事業股份有限公司
法律顧問	華洋法律事務所　蘇文生律師
印　　製	成陽印刷股份有限公司
初版一刷	2017年9月
初版五刷	2019年10月2日
定　　價	420元

有著作權・侵害必究
缺頁或破損請寄回更換
特別聲明：有關本書中的言論內容，不代表本公司/出版集團之立
場與意見，文責由作者自行承擔

國家圖書館出版品預行編目 (CIP) 資料

東京：最新・最前線・旅遊全攻略 / 朝日新聞出版著
; 郭欣惠, 高詹燦譯. -- 初版. -- 新北市：奇光出版：
遠足文化發行, 2017.09
　面；　公分
ISBN 978-986-94883-2-7（平裝）

1. 旅遊　2. 日本東京都

731.72609　　　　　　　　　　106012620

線上讀者回函